中國學術思想_{研究輯刊}

研究輯刊

三 編
林 慶 彰 主編

第 24 冊

湘學與晚清學術思潮之轉變

黃 聖 旻 著

花木蘭文化出版社

國家圖書館出版品預行編目資料

湘學與晚清學術思潮之轉變／黃聖旻 著 — 初版 — 台北縣永
和市：花木蘭文化出版社，2009〔民 98〕

目 4+186 面；19×26 公分

（中國學術思想研究輯刊 三編；第 24 冊）

ISBN：978-986-6528-94-1（精裝）

1. 學術思想 2. 清代哲學 3. 晚清史

127   98001757

ISBN - 978-986-6528-94-1

中國學術思想研究輯刊
三 編 第二四冊   ISBN：978-986-6528-94-1

湘學與晚清學術思潮之轉變

作　　者　黃聖旻
主　　編　林慶彰
總 編 輯　杜潔祥
出　　版　花木蘭文化出版社
發 行 所　花木蘭文化出版社
發 行 人　高小娟
聯絡地址　台北縣永和市中正路五九五號七樓之三
　　　　　電話：02-2923-1455／傳眞：02-2923-1452
網　　址　http://www.huamulan.tw 信箱 sut81518@ms59.hinet.net
印　　刷　普羅文化出版廣告事業
封面設計　劉開工作室
初　　版　2009 年 3 月
定　　價　三編 28 冊（精裝）新台幣 46,000 元

湘學與晚清學術思潮之轉變

黃聖旻　著

作者簡介

　　黃聖旻，臺灣省臺南縣人，1969年生，國立成功大學中文研究所博士，國立成功大學中文研究所碩士，國立成功大學中文學士。

　　目前擔任中華醫事科技大學生物科技系專任副教授，曾任教於國立成功大學、國立空中大學、實踐大學（高雄校區）、和春技術學院、東方技術學院、樹人醫專等校。

　　師事宋鼎宗教授，著有博士論文《湘學與晚清學術思潮之轉變》，碩士論文《王先謙荀子集解研究》（收於《古典文獻研究輯刊‧二編‧第14冊。台北：花木蘭文化出版社出版，2006年3月》。單篇論文〈屈原的伊卡羅斯情結〉、〈略論敦煌的結社活動〉、〈秩序情結與荀韓關係〉、〈論荀學的兩度黑暗期〉、〈湘學與晚清學術思潮的轉變〉、〈漢元帝所用非醇儒論〉、〈荀子注通假字研究〉、〈光影交戾的多重鏡相──論《古都》的存在意識〉、〈山水畫的形神理論〉、〈論船山詩論中的「勢」〉、〈清學對中國學術的承繼與超軼〉等。

提　　要

　　本論文的理論建構基礎，是在深信學術有一內在理路的發展下，檢驗晚清學術的變化所得致的結論，並蒐羅學術資料，以證明湘學與晚清學術內在理路脫軌之間的關聯。

　　然而湘學一個地方學派何以對清代學術觀念的轉變，竟有舉足輕重的影響呢？為分析此一現象，本文的進行方式如下：

　　第一章是前言，其中首要說明的是文章的題旨及動機，其次則是路徑，以便解釋所採行的研究方法以及章節的概要。

　　第二章主旨在析論清代學術的內涵。學術實為一有機體，有其內在需求所衍生的理路必須遵循，其特質的呈現亦自必與此需求的滿足息息相關。因而本章第一節的處理，旨在呈現此一研究成果。第二節筆者選擇自中國學術流變的三大動因，追索湘學何以能在此學術氛圍中發揮影響的原因。中國學術發展迄清，變因十分繁瑣。除與內在理路的需求相關外，清代學術所呈現的在地化特色，也是影響清代學術由魯、吳、皖、浙、揚、湘、粵各地學術輪番繼起掄元的主因；而學術中以禮改革的傳統，更是何以清學終世都不曾跳脫治禮需求的因素。故而敘述此三大動因，將有助於釐清湘學躋身影響清代學術的現象。

　　第三章是敘述湘學的在地化特質。根據筆者追索的結果，發現湘學的前身受南學與理學的影響，因而第一節中，筆者先敘述南學的形成及其學術特質。第二節則追索南學特質在落實於湘地學術中時，是透過什麼方式深化的，被強固的特質又為何。第三節，筆者將根據前二節的探索，抽繹出湘學的三大在地化特質：一是偏重形下的義理學風、二是堂廡特大的學術形態，三則是禮學的時務傳統。此三大特質與清學形成激盪之後，將對清代學術形成深遠的影響。

　　第四章討論清代湘學的轉變。在地化的學術在面臨時空轉捩的情形下，本就有偏移的可能。因而第一節中談及清乾嘉年間盛行的樸學，是如何使善於兼賅的湘學選擇融會並蓄。也開啟了湘學對考據學的認識。第二節則是論述清中葉興起的經世之學，使湘學因本身特重時務傳統的特質，而崛起為經世學風風雲會聚之處。第三節處理清中葉的崇禮思想是如何挑起漢宋爭際，於是本有禮學傳統又擅長兼容並蓄的湘學因而選擇「以禮調和漢宋」的主張，也自此轉向了晚清學術的內在理路。

　　第五章則反向探索清代湘學對晚清學術思潮轉變的影響，重點在呈現兩方面：一是在經世學風的影響下，湘地學者如何接軌此一學風，而湘學學者又如何因自身的雜揉特質以致在變古與復古思潮間矛盾地擺蕩，於是形成第一節「在變古與復古間的取捨」；其次又注到注意湘學的兼容並蓄畢竟仍是受限於自身特質形成的好尚，以致在西學的引進上也出現擁抱技藝科學，但卻排斥以中學揉雜西學的現象，因而論述第二節「在西學的引進與排斥間取捨」的內容。

　　第六章則是結論。總結上述章節，並論證整個晚清歷史上風起雲湧的變革，實與湘學有著至深至切的關係。

目

次

第一章　前　言

第一節　緣　起

　　首先要指出的是本文的撰述動機，是因爲討論有關清代考據學形成原因的文章很多，近來也有不少學者提及清代義理學的存在，但是考據學的興起與清代義理學之間卻往往被切割來處理。而事實上，如果二千年學術眞的可被視作是一有機質，有其內在理路存在的話，清代考據顯然應是建立義理學之前的必要演進。基於這個想法，隨之而來的問題是：建立在考據之上的清代義理學爲何？考據學如何能建立義理？以及何以今日看來，清代義理學，也就是清代學術在中國學術內在理路中的任務，似乎尚未完成，當中轉折的原因又何在？這些問題的思索過程，就形成了筆者這本博士論文的內容。

　　論文命題爲《湘學與晚清學術思潮之轉變》，這種探討方式無疑必得面對定義及斷代的問題，因此，在進入本文之前，筆者想先就湘學的義界並其中的斷限加以說明。此處探討的既然是地域與學術的關聯，故而所謂的「湘學」，並非一般認知的，由曾國藩所代表的「湘黔學派」，而是泛指湖南諸儒身上的基本特質；所謂晚清，則是依費正清《劍橋中國晚清史》的界定，指由西元1800年始迄1911年，這百餘年的期間。根據這兩個前提，筆者將在以下諸章中探討湘學的特質，以及其與清季學風大方向轉變上的關係。此外，既名爲《湘學與晚清學術思潮之轉變》，本文待決的問題，自不僅是湘學本身特質的剖析，這一切，更需扣緊在清學的範疇內談，也就是透顯湘學在清學史上的定位，如此一來，清學的界定便成了題旨中迫切需要交待的前提，並影響到

文章本身的路徑。

　　一般在研究清學時，往往針對清學興起的幾個要素如梁啓超所主張的「理學反動說」〔註1〕、侯外廬等大陸學者所主張的「社會經濟變遷說」，〔註2〕及由錢穆提點、余英時加以抉發的「內在理路說」〔註3〕三個最著名的理論一一進行檢驗、補充或質疑，這種研究法雖是以破爲立，但對於清代學術的的價值便鮮能觸及了；也有學者甚或僅以考證學的「有功於後學」、「最便於學者」來論斷清學的成就。殊不知乾嘉考證學眞正躍爲學術主流大約是只在惠棟的標識漢學至江藩成《漢學師承記》之間，之後宋學學術界就進行針對考證學開啓了綿密地批判、檢討的論辨。而且這個批判也並非始於宋學，漢學家於內部的自省，迺更萌發於前。如凌廷堪便曾批評當時考據學者是「挾許愼一編，置九經而不習；憶《說文》數字，改六籍而不疑。」，〔註4〕這時天理教尚未起事，更別提鴉片戰爭或太平天國了。與學者一般認定乾嘉學風衰落與經世學風復起是密不可分的看法，尚早了一甲子。

　　因此筆者認爲，就在江藩《師承記》前，必有一雖是乾嘉遺風，但亟欲自立於考據學之外，而且是與漢學別立面目、欲自立一清代學術的思潮存在其間。故而追溯此一思潮的面目及何以未完成的因素，便成爲本論文立論的根源，經過複雜的文本抽繹及反覆思辨下，筆者確信了此一完全自得的清代學術之存在，同時也發現，此一清代義理學之所以不行於世的理由，實與湘學有密不可分的關聯，故而將筆者所資文本，以及思辨過程，呈現於以下章節中。

〔註1〕　此說以梁啓超先生爲代表：「清代思潮果何物邪？簡單言之，則對於宋明理學之一大反動。」（梁啓超：《清代學術概論》，頁6）

〔註2〕　此說如侯外廬先生以爲，市民階層的崛起，使得明清之際啓蒙學者的思想「別開生面」，「表現出對資本主義世界的絕對要求。」（侯外廬：《中國早期啓蒙思想史・第一章》，頁）；也有以爲異族統治及高壓箝制才是使學術風氣迥異的主要因素，如章太炎：「家有智慧，大湊於說經，亦以紓死。」（章太炎：《訄書・清儒第十二》，頁22。）

〔註3〕　此說如錢穆先生指出：「言漢學淵源者必溯諸晚明諸遺老。」（錢穆：《中國近三百年學術史》，頁1），其門生余英時先生對此則有更進一步的闡述：「我稱之爲內在的理路（inner logic），也就是每一個特定的思想傳統本身都有一套問題，需要不斷的解決……從宋明理學到清代經學這一階段的儒學發展史也正可以這樣來處理。」（余英時：《歷史與思想》，頁124～125）

〔註4〕　凌廷堪：〈與胡敬仲書〉，收於《校禮堂文集》卷二十三，（北京：中華書局，1998年2月）頁205。

第二節　路　徑

前節已述及，本文的撰寫，大抵在確定此一完全自得的清代學術之存在，同時也發現，此一清代義理學之所以不行於世的理由，實與湘學有密不可分的關聯，因而本文的研究路徑，取決於呈現學術流變轉折所必須的幾個斷面，其中包括學術流變的內在理路，區域學術內部體系的構架，以及時空環境的狙差，所以，本文的研究路徑，便依據這三方面來進行。

因此，本文的進行方式如下。

第一章是前言，其中首要說明的是文章的題旨及動機，其次則是路徑，以便解釋所採行的研究方法以及章節的概要。

第二章主旨在析論清代學術的內涵。欲剖析此一命題，必須自兩方面入手，一是清代學術的定位，一是清代學術特質。

在定位方面，筆者的著眼點，首在於釐清成見。我們知道，當前的學術界，是由自戊戌、五四以降的學運份子的支裔形成中堅。因此，在熟讀梁氏《清代學術概論》的學者眼中，往往只知有公羊、西潮，而不知有國粹、復古；只知有康、梁、譚、夏，而不知有清一代，學界實是人材輩出；甚者將清儒並目為陳腐守舊，無足觀也。以致迄今多本清代學術思想史的論述中，自戴震以後竟無一翻脫梁啟超的品題，彷彿除了今文家所激動的清初幾位先生及公羊家本身外，清代的知識份子便全無足道也。今日欲深入研究清學，此一膜翳是務必先行翦除的障礙。在特質方面，前節已述，筆者堅信學術實是一有機體，有其內在需求所衍生的理路必須遵循。既是由內在理路逼衍而出，其特質的呈現自必與此需求的滿足是息息相關的，因而本章第一節的處理，旨在呈現此一成果。第二節筆者選擇自中國學術流變的三大動因，追索湘學何以能在此學術氛圍中發揮影響，實應與清代學術本身的脈絡有關。中國學術迄清，已有繁瑣的變因存在其中：當中的變因除了與內在理路的需求相關外，清代學術呈現各省各域的在地化特色，也是影響清代學術由魯、吳、皖、浙、揚、湘、粵各地學術輪番繼起掄元的主因；而學術中以禮改革的傳統，更是何以清學終世都不曾跳脫治禮需求的因素。故而敘述此三大動因，將有助於釐清湘學躋身影響清代學術的現象。

第三章是敘述湘學的在地化特質。

根據筆者追索的結果，發現湘學的前身受南學與理學的影響，因而第一節中，筆者先敘述南學的形成及其學術特質。第二節則追索南學特質在落實

於湘地學術中時，是透過什麼方式深化的，被強固的特質又為何。第三節，筆者將根據前二節的探索，抽繹出湘學的三大在地化特質：一是偏重形下的義理學風、二是堂廡特大的學術形態，三則是禮學的時務傳統。此三大特質與清學形成激盪之後，將對清代學術形成深遠的影響。

第四章將討論清代學術對湘學的影響。

在地化的學術在面臨時空轉捩的情形下，本就有移轉的可能。因而本章第一節談及清乾嘉年間盛行的樸學，雖不同於湘學本身特重義理的學風，但是處在此氛圍之下，善於兼賅的湘學仍然選擇融會並蓄。也開啟了湘學對考據學的認識。第二節則是論述清中葉所興起的經世之學，因湘學本身便有特重時務傳統的情形下，很快地甚至崛起為經世學風風雲會聚之處。第三節論及清中葉的崇禮思想是如何挑起漢宋爭隙，因而本有禮學特質又擅長兼容並蓄的湘學選擇「以禮調和漢宋」的主張，也自此阻滯了清學的發展。

第五章則反向探索清代湘學對晚清學術思潮轉變的影響，重點在呈現兩方面：一是在經世學風的影響下，湘地學者如何接軌此一學風，而湘學學者又如何因自身的雜糅特質以致在變古與復古思潮間矛盾地擺盪，於是形成第一節「在復古與變古的取捨」的內容；其次又注到注意湘學的兼容並蓄畢竟仍是受限於自身特質形成的好尚，以致在西學的引進上也出現擁抱技藝科學，但卻排斥以中學揉雜西學的現象，因而論述第二節「對西學的引進與排斥」。

第六章則是結論。

第二章　清代學術概論

第一節　清學對前代學術的承繼與超軼

　　首先，吾人所必須確立的觀念，在於今日的研究，並非爲彌補近三百年中國所經歷的巨變及傷痕，否則一切研究將因此陷入忿仇悼亡的窠臼而不自知。今日研究近三百年學術史的最主要目的，當在尋求眼下學術的定位與方向，釐清了過往，才能明白這一路學術迤邐的軌跡前進的方向。正如唐君毅先生曾指出的：

　　　　蓋此由承繼以超軼，以超軼爲承繼，正爲儒學發展之常軌，是治中
　　　　國儒學之思想史者，所不可不深察而詳論者也。〔註1〕

這種「常軌」並非尊崇韋伯的學者所認定的「停滯」，或是 change within tradition（在傳統內改變），而是有其內部規律與發展的。也許這三百年的巨變的確擾亂了固有學術的方向，但除非儒學覆滅，否則承繼此一內部規律並加以超軼，便是吾輩必得面對的課題。

　　談「承繼」、談「超軼」，便必須先正視清學在儒學史上的正面價值，才有承繼與超軼的必要。不同於以往面對清代學術所採取的完全否定態度，〔註2〕

〔註1〕　唐君毅：《中國哲學原論——導論篇》（臺北：臺灣學生書局，1980 年 5 月出
　　　　版。）頁 283。

〔註2〕　如牟宗三先生於《中國哲學十九講》中，認爲：「明亡以後，經過乾嘉年間，
　　　　一直到民國以來的思潮，處處令人喪氣，因爲中國哲學早已消失了。」「這三
　　　　百年間的學問我們簡直不願講，看了令人討厭。」（臺北：臺灣學生書局，1991
　　　　年 12 月初版四刷），頁 418。

歷經百年動盪，吾人已經能較持平地面對。然而歷史的傷痕太深，使得許多學者無法更清朗直視浩卷繁帙的史料中所呈現的真相，檢討苛責之語在諸本學術史、思想史中俯拾可見，往往忽視了清學在學術史的脈絡上自有其意義存在。也因此，尋繹清學在中國儒學思想史上的定位，並透顯今日儒學史的承繼方向，恐必為當務之急。

一、清學承繼的內在理路與其純粹學術性的特質

　　一般而言，有關清代學術興起的說法，最為主流者有三，即「理學反動說」〔註3〕、「社會經濟變遷說」〔註4〕及「內在理路說」，〔註5〕其中「內在理路說」因為是較後起的說法，〔註6〕修正意見不在少數，〔註7〕但都只是企

〔註3〕　此說以梁啓超先生為代表：「清代思潮果何物邪？簡單言之，則對於宋明理學之一大反動。」（梁啓超：《清代學術概論》，頁6）

〔註4〕　此說如侯外盧先生以為，市民階層的崛起，使得明清之際啓蒙學者的思想「別開生面」，「表現出對資本主義世界的絕對要求。」（侯外盧：《中國早期啓蒙思想史・第一章》，頁　）；也有以為異族統治及高壓箝制才是使學術風氣迥異的主要因素，如章太炎：「家有智慧，大湊於說經，亦以紓死。」（章太炎：《訄書・清儒第十二》，頁22。）

〔註5〕　此說如錢穆先生指出：「言漢學淵源者必溯諸晚明諸遺老。」（錢穆：《中國近三百年學術史》，頁1），其門生余英時先生對此則有更進一步的闡述：「我稱之為內在的理路（inner logic），也就是每一個特定的思想傳統本身都有一套問題，需要不斷的解決……從宋明理學到清代經學這一階段的儒學發展史也正可以這樣來處理。」（余英時：《歷史與思想》，頁124～125）

〔註6〕　余英時先生認為這種學說是對前述兩種「由外緣來解釋學術思想的演變」（余英時：《歷史與思想》，頁124）的修正。其始是錢穆先生於《中國近三百年學術史》闡述，而余英時先生則於《歷史與思想》中加以潛發，馮友蘭先生的《中國哲學史》也有〈清代道學之繼續〉一章提點漢宋並非涇渭分明的，證明「清儒的博雅考訂之學也有其宋明淵源可尋」（余英時：《歷史與思想》，頁88）。

〔註7〕　如林聰舜先生在《明清之際儒家思想的變遷與發展》中一一批判余氏的立基點之後，更另外提出了一種修正性的看法：「因為學術研究自主的發展過程，以及經學內部本就存在有種種困難的問題待解決，所以在經史之學的地位特別膨脹的情況下，學者在不自覺中逸出經世致用的範圍，由「通經」而通向「考文」、「知音」是必然的趨勢。再加上顧亭林承續明代中葉以後的考證學成就，以及自覺的努力，完全著重客觀的經史考證的乾嘉漢學遂繼踵而興。」（見《明清之際儒家思想的變遷與發展》（臺北：臺灣學生書局，1990年10月初版，頁309）；何冠彪先生的《明末清初學術思想研究》也曾針對了「內在理路說」中的另一條證據加以批駁，他深入原典，發現羅整菴的「學而不取證於經書，一切師心自用，未有不自誤者也。」絕非是「義理是非必須取證於經學」的意涵：「誠如錢穆和余英時指出，理學家取證於經典乃為自己的門戶所持的義理而爭

圖修正余氏「內在理路說」的單一、武斷處，而非是企圖否定「內在理路」的存在；故而學者雖各持己見，然而由宋學的義理轉向清學的實證性格，其間存有學術上的脈絡可尋，這個觀念已經成爲近來學界的共識了。

　　如此一來，若果我們承認了清學的出現確實在學術史上有其內在理路的必然性，那麼乾嘉學術蔚爲顯學，形成「家有智慧，大湊于說經。」〔註8〕甚至壓倒朝廷官學的現象，其實卻也證明了此一路線對儒學史而言，有其必要的價值存在，否則布衣學者不仕〔註9〕、封疆大吏主持考證而不事程朱官學，〔註10〕所爲爲何？正因爲此一工夫，卻是儒學史上的必然演化！是以不論高官、布衣，都相繼投入此一考據風潮而不返，就連理學後裔亦不能免者，實是其來有自。余英時先生便指出：

> 六百年的宋、明理學傳統在清代並沒有忽然失蹤，而是逐漸地溶化在經史考證之中了……少數傑出之士，認眞地提倡朱學或陸學……也都採用了「道問學」的方式……著作雖仍不免有門戶之見，但較之以前王陽明的「朱子晚年定論」和陳建的「學蔀通辨」要客觀多了，也謹嚴多了。〔註11〕

辯，他們取證的經典往往有意無意之間受其理學背景支配。所以義理之學雖折入考據，卻毫無以經學取代理學的意味……總括來說，顧炎武通經的動機和明代理學家求證於經的目的大相逕庭。……總之，自明中葉以後，因義理之爭而折入考證及以經學代替理學的主張成爲兩股潮流，並進同趨，匯合而成乾嘉考據學。」(收於何冠彪：《明末清初學術思想研究》(臺北：文津出版社，1992年12月初版)，頁282)；張麗珠女士的《清代義理學新貌》則雖然認爲有內在理路，卻對於動因有不同的意見：「長期以來，學術發展一直都專注、偏頗在個人道德心性之學術範疇、形上思辨之學術型態一方面時，則另外一部份未被充份開發的領域，例如以社會大眾爲關懷重點的社會哲學範疇、或是講尚證據的實證主義等，就在適當的時機……歷史條件都成熟了的時候，出來領導解決當時所已經無法解決的時代課題；並進而取代先前學術在學界中的領導地位，而成爲新學術典範，領一代學術之風騷。」(收於《清代義理學新貌‧緒論》(臺北：里仁書局，2000年)，頁36。)然而上述三位的意見卻都不是爲否定內在理路的存在而發，而是針對內在理路的動因進行修正。

〔註8〕 章太炎：〈清儒〉，收於《訄書‧第十二》(臺北：世界書局，1987年3月三版)，頁22。

〔註9〕 如吳派惠棟、沈彤、余蕭客，皖派戴震等，皆戮力於經史考證的工夫，而以布衣終身。

〔註10〕 如錢大昕、阮元等，雖是經由程朱學科考出身，然而不論主持修纂，抑或個人的學術成就，大抵都是側重漢學。

〔註11〕 余英時：〈新代思想史的一個解釋〉，收於《歷史與思想》(臺北：聯經出版公

雖然主張是「尊德性」層次的問題，卻也不得不用「道問學」的方式來取信服人，更顯示此一趨向是整個儒學界在進化上的需求，而絕非是一種「逆轉」，否則如何能造成風行草偃的潮流，以至於「在考證運動興起之後，沒有嚴肅的學者敢撇開證據而空言義理了。」〔註12〕的現象？

　　事實上，儒學發展的常軌，正在「由承繼以超軼，以超軼爲承繼」的軌徑上；宋學與清學間的此消彼長，也正肇因於後者對前者的「承繼」與「超軼」，這是儒學的進化。一旦承認二者間的內在理路是存在的，緊接而來的問題是，清學究竟是如何「承繼」、「超軼」理學的？要解決這個問題，則必須先了解清學的特質。余英時先生曾指出：

> 如果我們把宋代看成「尊德性」與「道問學」並重的時代，明代是以「尊德性」爲主導的時代，那麼清代則可以說是「道問學」獨霸的時代。〔註13〕

余氏的分野主要是以學術態度來區分，當「道問學」的態度落實在治學方法上，則產生了「回向原典」〔註14〕、「取證於經書」〔註15〕的現象，而且這是「在尊德性與道問學兩派爭執不決的情形下，儒學發展的必然歸趨」，「即義理的是非取決於經典」。〔註16〕今日對此一現象描述，學界大抵並無疑義。〔註17〕

司，1992年），頁153。

〔註12〕余英時：〈新代思想史的一個解釋〉，收於《歷史與思想》（臺北：聯經出版公司，1992年），頁153。

〔註13〕余英時：〈清代學術思想史重要觀念通釋〉，收於《中國思想傳統的現代詮釋》（臺北：聯經出版公司，1990年），頁411。

〔註14〕余英時：〈清代學術思想史重要觀念通釋〉，收於《中國思想傳統的現代詮釋》（臺北：聯經出版公司，1990年），頁413。

〔註15〕余英時：〈清代學術思想史重要觀念通釋〉，收於《中國思想傳統的現代詮釋》（臺北：聯經出版公司，1990年），頁413。

〔註16〕余英時：〈由宋明儒學的發展論清代思想史〉，收於《歷史與思想》（臺北：聯經出版公司，1992年），頁106。

〔註17〕儘管後來的研究者屢屢批駁他所指陳的「明代理學內部的爭辨不可避免地要逼出清代的經學考證」、「只有回到經典始能『定』程朱陸王之『諍』。」（余英時：〈清代學術思想史重要觀念通釋〉，收於《中國思想傳統的現代詮釋》臺北：聯經出版公司，1990年，頁414）的觀點「並不能得到有力的佐證」（林聰舜：〈明清之際儒家新思潮興起背景的檢討〉一節，收於《明清之際儒家思想的變遷與發展》臺北：臺灣學生書局，1990年10月初版，頁304）、「有縱向解釋過於單一化之嫌，而忽略了橫向的時空之背景」（李紀祥：《明末清初儒學之發展》臺北：文津出版社，1992年12月初版，頁281），但那也只是在溯源的方面，至於現象觀察則並無異議。

　　既然「回向原典」、「取證於經書」的特質是由儒學的內在理路所逼出，
這迥異於宋學的考證特質當能使新義理「承繼」前朝未竟之路（如朱陸之爭）
而企圖加以解決，也必須能使新義理藉此考證特質「超軼」前朝學術（理學）
而建立新生的內容，如此一來追索內在理路的脈絡才有其意義。然而姑且不
論「軼出考證學範圍以外」〔註18〕的戴震，其欲建設的「戴氏哲學」竟然被
視爲是「情感哲學」〔註19〕！焦循頗受注目的「即利即義」〔註20〕、「各行其
恕」〔註21〕的思想中，一樣也察覺不出考證特質在清代義理學建立上應扮演
的角色。阮元以「相人偶」〔註22〕釋「仁」的觀點，則是少數明確可見、藉
由考證學發揮建立新義理作用的例子。可見今日學者對乾嘉學者的義理學其
內容的認知，似乎就只能看見對「理學」反動的影子，內在理路的痕跡反而
被模糊掉，見不出「回向原典」、「取證於經書」的特質對清代義理學建立的
影響。

　　對於這個現象，學者的解釋認爲是乾嘉學者的義理學延續了明末學術界
流行的氣論，〔註23〕所以呈現出社會哲學的特徵。然而筆者仍然堅信，在「回
向原典」、「取證於經書」的內在理路影響下，義理學當是要呈現出更嚴謹的
實證性格才對，但是「情感哲學」、肯定人欲等今日所認爲的乾嘉義理學內容

〔註18〕 梁啓超：《清代學術概論》，與《中國三百年學術史》合刊（臺北：里仁書局，
　　　　 1995 年 2 月），頁 35。

〔註19〕 原文爲：「綜其（《孟子字義疏證》）內容，不外欲以『情感哲學』代『理性哲
　　　　 學』」，見梁啓超：《清代學術概論》，與《中國三百年學術史》合刊（臺北：
　　　　 里仁書局，1995 年 2 月），頁 38。

〔註20〕 原文爲：「小人利而後可義，君子以利天下爲義……利在天下，即利即義也。」
　　　　 見焦循：〈君子喻於義小人喻於利解〉，收於《雕菰集》卷九（臺北：鼎文書
　　　　 局，1980 年 9 月），頁 137。

〔註21〕 原文爲：「各行其恕，自相讓而不相爭，相愛而不相害，平天下所以在絜矩之
　　　　 道也。」見焦循：〈格物解二〉，收於《雕菰集》卷九（臺北：鼎文書局，1980
　　　　 年 9 月），頁 131。

〔註22〕 原文爲：「以此一人與彼一人『相人偶』，而盡其敬禮忠恕之事。」見阮元：〈論
　　　　 語論仁論〉，收於《揅經室一集》卷八（臺北：臺商務印書館，1968 年 3 月）
　　　　 頁 157。

〔註23〕 如葛榮晉便認爲「乾嘉學者……針對宋儒的『虛理論』，繼承與發揮明清時期的
　　　　 氣本論思想，大力提倡元氣實體論。」，見氏編：《中國實學思想史・中冊》（北
　　　　 京：首都師範大學出版社，1994 年 9 月），頁 655。周昌龍在〈戴震義理學中情
　　　　 欲之社會基礎與驗證〉一文也指出：「他承接明中葉以來正面審視人之情欲問題
　　　　 的趨勢，結合清代事求是的學風。……營構出一種傾向於社會哲學的義理學。」
　　　　 收於林慶彰、張壽安主編：《乾嘉學者的義理學・上冊》，頁 339～340。

卻不能呈現此一特質。誠然禮教吃人、官僚惡習、知識份子的假道學現象雖然會使有道德勇氣的學者不得不發出不平之鳴，然要將時弊癥結歸咎於理學，卻不是單單舉幾個社會惡例就足以全盤逆轉的。所以用延續薛瑄〔註24〕、羅欽順〔註25〕、王廷相〔註26〕等明代學者便已主張的氣論來肯定人欲，或許有其匡正時弊的需求，但在這個「沒有嚴肅的學者敢撇開證據而空言義理」的時代中，當代一流考據學者所打造的義理學竟然見不出實證的痕跡，實在是令人匪夷所思。

因此，筆者以為，若有一「乾嘉義理學」的存在，其存在必與實證、考據是相關聯的，而絕不僅僅是延續氣本論來發揮。便以被梁氏認為欲「建立一『情感哲學』」的戴震來觀察：其《孟子字義疏證》一書自言是因審知了周孔垂文的內容，是以不得不作：

> 周道衰，舜、禹、湯、文、武、周公致治之法，煥乎有文章者，棄為陳跡。孔子既不得位，不能垂諸制度禮樂，是以為之正本溯源，使人於千百世治亂之故，制度禮樂因革之宜，如持權衡以御輕重，如規矩準繩之於方圓平直。……是後私智穿鑿者……其言祇足以賊道，孟子於是不能已於與辯……辯惡可已哉！孟子辯楊、墨；後人習聞楊、墨、老、莊、佛之言，且以其言汨亂孟子之言，是又後乎孟子者之不可已也。苟吾不能知之亦已矣，吾知之而不言，是不忠也，是對古聖人賢

〔註24〕見《明儒學案》卷七〈河東學案·上〉記載：「薛瑄，字德溫，號敬軒，……先生以復性為宗，濂、洛為鵠，所著《讀書錄》大概為《太極圖說》、《西銘》《正蒙》之義疏，然多重複雜出，未經刪削，蓋惟體驗身心，非欲成書也。其謂『理氣無先後，無無氣之理，亦無無理之氣』，不可易矣。」其《讀書錄》中也主張：「性非特具於心者為是，凡耳目口鼻手足動靜之理皆是也。非特耳目口鼻手足動靜之理為是，凡天地萬物之理皆是也。故曰：『天下無性外之物，而性無不在。』」收於《明儒學案》卷七〈河東學案·上〉（臺北：中華書局，1981年），頁112。
〔註25〕見《明儒學案》卷四十七〈諸儒學案·中一〉記載：「羅欽順字允升，號整菴，吉之泰和人。……先生之論理氣最為精確，謂通天地，亙古今，無非一氣而已。」（臺北：中華書局，1981年），頁1108。
〔註26〕見《明儒學案》卷五十〈諸儒學案·中四〉記載：「王廷相，字子衡，號浚川，河南儀封人。……先生主張橫渠之論理氣，以為『氣外無性』。」其〈雅述〉中也主張：「老、莊謂道生天地，宋儒謂天地之先，只有此理。此乃改易面目立論耳，與老、莊之旨何殊？愚謂天地未生，只有元氣，元氣具，則造化人物之道理即此而在，故元氣之上無物、無道、無理。」收於《明儒學案》卷五十〈諸儒學案·中四〉（臺北：中華書局，1981年），頁1177。

人而自負其學，對天下後世之仁人而自遠於仁也。〔註27〕

正是因爲在周孔垂文中審知「致治之法」，才不得不繼孟而起，著《孟子字義疏證》以辯「汨亂孟子之言」者。然而如何才能審知周孔垂文中的致治之道呢？

> 惟空憑胸臆之卒無當于賢人聖人之理義，然後求之古經。求之古經
> 而遺文垂絕、今古縣隔也，然後求之訓故。訓故明則古經明，古經
> 明則賢人聖人之理義明，而我心所同然者乃因之而明。〔註28〕

藉由明故訓而後明理義，所以是書內容雖是「情感哲學」，方法卻是「字義疏證」！這才是戴震所建立的乾嘉義理學。當時凡深知戴震的乾嘉學者，也是就這種角度來肯定他。如焦循認爲，戴震臨終前所說的「足以養心」的義理，就是指《孟子字義疏證》一書：

> 吾於東原臨歿之言，知其平生所得力而精魄所屬，專在《孟子字義疏
> 證》一書，其他讀書不記者，本非所自得也。……夫東原，世所共仰
> 之通人也，而其所自得者，惟《孟子字義疏證》、《原善》。〔註29〕

焦循主張，戴震在《疏證》一書中呈現的義理是一種「自得」的義理，並稱美這種自得的義理足可使「性道之譚」：「明之，如昏得朗」、「疏之，如示諸掌」，〔註30〕因此覺得戴震是個「通人」。所謂的「通人」自然包涵可「通核」義理之人：

> 通核者，主以全經，協以文辭，揆以道理。人之所蔽，獨得其間。
> 可以別是非、化拘滯，相授以意、各慊其衷。〔註31〕

由此可知，焦循何以稱美《疏證》是可以對性道之說加以「明之」、「疏之」的自得義理，實是因此義理是要通過「自己」「主以全經，協以文辭，揆以道理」的步驟才能「獲得」的。所以戴震的「自得」義理其實已是一種「還原自經典的文本義理」，與宋明習常的自得於心、頓悟式的義理，路徑大相逕庭。

〔註27〕戴震：《孟子字義疏證·自序》，收於《戴震全集》第六冊（合肥：黃山書社，1995 年），頁 362。

〔註28〕戴震：《題惠定宇先生授經圖》，收於《戴震全集》第六冊（合肥：黃山書社，1995 年），頁 504。

〔註29〕焦循：〈申戴〉，收於《雕菰集》卷七（臺北：鼎文書局，1977 年 9 月）頁 95。

〔註30〕焦循：〈孟子字義疏證贊〉，收於《雕菰集》卷六（臺北：鼎文書局，1977 年 9 月）頁 85。

〔註31〕焦循：〈辨學〉，文中將學者著書方法分爲五派，即通核、據守、校讎、摭拾、叢綴。其中只有通核是指義理著作。收於《雕菰集》卷八（臺北：鼎文書局，1977 年 9 月）頁 109。

故焦循自言最心服《疏證》一書，便因：「訓故明乃能識周孔之義理，宋之義理仍當以孔之義理衡之」。〔註32〕凡此，均可見焦循對戴震的心儀實是基於義理的研究路徑，而不純是義理自身的內容。

淩廷堪對戴震的稱譽也是站在同一個架構上而發的：

> 以古人之義，釋古人之書，不以己見參之，不以後世之意度之。既通其辭，始求其心，然後古聖賢之心不爲異學曲說所汨亂，蓋孟荀以還未之有也。〔註33〕

「以古人之義，釋古人之書」，可見淩廷堪也同樣肯定了戴震「文本義理」所採取的方法論，並且更直指出：

> 理義非他，存乎典章制度者也。彼岐故訓、理義而二之，是故訓非以明理義，而故訓何爲？理義不存乎典章制度，勢必流入異學曲說而不自知。
>
> ……《原善》三篇、《孟子字義疏證》三卷，皆標舉古義，以刊正宋儒，所謂由故訓而明理義者，蓋先生至道之書也。〔註34〕

只承認由故訓以「標舉古義」的義理，至於不由故訓而出的則被斥爲是「異學曲說」，如此一來便否定了「先驗義理」的正當性，從而強固「文本義理」的存在。可見淩廷堪認同於戴震的，也並非「情感哲學」自身，而是這一藉考據以成形，合義理、考據於一爐的新方向。大凡淩廷堪檢驗義理，多以此爲出發點。如阮元的「相人偶」說，是一明確由訓詁而衍生的義理新說，而淩廷堪便曾盛讚阮元的「相人偶」之論可「扶翼遺經、覺悟來世」，爲「國家稽古之瑞」；〔註35〕同時更引〈中庸〉之語，爲阮元補證，當時淩廷堪的補證也同樣是採取此一考訂文本義理的路徑。

在內在理路的影響下出現的乾嘉義理學，需求的是一有憑有據、自周孔垂文中梳理得致的「文本義理」。這種純粹學術化的研究特質必須不僅出現於考訂小學，也同樣呈顯在考訂義理上，內在理路的說法才能被完全確立。是

〔註32〕焦循：〈寄朱休承學士書〉，收於《雕菰集》卷十三（臺北：鼎文書局，1977年9月）頁201。

〔註33〕淩廷堪：〈戴東原先生事略狀〉，收於《校禮堂文集》卷三十五（北京：中華書局，1998年2月）頁313。

〔註34〕同前註。

〔註35〕淩廷堪：〈與阮中丞論克己書〉，收於《校禮堂文集》卷二十五（北京：中華書局，1998年2月）頁235。

以張壽安女士雖然認爲顧炎武、戴震、淩廷堪所延續的，是一套「通經致用、重欲務實」〔註36〕的思想體系，但如今就文獻看來，當中的學術關聯反而應是緊扣在「由故訓以明義理」的方法論上。

二、清學超軼的專業學術及其人材分流化的生態

前已論及，爲了敉定宋明紛爭，近三百年學術走向實證性格其實是一種必然的趨勢，此一結論應無疑義。然而儒學發展的常軌，正在「由承繼以超軼，以超軼爲承繼。」的軌徑上，如果學術的內在演化，是必然朝向考據的實證路線走去，在整個學術史上，除了解決前代疑義之外，此一走向又能爲學術開立出何等新生面目？此一面目又在學術史上有何超軼自得之處？

余英時先生在總結清學的成就及方向時，曾經對清學的價值做過如下的整理：

> 清學便不能是宋明儒學的反命題，而是近世儒學復興中的第三個階段。在這個階段中，有兩項中心工作特別值得注意：第一是儒家經典的全面整理……由於清代在考證方法上的進步，其成績遂遠超過了宋明。第二是觀念還原的工作，這就是後來戴東原所謂「以六經、孔、孟之悟還之六經、孔、孟。」……可以說是清學特見之精神所在。〔註37〕

有關經典的整理，清儒不論在廣度及深度上，都是今人難望其項背的，眾人交口稱譽，對此一部份的成就並無疑義。然而論及觀念還原，則不免打了個問號，姑且不論其他認定清代沒有思想沒有哲學、「處處令人喪氣」〔註38〕的學者，就連肯定此一時期有思想的馮友蘭也認爲：

> 蓋此時代（清代）之漢學家，若講及所謂義理之學，其所討論之問題，如理、氣、性、命等，仍是宋明道學家所提出之問題。其所依據之經典，如《論語》、《孟子》、《大學》、《中庸》等，仍是宋明道

〔註36〕張壽安：《以禮代理——淩廷堪與清中葉儒學思想之轉變》（臺北：中央研究院近代史研究所專刊（72），1994年5月），頁34。

〔註37〕余英時：〈由宋明儒學的發展論清代思想史〉，收於《歷史與思想》（臺北：聯經出版公司，1992年），頁105～106。

〔註38〕牟宗三：《中國哲學十九講》，原文爲：「明亡以後，經過乾嘉年間，一直到民國以來的思潮，處處令人喪氣，因爲中國哲學早已消失了。」（臺北：臺灣學生書局，1991年12月初版四刷。）

學家所提出之四書也。就此方面，則所謂漢學家，若講及所謂義理
之學，仍是宋明道學家之繼續者。漢學家之貢獻，在於對於宋明道
學家之問題，能予以較不同的解答；對於宋明道學家所依經典，能
予以較不同的解釋。……漢學家之義理之學，表面上雖爲反道學，
而實則係一部份道學之繼續發展也。〔註39〕

也就是說，儘管方法論上有了突破，但義理中心仍跳不開宋明的老路子。誠
然中國學術有其承繼的必然性，然而這種敘述方式卻見不出其超軼的特質，
更遑論是觀念還原了。

　　但此一刻板印象圈套在乾嘉學者的札記上或者尚說得通，到了中晚期的
樸學家身上卻不一定了。筆者的碩士論文名爲「王先謙《荀子集解》研究」，
在分析王氏學術的過程中，筆者發現雖然近世學者對王先謙諸本校注的評價
不高，大抵認爲只是「頗費淘洗之功」〔註40〕、便於初學而已，甚而有「自
可不作」〔註41〕、「禍棗災梨、胡亂印出」〔註42〕的苛評出現，但是各文本的
專門家在論及王氏的相關專門著作時，卻不約而同地稱美他是「集大成之作」
〔註43〕、「最爲善本」，〔註44〕是「功臣」〔註45〕是「軌範」，〔註46〕尤其他最
被稱美的，便是「序例精絕」，〔註47〕也因此鄭振鐸先生的《晚清文選》一書
收錄王先謙的篇章幾乎是最多的，所收也絕大部份都集中在他的序作。〔註48〕

〔註39〕馮友蘭：《中國哲學史》（臺北：藍燈出版公司，1989年），頁974～975。
〔註40〕錢穆：《莊子纂箋‧序》。
〔註41〕張舜徽：《清儒學記‧湖南學記》（濟南：齊魯書社，1991年1月），頁366。
〔註42〕容若：〈談王先謙〉。刊載於《中央日報》，1955年3月13日。
〔註43〕如《合校水經注》被甘鵬雲《國學筆談》譽爲「集大成」，《釋名疏證補》被
　　　胡楚生《訓詁學大綱》說是「總集大成」。
〔註44〕如《荀子集解》被廖名春《荀子新探》譽爲是「案頭必備之物」，皮錫瑞《經
　　　學通論》則以爲《尚書孔傳參正》是「兼疏今古文」、「最爲善本」。
〔註45〕徐世昌《清儒學案小傳》認爲《荀子集解》是「蘭陵功臣」。
〔註46〕程發軔《國學概論》以爲《荀子集解》是研荀者的「軌範」。
〔註47〕如《續古文辭類纂‧序》析論桐城流承，算得上是一紙桐城源流考；《尚書孔
　　　傳參正‧序》精論篇目分合及各家傳本，內容精賅了尚書史的大要；《荀子集
　　　解‧序》則暢談各本詮解「並揭荀子著書之微旨」，廓清了荀學史的脈絡；《詩
　　　三家義集疏‧序》亦於三家承傳、義法及各本疏解的優劣得失詳加闡述，可
　　　說是卷簡明的詩經學史。不僅是自著，代序亦不例外，如代彭麗崧作〈曾
　　　子輯註序〉，內容便兼賅了曾子學行暨註本得失；代朱君懋作〈行素堂彙刻經
　　　學叢書序〉，則略論經集編纂的由來始末。大抵經史文藝，王氏都能述其源流、
　　　發微抉奧，此一功夫，非是兼通百家、堂廡特大的學者，不能言也。
〔註48〕鄭振鐸先生《晚清文選》共收錄有130人480篇，其中王先謙的文章收錄了

王先謙的作品雖「以纂輯之業爲多」，〔註49〕但別擇之精當，恰恰透顯其於義理通貫的獨到處，因此繼起的研究者都無法忽視他纂輯精擇的善本，《荀子集解》便是一例，至今仍爲研荀者案頭必備的原典。《集解》會有這種影響性，實便在序例的功夫上。因爲須藉由逐字爬梳的過程來抉發全書的奧義，所以爲什麼這個觀念出現這麼多次？每次出現的同異爲何？爲何同、爲何異？這些疑問的解答，累積起來，就是所謂的「例」，也就是我們現在所說的系統。通過了對「例」的發現，才能更提綱挈領地還原義理的重心，而在序文中完成對全書理論的概述，並對前輩學者的成果爬羅剔抉。「序例精絕」的稱美，實非只是讚美王先謙的文筆特出，同時也肯定了他的學術根基的深厚，以及對義理理解的確實。

同樣地，直到今日在我們研讀《莊子》時，郭慶藩的觀點也時時左右著我們，讀《墨子》則不得不參考孫詒讓的《墨子閒詁》，《周易》則孫星衍，《禮記》則孫希旦，《韓非子》則王先愼⋯⋯這些樸學末流的學者從札記形態變化爲專書或專門領域研究的過程中，與乾嘉時期的樸學大師最大的不同，就在於他們不能也不可能能迴避義理層面的觸及；而我們在採用相關的注解或言論時，也同樣在無形中吸納了清代學者的義理。這份義理固然有學者本身受學流派的價值判斷，更多的卻是在爬梳過程中的自得，已非宋明論爭這類議題所能拘束，而是純粹的學術性了。

純粹學術性的自得義理，這就是考證學的價值。它爲千餘年來淪爲個人學說的附庸、遭到斷章取義，而缺乏獨立性格的經學重新建立純粹學術性的地位，這種純粹學術化的研究態度，其實正是爲經學擺脫以往的崇高象徵、回復本來的學術價值、使中國學術能獲得重新出發的契機而作準備；也使得諸子旁經也能因此重新肯定其學術性價值，獲得學術研究的空間。這對義理研究的解放是有絕對助益的。

專業學術的出現，連帶地影響學術範疇的擴大及專門化，而不只侷限於義理性道一門，這也是清代考據學無心插柳下的貢獻。更重要地是，這種現象同時更促使了學術人材的分流。學術是不是應該只有心性一途呢？在宋明兩代的思辨之後，性道似乎是最重要的學術研究領域了，致使北宋大放異采的科技成就，到了明末時人材幾乎無以爲繼，三不朽中的立言、立功也乏人

二十八篇，只有六篇非序跋類作品，可見對王氏序作的重視。

〔註49〕張舜徽：《清儒學記・湖南學記》（濟南：齊魯書社，1991 年 1 月），頁 365。

問津，這個偏執的現象對逐漸進入近代化、現代化的龐大國家而言實是莫大的危機，也難怪就連陸世儀也認為：

> 天下無講學之人，世道之衰；天下皆講學之人，亦世道之衰也。

〔註50〕

龐大的帝國所需的人材是複雜而且多元的，侷限在性道一途，對當時全世界最大的帝國而言本就是荒謬的事，唯有培養可能在各方面有所發展的專門人材，才能支應大帝國各方面的治國需求。考據學本為了定諍而回歸原典，在運用研究方法的過程中產生了專門的文字專家、聲韻專家、版本專家、校勘專家，研究文獻則由朱陸語錄、四書五經、擴大至經史子籍古典文本無所不包，學術領域、學術目標都不再單一化了，這便促成了學術範疇的擴大；另一方面，無所不包的學術原典，必然會出現彼此矛盾的地方，如果都是經典皆為權威，那何者為是、何者為非呢？為何是、為何非呢？於是便產生了懷疑精神，產生了辨偽學。由考據學術擴而充之，無所不考、無所不疑的結果，學術原典的權威必然衰落，而成為研究的素材，於是建立了學術本身的專業化趨勢。

學術研究的擴大與專業化，使人材不再只專研一殼而有更多的發揮領域，這種人材的分流雖然尚不徹底，究其實卻正為清末的經世需求立下了基礎。這種現象在清代《皇朝經世文編》系列著作中，有關〈學術卷〉內容的改變是最能被清晰洞見的。

道光六年（1827 年），外侮尚未逼陵這個龐大的帝國，識者卻已憂心忡忡，於是出現了《皇朝經世文編》，分〈學〉、〈治〉、〈吏〉、〈戶〉、〈禮〉、〈兵〉、〈刑〉、〈工〉八部，〈學術部〉亦區分為〈原學〉、〈儒行〉、〈法語〉、〈廣論〉、〈文學〉、〈師友〉六大類。這些針對文化傳承、政體民事的篇章，其實就是康、乾、嘉、道學人的著作或奏疏，其中更不乏樸學家的作品，而且大抵都能切中時弊，所提的解決之道也是實效懇切的建議，可見經過乾嘉學術打破性道獨尊的情形後，研究人材和研究範疇已有分流現象。到了光緒十四年（1888 年），葛士濬的《續編》成書，更添加〈洋務〉一部，〈學術部〉雖然仍分六類，但〈文學〉類也已大幅擴充為四卷，其中三卷為算學、曆學、天文、代數等學步西學的作品。這六十年間世局動盪、人心思變，政府的動作雖緩不濟急，救亡圖存的洋務運動卻已如火如荼地展開，其主動便在學界的自強——葛士濬的《續編》中

〔註50〕陸世儀：《思辨錄輯要》卷一（臺北：臺灣商務印書館，1973 年）。

對原《經世文編》的更革，其實便清晰可見學術界的應變態度及對時局的關注。到了光緒二十年甲午戰爭後，自強的期盼更加急迫。公車上書的青年知識份子打動了年輕皇帝的心，變法圖強的帶動下，學界更加清楚地展現新的氣象、新的作爲。光緒二十四年陳忠倚《三編》、邵之棠《統編》、麥仲華《新編》紛紛繼起。《三編》的〈學術部〉在〈原學〉類中所收皆爲西學或西式學堂的相關篇章，〈廣論〉類下附以「醫理」，更增添了〈格致〉、〈測算〉兩類。《統編》〈文教部〉不但增添了〈譯著〉、〈教法〉、〈報館〉等與洋務相關類目，更增加如〈史學〉、〈諸子〉、〈字學〉等傳統被囊括一氣的學術項，賦予其獨立的地位；至於〈學術〉類本身除了明心澹志等理學著作之外，也收錄了幾篇西學的相關文章。而《新編》則完全巔覆了賀長齡的模式，不但將〈學術〉部置於最後一卷，內容則多爲西學的範疇，絕大部份更是西文的譯著。在這三本著作中，〈學術〉卷的內容不但有大幅更動，而且研究人材的分流現象也更加徹底，甚至有專門浸淫西學的研究者出現了。〔註51〕到了光緒二十八年，不論是《四編》、《五編》、《新編續集》，〈學術〉卷的內容都脫不了西學研究或新式學堂的成立，甚至出現直接更名爲《新政文編》的例子。由於時勢的窘迫，學者逐漸認定學術應爲時局服務，就如同明清之際經世致用的學風一般，《皇朝新政文編》的更名，正反應學界爲了應變時局，也不得不掛附致用性格，以面對眼前的困境。

　　從《皇朝經世文編》系列的比較，〔註52〕我們發現短短八十年間，學術界的風向丕變，這些擴大的範疇與迥異的學術內涵代表的是一定規模而且變化快速的人材分流，在學術理想定於一尊的時代裡是很難辦到的。然而在這空前變局下，肯毅然面對並改換跑道的學者竟能如影如響，且在各方面的研究領域都收致一定的成效，儘管成效尚不足以扭轉腐敗政局所形成的頹勢，但若非通過考證學風初步擴大和分流，是斷無可能應變得如此快速的。

三、清學欲建立之新義理

　　所以，就中國學術的內在理路而言，「回向原典」是必然的向趨，這種純粹學術的研究態度，將使得先驗的義理被文本義理所取代，影響所及，是義理觀念的還原與自得，並促成學術領域的擴大及專業化，使學術人材得以分

〔註51〕如華蘅芳專精算學，《新編》中便收錄有九篇華氏的算學著作。見附錄：「皇朝經世文編學術卷內容」。
〔註52〕見附錄（一）：「皇朝經世文編系列・學術卷之比較」。

流。所以清代中晚期會產生像曾國藩所宣示的「經專守一經，史則專熟一代。」〔註53〕的理念，其實便是學術分流及專業化推向極致的結果，也加速了清末學界分流應變時局的速率。

這種專業化的研究態度，在顧炎武的學術主張中便可清晰洞見，日後並於禮學研究的範疇中發展成熟。

顧炎武曾在〈與施愚山書〉中提道：

> 然愚獨以爲理學之名，至宋人始有之。古之所謂理學，經學也，非數十年不能通也。故曰：「君子之于《春秋》，沒身而已矣。」〔註54〕

亭林何以認爲「非數十年不能通」經學，往往被解讀僅僅是因其治學方法較爲嚴謹之故。其實，若是合併其門生潘耒於《日知錄‧序》中對亭林治學態度的描述來看，便知此一數十年不能通的功夫，非僅箚記采銅、考訂音義而已：

> 事關民生國命者，必窮源溯本，討論其所以然……有一疑義，反覆參考，必歸於至當；有一獨見，援古證今，必暢其說而後止。……《日知錄》則稽古有得，隨時箚記，久而類次成書者。凡經義史學官方吏治財賦典禮輿地藝文之屬，一一疏通其源流，考證其謬誤，至於歎禮教之衰遲，風俗之頹敗，則古稱先，規切時弊，尤爲深切著明。……如第以考據之精詳、文辭之博辨，歎服而稱述焉，則非先生所以著此書之意也。〔註55〕

所謂「稽古有得」，是因「反覆參考」、「援古證今」而得，目的是「則古稱先」、「規切時弊」。所以「非數十年不能通」，決非是通句讀、通音義而已。正如潘耒將「通儒」界定爲「明體適用」一般，「反覆參考」、「援古證今」雖是必要的手段，但目的卻是「通」，非窮數十年光陰不能通的經學，究其實是要通向能「規切時弊」的「適用」價值的。而此一「適用」價值的開創，則須有能「則古稱先」、「明體」的學養。

〔註53〕曾國藩：〈家書‧道光二十三年正月十七日〉，（臺北：東方書店，1963 年 12月），頁 48。

〔註54〕顧炎武：〈與施愚山書〉，收於《新譯顧亭林文集》（臺北：三民書局，2000年 5 月），頁 262。「古之所謂理學，經學也。」這段話後來被全祖望轉化成：「古今安得別有所謂理學者，經學即理學也。」（全祖望：《鮚埼亭集‧卷十二》），二者實不能等同而論，學者前輩已多有論述。

〔註55〕潘耒：《日知錄‧序》，收於《皇朝經世文編‧學術一》。

但如何能明體呢？亭林在文集中有段論述正可作為呼應：

> 後之君子，因句讀以辨其文，因文以識其義，因其義以通制作之原，
> 則夫子所謂以承天之道而治人之情者，可以追三代之英，而辛有之
> 嘆，不發於伊川矣。〔註56〕

亭林所謂的「非數十年不能通」，是因為必須「因句讀以辨其文，因文以識其義，因其義以通制作之原」，而後才能「以承天之道而治人之情」，其成效則足以「追三代之英」。句讀其實只是這個龐大目的的一個初步手段，「通制作之原」以「治人之情」才是亭林考訂音義所企圖建立的文本義理，而從「句讀→識義→通原→得道」的進程，才是亭林建立此一文本義理的方法論。

這觀念不僅見於亭林，在其他的清儒身上也能見出。戴震在《題惠定宇先生授經圖》中便以為：

> 故訓明則古經明，古經明則賢人聖人之理義明，而我心之所同然者，
> 乃因之而明。賢人聖人之理義非它，存乎典章制度者是也。〔註57〕

阮元在研究禮學時，對於如何「通制作之原」、如何才叫「稽古有得」，則有更深入的闡釋：

> 稽古之學，必確得古人之義例，執其正，窮其變，而後其說之也不誣；
> 政事之學，必審知利弊之所從生，與後日所終極，而立之法，使其弊
> 不勝利，可持久不變。蓋未有不稽古而能精於政事者也。〔註58〕

在此我們看到了清儒企圖以「回向原典」的方式所建立的「文本義理」，是要通過「確得古人之義例」來獲得的，句讀、識義只是前置作業，只有通貫義例，才能使考證學不只是餖飣瑣屑的白工，而成為明體適用的鑰匙；但若未經過梳理全書的句讀、識義工夫，所得義例也必不真切。這就是亭林「非數十年不能通」的真正理由，也就是曾國藩標舉「經專守一經，史則專熟一代」的原因，而考證學的專業化、分流化，則是這種紮實功夫下必然的趨勢。

禮學本是稽古之學，繁瑣的考證工夫及複雜的禮儀制器，使歷代學者往往視為畏途，即令有學者肯下足工夫，也多是在《禮記》、《周禮》上，至於

〔註56〕顧炎武：〈儀禮鄭注句讀序〉，收於《新譯顧亭林文集·卷二》（臺北：三民書局，2000年5月），頁130。

〔註57〕戴震：〈題惠定宇先生授經圖〉，收於《戴震全集》第六冊（合肥：黃山書社，1995年），頁504。

〔註58〕阮元：〈漢讀考周禮六卷·序〉，收於《擘經室一集》卷十一，（臺北：臺灣商務印書館，1967年3月，頁218。

《儀禮》則乏人問津。﹝註 59﹞迄清考證學大興，此類繁複的工夫對清儒而言只是慣見手段，因此禮學在清代頗有復興之象。而禮學稽古的性質，恰使學者在研究時必須「確得古人之義例」才能獲致「文本義理」，也就是必須完成「句讀→識義→通原_{釋例}得道」的完整步驟，才有其意義。所以我們看秦蕙田的《五禮通考》，乃：

> 舉二十二史之記載，悉以《周禮》、《儀禮》提其綱。上自朝廷之制作，下逮諸經之議論，靡不搜抉反隱，州次部居，令讀者一覽易曉。
>
> ﹝註 60﹞

這便是一種蒐羅爬梳義例的功夫。再如凌廷堪作《禮經釋例》時，也指出其成書的內容是：

> 《儀禮》17 篇……不得其經緯塗徑，雖上哲亦苦其難……經緯塗徑之謂何？例而已矣。……其宏綱細目必以例為主，有非詁訓名物所能賅者。乾隆壬子，乃刪薈就簡，仿杜氏之於《春秋》，定為《禮經釋例》……區為八例：曰通例，上下二卷；曰飲食之例，上中下三卷；曰賓客之例，一卷；曰射例，一卷；曰變例，一卷；曰祭例，上下二卷；曰器服之例，上下二卷；曰雜例，一卷。共為卷十三。
>
> ﹝註 61﹞

可見更是直接以義例為研究中心。而且凌廷堪本人甚至曾直言道：

> 不會通其例以貫之，祇厭其膠葛重複而已耳，烏睹所謂經緯塗徑者哉！……其宏綱細目必以例為主，有非訓詁名物所能賅者。﹝註 62﹞

可見在禮學的研究範圍中，義例的發明一直是首要的方式。此後如公羊家的劉逢祿，著有《春秋公羊經何氏釋例》，也是將釋例的研究法加以運用，次第

﹝註 59﹞ 據鄧聲國：《清代《儀禮》文獻研究·緒言》中的資料指出：「歷代《儀禮》研究文獻約有 500 種之，其中唐以前的研究文獻大致有 130 種左右……宋代……大約成書了 50 餘種……明代出現的《儀禮》學著作近 70 種……整個清代的《儀禮》研究著作超過了 200 部」，清代《儀禮》學研究幾佔了全數的五分之二，可見清代之前，《儀禮》學幾是乏人問津。（上海：上海古籍出版社，2006 年 4 月），頁 1～2。

﹝註 60﹞ 盧見：〈五禮通考序〉，引自《五禮通考》。

﹝註 61﹞ 凌廷堪：〈禮經釋例序〉，收於《校禮堂文集·卷二十六》（北京：中華書局，1998 年 2 月）頁 241。

﹝註 62﹞ 凌廷堪：〈禮經釋例序〉，收於《校禮堂文集·卷二十六》（北京：中華書局，1998 年 2 月）頁 242。

發明「張三世」、「通三統」、「絀周王魯」等論點，而成爲「在清人著述中，實最有價值之著作。」，〔註63〕顯現釋例的研究法在運用上已有擴大的傾向。

運用「確得古人之義例」來獲得「文本義理」，這種義理的還原工夫，余英時先生描述爲「經學的史學化」。〔註64〕細究其實則只說對了一半。因爲在方法上或許清學是將經書置於史料的地位，精神上卻是欲重建一「還原自經典的自得義理」。

還原自經典的自得義理，似乎是弔詭的說法，既是「還原」，又如何能稱爲「自得」呢？有關於這個問題，王德威先生恰恰提出了一個可以補強的看法，值得吾人省思：

> 「迴轉」一詞最初因紀爾茲（Clifford Geertz）的人類學研究而引起關注，它指的是「一種社會或文化堅持不懈要將自身轉變到一種新的形態」……指的是一種內轉的傾向，是延伸、蜷曲而內耗於自身的一種運動……迴轉與革命相異處，僅在於它的運動方向看起來不是勇往直前的單向直線，而是迂迴纏繞。〔註65〕

這三千來我國學者在義理上或自我詮解或致力文本上的努力，或者也可以看作是一種「迴轉」。雖然就平面上乍見只是原地內轉的工夫，卻不能否認此一研究有立體向度的精深；而經此迴轉研究所得，也與原始義理有精粗之別。故清儒雖然欲還原文本義理，但究其實卻不得無自得的成份。

四、小　結

如果考據學所代表的是「句讀→識義」的步驟，那麼淩廷堪等人想完成的，就是進入「通原→得道」的過程，但是進入這個階段不能只憑幾句話批評考據前賢就夠了，還要有方法，而這個方法就是這些崇禮學者在治禮的過程所必須運用的「義例」。所以文字聲韻是由「句讀→識義」的方法，訓詁是「識義→通原」的方法，抉發義例加以詮釋則是「通原→得道」的方法。據此吾人可得而推知，此一從「句讀 ⟶ 識義 ⟶ 通原 ⟶ 得道」的進程，才

〔註63〕梁啓超：《清代學術概論·二十二》，與《中國近三百年學術史》合冊，頁64。

〔註64〕其原文如下：「清代經學專尚考證，所謂從故訓以明義理，以孔孟還之孔孟，其實即是經學的史學化。」語見余英時：《錢穆與中國文化》，（上海：上海遠東出版社，1996年4月第2次印刷），頁34。

〔註65〕王德威：《被壓抑的現代性：晚清小說新論》（臺北：麥田出版公司，2003年），頁53～54。

是清學的方法論，預期目標則在完成一「還原自經典的自得義理」。此一模式雖在禮學領域發展成熟，實則將可致用於群書，進行典籍的全面釋例；典籍全面系統化後，預期將可拈出許多新議題的探索，從而跳脫宋明議題的設限。至此清代義理學的概貌才算大致完成。

　　然而此新義理學其建立雖有顧炎武的提倡、戴震的初步實驗，〔註66〕到阮元建立完整的方法論，終究卻尚未成功。究其原因，有些清儒由於太著力在方法學的建立，以及考證還原的功夫上，因此，有關於義理層面便不及深入，不免流於文獻主義，此為其一；加上歷史的捉弄，清學尚未完成既定的目標，便已經被動亂的局勢給擾亂了方向，必直逮民初國粹派的研究才算承此方法又向前邁進了一步，此則其二。然這當中的轉捩點，與湘學可說是息息相關，因此筆者在以下章節中，將會探討湘學的特質，以及其對清學扭轉的關鍵性地位。

第二節　清學研究的三條脈絡

　　學術分析的切入角度，常常會影響我們對學術的看法。同樣在探討顧炎武的《日知錄》，潘耒以「則古稱先」、「規切時弊」為其特處，「考據之精詳」「則非先生所以著此書之意也。」；〔註67〕《四庫提要》則認為顧炎武「以復古為志，其說或迂而難行」，而潘氏「以考據精詳為末務，殆非篤論矣。」〔註68〕二者觀點南轅北轍，各是其是、各非其非。可見欲觀照、呈顯學術風貌，採取較周全的視角來分析，當是較不偏倚，可靠的方法。

　　邇來浸淫學術史研究，發現中國學術的流變其實具有三大特徵：一是學術的流衍是除了是時代因素外，更肇因於其內需性質；再者學術的流布過程，

〔註66〕如洪榜欲載戴震〈與彭進士尺木書〉，認為此書「闢夫後之學者，實為老釋，而陽為儒入。援周孔之言，入老釋之教；以老釋之似，亂周孔之真。而皆附於程朱之學。」，但朱筠以為「可傳者不在此」、「可不必載」，事後雖經洪榜力爭，戴震子仍逕自刪去。然而漢學家也有通經以通聖賢心的需求，故朱筠認為「可不必載」，既非是輕忽義理層面、也不全是基於否定與宋明義理對立的新學，而是戴震在方法論上卻非常粗糙，雖然「由文字以通故訓、由故訓可通周孔義理」是漢學家的普遍認知，但戴震所抉發的疏證、義理卻見不出是如何得之於文本的。上述原文與本事皆收錄於江藩：《漢學師承記・卷六・洪榜》，見漆永祥：《漢學師承記箋釋・上》（上海：上海古籍出版社，2006年2月），頁617。

〔註67〕潘耒：《日知錄・序》，收於《皇朝經世文編・學術一》。

〔註68〕語見：《四庫全書總目提要・日知錄》。

不得不受地域限制而逐漸呈現不同特色；最後則是中國學術史上一個相當獨特的特徵，便是「以禮改革」的傳統。這三大特徵影響中國學術的概貌，欲探討清學，以觀照湘學，自亦不能等閒以視。今茲分述如下：

一、自「學術自我流衍的出路」鳥瞰清學的必然性

學術無可避免地必須爲時代而服務。然而日月逾邁、榮落相推，每個時代的難題都必須在學術中尋求解決的方針，爲治症候，往往忽略標本同醫，使末流總不免於拘泥，亟待識者補偏救弊、力矯缺失；而此一救治，不免又只對症下藥，甚而矯枉過正，於是不得不再加以補苴罅漏……。正因爲學術是爲時代而服務，所以本身的沈疴反而卻成爲當代不得不去的毒瘤，歷代學術興衰往往與時更迭的理由，此亦一因。西漢立今文學官而儒術拘執，無力解決時代難題而西漢亡；東漢興古文經學而瑣屑煩重，無力應對政治傾軋，復面對佛、道宗教式簡要直截式的挑戰，因而雜糅出魏晉玄學；玄學雜糅變亂，反爲佛道異教開一方便法門，政治上也因而漢胡雜異而元氣大傷，迺有道學的整頓人心；道學轉向內在，末流更無心政事而致使宋爲元亡、明爲清亡，於是外求通經以致用，並救平道學內部的爭隙。……凡此種種，皆可見學術內部的流變，與時代的胎息實是息息相繫，而且就「學而優則仕」的傳統文官制度而言，與其說是政治影響了學術，無寧說在學政合一的歷史統系中，學術的缺陷也勢必會造成了政治的衰敗。

梁啓超曾在《清代學術概論》中指出「凡時代思潮無不由『繼續之群眾運動』而成。」，〔註69〕此運動並非有意識有組織，成員或許各不相謀，甚而互相排擠，然「其中必有一種或數種之共通觀念焉，同根據之爲思想之出發點」、「久之則成爲一種權威」、「今之譯語，謂之『流行』；古之成語，則曰『風氣』」，故梁啓超視之爲「群眾運動」。但無組織性的成員何以有不謀而合的共通觀念，梁啓超卻並未說明，僅簡言清代思潮「則對宋明理學之一大反動。」是也。

反動宋明理學，其實便是對宋明理學的缺陷進行有意識的修正。宋明理學著重內聖而忽略了外王經世，致使宋、明二代相繼亡於異族之手，學者卻無力可回天。此一明顯偏執的後果在遺民心中的感受更是痛切，故顏習齋深諷道：

〔註69〕梁啓超：《清代學術概論・一》，（臺北：水牛出版社，1981年6月），頁6。

> 宋元來儒者卻習成婦女態，甚可羞！無事袖手談心性，臨危一死報
> 君王，即為上品矣。〔註70〕

於是主張以實事實行做為學、治的內容：

> 唐虞之世，學治俱在六府三事，外六府三事而別有學術便是異端；
> 周孔之時，學治只有個三物，外三物而別有學術便是外道。〔註71〕

黃梨洲也指出「儒者之學，經緯天地。而後世乃以語錄為究竟」、「遂使尚論者以為立功建業」、「非儒者之所與也」〔註72〕，於是主張「心無本體，工夫所至，即其本體」〔註73〕、「必使治天下之具皆出於學校」〔註74〕，一樣是以工夫實行修正內部缺失，並做為學治合一的正途。顧亭林更以為，聖人之道唯在「博學於文」「行己有恥」二事上：

> 自一身至於天下國家，皆學之事也；自子臣弟友以至出入、往來、
> 辭受、取與之間，皆有恥之事也。……士而不先言恥，則為無本之
> 人；非好古而多聞，則為空虛之學。〔註75〕

並指出「君子之為學，以明道也，以救世也。」〔註76〕。其以實行實學矯弊、並強調學治合一的經世理想，標舉得十分鮮明。故而錢穆先生乃闡明顧氏學治合一的進程為：「治音韻為通經之鑰，而通經為明道之資。明道即所以救世。」〔註77〕再如王船山：「善言道者，由用以得體」〔註78〕，故於修己論學，主張「養其生理自然之文，而修飾之以成乎用者，禮也」〔註79〕、「知者，知禮者也。禮者，履其知也。履其知而禮皆中節。知禮則精義入神，日進於高明而不窮」〔註80〕；於治國齊民，則主張「裕民之衣食，必以廉恥之心裕

〔註70〕顏元：《存學編》卷一〈學辨〉。
〔註71〕顏元：《顏習齋先生言行錄》卷下〈世情〉。
〔註72〕黃宗羲：《南雷文定後集》卷三〈弁玉吳君墓誌銘〉。
〔註73〕黃宗羲：《明儒學案・序》。
〔註74〕黃宗羲：《明夷待訪錄・學校》。
〔註75〕顧炎武：〈與友人論學書〉，收於《新譯顧亭林文集》（臺北：三民書局，2000年5月），頁175。
〔註76〕顧炎武：〈與人書二十五〉，收於《新譯顧亭林文集》（臺北：三民書局，2000年5月），頁411。
〔註77〕錢穆：《中國近三百年學術史・第四章顧亭林》（臺北：臺灣商務印書館，1990年10月），頁134。
〔註78〕王夫之：《周易外傳》卷二〈大有〉。
〔註79〕王夫之：《俟解》。
〔註80〕王夫之：《思問錄》內篇。

之；以調國之財用，必以禮樂之情調之」〔註 81〕。雖不明言，實則以禮樂實行同施於學、治二途，其主張與顏顧黃三儒可謂並無二致。

渠四儒雖氣質各殊，理論俱異，但面對宋明積弊，以實行實學同濟學政之玄虛，倒是看法一致，對症下藥的意味相當濃厚。明末學術浮誇，一些自命王學末流的學者言行近乎狂禪，益以朝綱不振、閹人弄權，識者如東林黨人「早有避虛歸實之意」〔註 82〕，也因此梁啓超便指出：

> 大反動的成功，自然在明亡清興以後。但晚明最末之二、三十年，機兆已經大露。試把各方面趨勢一一指陳：第一，王學自身的反動。⋯⋯舍空談而趨實踐。⋯⋯第二，自然界探索的反動。⋯⋯第三，⋯⋯歐洲曆算學之輸入。⋯⋯第四，藏書及刻書的風氣漸盛。⋯⋯第五，⋯⋯這種反動，不獨儒學方面為然，即佛教徒方面也甚明顯。宋元明三朝，簡直可以說除了禪宗，別無佛教。到晚明忽然出了三位大師：一蓮池、二憨山、三蕅益⋯⋯他們反禪宗的精神，到處都可以看得出來。他們提倡的是淨土宗⋯⋯這是修持方面的反動。〔註 83〕

特別是第五點，由重視修持的淨土宗代換已淪為只參空話頭的禪宗，使佛教徒在修持上「從極平實的地方立定，做極嚴肅的踐履功夫」，學理上則「一返禪宗束書不觀之習」，可見對時人而言，面對已經明顯積重的虛蕩弊病，不分學派宗教都不得不採用實學實行的方式進行反動。陳垣所謂「儒釋之學同時不變，問學與德性並重，相反而實相成焉。」〔註 84〕的現象，正說明了不謀而合、具有共通觀念的學術活動，的確是存在的。這些具有共通觀念的反動思潮，都是識者因洞見時弊萌生，即將群蟻潰堤，是以敲響警鐘。此一行動往往萌發於學界，其最初之響應亦在學術上，後才逐漸在學官合一的體制下擴及政治人物，但已緩不濟急，直到政局因弊而捉襟見肘、窘況百出，便掀天斡地成為新時代的群眾思維，「大反動」起前一個時代來。此時的「反動」，因是基於同一困境的補苴工夫，開出的方子自然神似，在集體救亡的共識下，

〔註 81〕 王夫之：《詩廣傳》卷三。
〔註 82〕 錢穆：《中國近三百年學術史・第一章引論》（臺北：臺灣商務印書館，1990年 10 月），頁 19。
〔註 83〕 梁啓超：《中國近三百年學術史・一・反動與先驅》（臺北：里仁書局，1995年 2 月初版），頁 9〜13。下文亦同。
〔註 84〕 陳垣：《明季滇黔佛教考・卷二》，與《中國佛教史》合冊，收於《現代佛學大系》第二十八冊（臺北：彌勒出版社，1983 年 1 月），頁 86。

也自能水到渠成。歷代學術思潮之興替莫不如此矯枉而來。

　　清學之代宋明而起亦然，癥結上必有其內需性質。清初四位先生肇因於「無事袖手談心性，臨危一死報君王」的學術流弊，不約而同以實行實學補救學風，便是一例。可見是中國學術在流衍的歷程中因匱乏而衍生需求，清學才必得以此形態完成其救濟的功效。只是雖然眾手砭鍼齊施，最終卻有一法門是實效可行、易於遵從的軌徑，而成為新時代的流行：黃宗羲其功在史，王夫之遁跡山林，學術無以與聞；顏元實行實事，於世俗民風或有滌蕩之功，就學術本身卻不能無自相矛盾之處；〔註85〕只有顧炎武的學術在講求實行之餘，其「做學問的方法，給後人許多模範」、「做學問的種類，替後人開出路來」，而在清代學術的新氣象間「占最要位置」。〔註86〕既能救弊、又能創新，以顧氏為開山始祖的考據學之所以成為清代全盛時期的學術的表徵，吸引大量人材的投入，就學術史的走向而言，其實是必然演化的結果，而決非是某些學者所謂的「逆轉」了。

二、以「學術流布的在地化現象」審視清學生態

　　事實上，清代學術的生態繁複，欲以一蓋全，勢必有罣一漏萬之虞，因此許多研究近代學術的學者，莫不試圖自各種分判角度觀察，企能周全整個清代學術的概貌，如梁氏《清代學術概論》的分期，以釋氏「生」、「住」、「異」、「滅」的輪迴觀點解釋學術的起伏，便是一例；〔註87〕再者如程發軔先生的《國學概論》，則是依傳承的統系加以區隔派別。此處筆者無意對二法加以置喙，然而由程氏的分類中，吾人確可見出地域對清學傳承時所造成的限制，顯然也是清學樣態分歧的主因之一。〔註88〕畢竟中國的學術是人的學問，有大師才有學統，故而形成地方學派也是在所難免。

　　中國在政體上雖是個統一帝國，若以民情風俗而論卻不然，不但囊括許多少數民族、幅員遼闊亦舉世罕見，人民風氣自然各地不同，呈顯在學術研

〔註85〕錢穆先生便曾指出習齋學說的自相矛盾處：「習齋重習行而必則古昔，不免為其學術自身所含之歧點者一也。」「習齋論學，事物經濟與心性存養並重兼顧，又為其學術自身之歧點者二也。」語見錢穆：《中國近三百年學術史・第五章顏習齋李恕谷》（臺北：臺灣商務印書館，1990年10月），頁195、197。

〔註86〕梁啟超：《中國近三百年學術史・六清代經學之建設》（臺北：里仁書局，1995年2月初版），頁89。

〔註87〕見梁啟超：《清代學術概論》。

〔註88〕見程發軔：《國學概論・下冊》，其中製作有「近儒統系」，內中便依學術風尚的傳承而分有二十個統系，中有14個統系以地域命名。

究上也自造成些許差別。是以學術在統一的帝國中雖能成爲官學定於一尊，但隨著各地繁榮的經濟而興起的研究運動，卻不能不受到當地學者氣質的影響而偏移。一地之人在同一學院學堂接受類似的教育，依循類似的治學方法，發展出類似的研究興味，實是必然之事。故梁啓超著有〈近代學風地理之分布〉一文，其中便指出：

> 環境對於「當時此地」之支配力，其偉大乃不可思議，且如惟江右
> 爲能産陸子靜、李穆堂，惟皖南爲能産朱晦翁、戴東原，惟冀北爲
> 能産孫夏峰、顏習齋，惟浙東爲能産王陽明、黃梨洲……吾因是則
> 信唯物史觀派所主張謂物質的環境具萬能力，吾儕一切活動，隨其
> 所引以爲進展，聽其所制以爲適應。〔註89〕

因此梁氏在《清代學術概論》中以爲，未來學人治學的方向，除了「分業發展」外，更須「分地發展」：

> 所謂分地發展者，吾以爲我國幅員廣埒全歐、氣候兼三帶，各省或
> 在平原、或在海濱、或在山谷，三者之民，各有其特性，自應發育
> 三箇體系以上之文明。我國將來政治上各省自治基礎確立後，應各
> 就其特性，於學術上擇一二種爲主幹……求爲充量之發展。〔註90〕

此一分地發展的理想，因現行政制非自治政體而無法實現。然今日在進行學術研究的過程中卻可發現，誠如梁氏所言，即令是在帝制專制政權下，各地學者仍大致隱現屬於自我區域的特質。早在春秋戰國之時，諸子異說、百家爭鳴的情形，其實一部份便反應了地域對學術的影響：

> 孔墨之在北，老莊之在南，商韓之在西，管郤之在東，或重實行，
> 或毗理想，或主峻刻，或崇虛無，其現象與地理一一相應。〔註91〕

勞思光先生也指出：

> 儒家重德性，重政治制度，立仁義王道之，是周文化或北方傳統之
> 哲學；道家重道，重自然，立逍遙之超離境界，是舊中原文化或南
> 方傳統之哲學。墨家……法家……與二傳統之哲學皆有旁面關係。

〔註89〕見梁啓超：〈近代學風地理之分布〉，收錄於《飲冰室專集・第八冊》（臺北：臺灣中華書局，1987 年）。
〔註90〕見梁啓超：《中國近三百年學術史・清代學術概論・三十三》，（臺北：里仁書局，1995 年 2 月），頁 92。
〔註91〕見梁啓超：《飲冰室專集・第九冊・中國地理大勢論》（臺北：臺灣中華書局，1973 年）

〔註92〕

可見在遼闊的領土上，中國很早就發展出區塊性的學術岐異了。

　　正因為這種地域區隔的特質，在更迭烽起的清代學潮中，我們很可以輕易地察覺到，學者們的學術走向與其發源地域的原始學風往往風格相儷，同時，這種區域性的學術風氣，也往往會對個人學術興味造成某種偏移。譬如遺民學術乍看之下風骨絕類，然而三大家中，黃宗羲講學浙東，以治史經世為宗旨；王夫之隱於湘西，以漢宋雙修論學理；顧炎武定居華陰，述學則以樸學經籍為本。顯然三者雖不約而同地以經世實學救時弊，但著眼點截然不同：這是因為浙東本有史學傳統，〔註93〕湘鄉則自嶽麓書院成立以來，一直是義理講學的重鎮；至於顧炎武晚歲遊跡魯地，學問始轉向沉實，而自古山東便是經學的領域。可見清初三大家的學問，實與發源地的學風浸染至深。

　　然而這種區域化的現象，並不僅僅是表現在學術的興味是治史或治經的不同上，隨著文化流布的普及，「當時此地」的人文風氣也會漸漬性地對傳入的學術進行特有的微調，連同一治學領域同一治學模式，也往往會因為學者氣質而得致殊異的結論，從而產生「在地化」的現象。〔註94〕且看漢朝以後，統一帝制雖將官學定於儒家一尊，但儒家研究本身仍然因地域的限制而學派叢現。就以宋代為例，北宋時期，有孫復泰山學、周敦頤濂學、二程洛學、張載關學、邵雍的百源學及三蘇父子的蜀學；南宋則有朱熹的閩學，陸九淵的象山學，胡瑗父子所立、張栻繼之的湖湘學、呂祖謙的婺學、陳亮的永康學等。儼然是戰國時「儒分於八」的情勢復起。到了清代，更有章學誠區分出顧炎武浙西學、

〔註92〕見勞思光：《新編中國哲學史》第一冊，（臺北：三民書局，1984年增訂初版），頁74。

〔註93〕章學誠是最早注意到浙東學的學者，並著有〈浙東學術〉一文（收於《文史通義・內篇二》）。從來考訂家以顧炎武為清學規模的確立者，但章學誠以為不過是「浙西之學」，黃宗羲所代表的浙東之學，更「源遠而流長矣」，〈邵與桐別傳〉中便指出：「南宋以來，浙東儒哲講性命者，多攻史學，歷有師承。宋明兩朝記載，皆稿薈於浙東，史館取為衷據。」（收於：《章學誠遺書》，卷十八）。

〔註94〕楊念群先生則將這種「儒學從原生的人文化型構階段經官學化過程達致地域化的空間表現形式，也就是儒學沖破制度化神祕化的官方意識形態而構成不同的文化精英群落的過程。」稱為「儒學地域化運動」。然而「地域化」一辭有其語義模糊之處，筆者以為「在地化」當更能符合學術受到風土文化影響的情形。見楊念群：《儒學地域化的近代形態──三大知識群體互動的比較研究》（北京：生活、讀書、新知三聯書店，1997年6月），頁18。

黃宗羲浙東學，以及近代學者〔註95〕所指出的揚州學、湘學、常州學，抑或江浙、湖南、廣東的學域之分的諸多看法。同樣是儒家學者，卻因在地化而衍生了各種不同的學風。所以就如一枝獨秀的乾嘉皖學，其樸學家所以往往兼治禮經的學風，也是皖地朱子餘韻〔註96〕的影響，故而不論是江永、戴震、淩廷堪、程瑤田等當地的大儒，都在無形中深受皖學特質的左右，從而竟引發出「以禮代理」的議題來；〔註97〕但是這個清代極可貴的義理革命，出了皖地便備受質疑，〔註98〕戴震雖是這個議題的始創者，然其義理成就，無論其子孫、學友、高弟卻多不能理解，更遑論是繼承師門理想了。如洪榜於行狀中欲載戴震〈與彭進士尺木書〉，認為此書實有正學之功：

> 闞夫後之學者，實為老釋，而陽為儒入。援周孔之言，入老釋之教；以老釋之似，亂周孔之真。而皆附於程朱之學。

然而與之定交的朱筠卻以為「可傳者不在此」、「可不必載」，雖經洪榜力爭，戴震子仍逕自刪去，便是一例。〔註99〕這也或許便因王氏父子、段玉裁、孔廣森等戴震門人皆非皖人之故，以致身歿不傳，〔註100〕而轉由皖地的私淑人士如阮元、淩廷堪加以發揚光大；到了皖派大師凋零，適值中國面臨內外交征的窘境，湘學乃趁時興起，企圖以兼修漢宋，救治皖派末流專務詁訓的流弊。至曾國藩調和漢、宋失誤之後，隨著局勢日壞，維新及西化的口號終於

〔註95〕 常州學最早見於梁啟超《清代學術概論》，揚州學、湘學是張舜徽先生《清儒學記》的區分，江浙、湖南、廣東的學域之分則出自楊念群先生《儒學地域化的近代形態——三大知識群體與動的比較研究》中的看法。

〔註96〕 朱熹是安徽人，故而皖地世代謹守朱子家禮，在趙吉士所撰《徽州府志》中，便指當地：「婚冠喪祭，多遵文公（即朱子）家禮。」

〔註97〕 有關「以禮代理」這個議題，張壽安在《以禮代理—淩廷堪與清中葉儒學思想之轉變》（臺北：中央研究院近代史研究所專刊（72），1994 年 5 月）一書中說明甚詳，張女士也同樣是就地方學術的觀念來說明的。

〔註98〕 如方東樹《漢學商兌》便以為：「《孟子字義》，戴氏自謂正人心之書，余嘗觀之，彭輅乖違，毫無當處。」為害「豈在洪水猛獸下也。」；唐鑑《國朝學案小識·經學學案》〈休寧戴先生條〉則以為著《孟子字義疏證》是「欲譁其不知義理」；就連近代學者認為頗能理解戴震學術特處的章學誠，也認為抨朱是「生平口舌求勝，或致憤爭傷雅。」「心術未醇」（《文史通義內篇二·書朱陸篇後》，收於《章學誠遺書》卷二，北京：文物出版社，1985 年 8 月，頁 16）的結果。

〔註99〕 上述原文與本事皆收錄於江藩：《漢學師承記》卷六〈洪榜〉。

〔註100〕 淩廷堪為戴震撰〈事略狀〉便指出：「先生卒後，其小學之學，則有高郵王念孫、金壇段玉裁傳之；測算之學，則有曲阜孔廣森傳之；典章制度之學，則有興化任大椿傳之，皆其弟子也。……而義理固先生晚年極精之詣……其書具在，後人之定論云爾。」可見其義理學卻無傳人。

成爲改革者選擇的先鋒，學術史上爭論的主軸也由漢宋之爭轉折爲中西調和的問題。

由戴震義理學的例子，可見出在地化現象對清代學者的學術風尙所造成的影響，有時更勝於師說主張。是以程發軔先生曾於《國學概論・下冊》中製作有「近儒統系」，內中便依學術風尙的傳承而分有二十個統系，即：浙東、東林、孫（夏峰）李（顒）、顏（元）李（塨）、贛學、閩學、宋學即朱學、清初經學、數學、吳派、皖派、蘇浙、嘉定、常州、桐城、浙中、淮南、燕京、兩粵、湘黔。此一分類中有 14 個統系以地域命名，入清後除清初經學及數學外，其餘 11 個統系更全都以地域劃分，足見清代學術的「在地化」現象，可說已經是達到頂峰了。

呈現在地化樣貌的清代學術，使得清學樣貌更加繁複，峰起更迭的學術思潮代表的其實是不同的在地化學術藉著大師的出現、或時局的變動而躋身爲顯學的過程。湘學之所以能在清代中晚期趁時而起，從而影響了清學的軌徑，也同樣是清學那強烈在地化現象的呈顯結果。

三、就「以禮改革的傳統」觀察清學議禮的凸出

中國一直以來都是統一政體，帝制時固不待言，就連周王朝的封建制度也仍是在強調一個「共主」的觀念，企圖讓權力中心單純化。然而各時各地龐大而複雜的風土民情，顯然並非中央集權的制度便足以涵蓋管理的，因此除了制定官僚系統來加強對百姓的控管之外，也藉由宗教式的內省儀則在群眾中行相互的制約，這就是「禮」。「禮」與「法」就某些層面而言意義其實是相似的，都是在「當時此地」發揮其管理秩序的作用，所以說：「禮，時爲大。」，〔註 101〕孔子所謂的「不學禮、無以立」（《論語・季氏》），正指出「禮」對士大夫修己約人的功效；所以一旦禮已不合時用，遵循的人便會因而減少，以至「綱紀弛廢」。歷來改朝換代之前都會經歷一「禮壞樂崩」的時期，正可見「禮」在中國政治管理上的重要性，而後繼者也必得針對此一問題進行快速的整頓，秩序才能步上正軌，而執政者的權力也才能發揮他的功效。叔孫通爲漢高祖訂制朝儀後，漢高祖忍不住脫口說出：「吾乃今日知爲皇帝之貴也。」，〔註 102〕便是此理。

〔註 101〕語見《禮記》第十卷〈禮器篇〉。
〔註 102〕事見《史記》卷九十九〈叔孫通列傳〉。

　　既然說是快速整頓，「蕭規曹隨」可說是最簡便的方法，可立刻恢復一個規模，不然修改舊章也比向壁虛造容易得多。是以典章制度的保存研究一直都是每一個新時代開始的需求，也是有心改革者的入手處。孔子身當「禮樂征伐由諸侯出」（《論語‧季氏》）的春秋變故，「入太廟每事問」（《論語‧八佾》），對於禮可說是專研甚精，甚而自豪地說出「夏禮，吾能言之，杞不足徵也；殷禮，吾能言之，宋不足徵也。文獻不足故也，足則吾能徵之矣。」（《論語‧八佾》），「殷因於夏禮，所損益，可知也；周因於殷禮，所損益，可知也；其或繼周者，雖百世可知也。」（《論語‧為政》），足見他對典章制度的洞徹。而孔子何以這麼執著於禮的研究，正因為他相信「道之以德、齊之以禮」（《論語‧為政》）的效用，除了修身之外，致用於政治上更可使人民「易使」（《論語‧憲問》）且「莫敢不敬」（《論語‧子路》），對當時崩裂的時局而言有收束的作用。所以子路想使人民三年「有勇」、「知方」，孔子「哂之」，便因為他不知「為國以禮」的道理。〔註103〕

　　這樣的觀念後來一直根植於人心。魏晉南北朝時北方學者身陷異族統治的窘境，學術上多喜治《三禮》，據《北史‧儒林傳序》的記載：

　　　（徐遵明）其《詩》《禮》《春秋》，尤為當時所尚，諸生多兼通之。……

　　　（熊安生門人，徐遵明後學）盡通《小戴禮》，於《周》《儀禮》兼
　　　通者，十二三焉。

此外北周文帝更令蘇綽、盧辯依周制置六官，《周禮》因此成為公卿必習之業，在北朝風行一時；南朝經學曾在帝王提倡下「儒學大振」，為了改革恢復，治禮更是學者宗向。劉宋時期開立儒、玄、文、史四館，雷次宗因講明三《禮》

〔註103〕事見《論語‧先進》。原文為：「子路、曾皙、冉有、公西華侍坐。子曰：「以吾一日長乎爾，毋吾以也！居則曰：『不吾知也！』如或知爾，則何以哉？」子路率爾而對曰：「千乘之國，攝乎大國之間，加之以師旅，因之以饑饉，由也為之，比及三年，可使有勇，且知方也。」夫子哂之。「求，爾何如？」對曰：「方六七十，如五六十，求也為之，比及三年，可使足民；如其禮樂，以俟君子。」「赤，爾何如？」對曰：「非曰能之，願學焉！宗廟之事，如會同，端章甫，願為小相焉。」「點，爾何如？」鼓瑟希，鏗爾，舍瑟而作。對曰：「異乎三子者之撰！」子曰：「何傷乎？亦各言其志也。」曰：「莫春者，春服既成；冠者五六人，童子六七人，浴乎沂，風乎舞雩，詠而歸。」夫子喟然歎曰：「吾與點也。」三子者出，曾皙後。曾皙曰：「夫三子者之言何如？」子曰：「亦各言其志也已矣。」曰：「夫子何哂由也？」曰：「為國以禮，其言不讓，是故哂之。」「唯求則非邦也與？」「安見方六七十，如五六十，而非邦也者？」「唯赤則非邦也與？」「宗廟會同，非諸侯而何？赤也為之小，孰能為之大？」。

被認禮學造詣足與鄭玄齊名；南齊經學亦十分重《禮》，如王儉因重《禮》，不但執教於國學，連朝儀都是由他所訂制；梁朝如崔靈恩、何佟元皆好三《禮》，嚴植之、伏曼容更因精研凶禮而為五經博士，《梁書》指此四人「遭梁之崇儒重道，皆至高官，稽古之力，諸儒親遇之」，戚衮的治禮更跨越了南北學的界限，北人宋懷方臨死前曾訴告家人，欲將《儀禮禮記疏》付予戚衮，可見他的禮學成就，實已被肯定是足以通貫南學與北學，事實上戚衮的《三禮義記》，更是其已融通南北學的最佳證據。〔註104〕

晚唐五代的紛擾最後是收束在趙匡胤的陳橋兵變、李後主的肉袒出降。在北方強敵的壓迫下，這個統一政權並未能發展出漢唐氣象，而是一個「貧弱的新中央」，〔註105〕並且在一百五十年後又再度陷入分裂。面對此一局面，學者的治學也不同於前朝。北宋肇建雖是重文輕武，但是在國力積衰不振的情形下，文人卻不得不逐漸把事功也引為己任，王安石之以《周禮》變法，成為「以禮改革」的傳統中最經典的例子，當時學者對王安石變法的急功躁進頗不以為然，而變法的失敗，也讓人對《周禮》一書的真偽有了疑義，〔註106〕甚而認為此書「未可再以天下試」〔註107〕、「不敢教人學」；〔註108〕然而後世欲以《周禮》攫取變法方針的學者仍是前仆後繼，所以雖然就如孫詒讓在整理《周禮》對後世政治的影響時所指出的，王安石之前已有諸多失敗的例子出現了：

〔註104〕見趙翼：《二十二史劄記》卷十五〈南朝經學〉（臺北：世界書局，1988年4月），頁195。
〔註105〕語見錢穆：〈貧弱的新中央〉，收於《國史大綱・下》〈第六編兩宋之部〉。
〔註106〕如馬宗霍《中國經學史》所記：「趙汝談謂《周禮》為傅會女主之書，歐陽修、蘇轍、胡宏亦並疑《周官》」，甘鵬雲《經學源流考・四》〈歷代周禮施用〉亦指出歷來自漢何休以下迄清儒毛奇齡等，學者對《周禮》多方詰難：「或以為文王治歧之書、或謂為成周理財之書、或謂為戰國之陰謀、或以為漢儒之附會、或以為周公未成之書、或以為周公作而未行之書，疑詰雖多，大都不出此六者。」，頁125。
〔註107〕黃震：〈讀周禮〉，收於《黃氏日抄》卷三十，（京都：中文出版社，1979年5月），頁424。
〔註108〕如朱熹雖認為「大抵說制度之書，惟《周禮》《儀禮》可信」，但遇有人問《周禮》，卻是戒慎恐懼：「不敢教人學。非是不可學，亦非是不當學；只為學有先後，先須理會自家身心合做底，學《周禮》卻是後一截事。」（《朱子語錄》卷八十六〈禮三・周禮總論〉）又說：「《周禮》忒煞繁細，亦自難行。今所編《禮書》，只欲使人知之而已。觀孔子欲從先進，與寧儉寧戚之意，往往得時位，必不盡循《周禮》。必須參酌古人，別制為禮以行之。所以告顏子者亦可見。世固有人硬欲行古禮者，然後世情文不相稱。」，收於《朱子語錄》卷二十三〈孟懿子問孝至子夏問孝章〉（臺北：漢京文化事業，1980年7月），頁227。

> 蓋秦漢以後，聖哲之緒曠絕不續，此經雖存，莫能通之於治。劉歆、
> 蘇綽托之以左王氏、宇文氏之篡，卒以踣其祚；李林甫托之以修《六
> 典》而唐亂，王安石托之以行新法而宋亦亂。〔註109〕

卻仍有學者企圖再引《周禮》為改革藍本。如元代王冕便仿《周禮》著書，
欲訂為明代政制，明建文帝與方孝孺亦欲以《周禮》施用改革〔註110〕，二者
雖皆以橫禍未得實現，但仍可見出此書所構建的烏托邦其迷人之處。

　　雖然以禮改革政制的理想一直未能成效，但企圖以禮治民的想法則未曾
消失。孔子「道之以德、齊之以禮」的政治理念，使歷代學者莫不投入於禮
制的討論中。入宋後，因《周禮》改革失敗，時人對《周禮》往往避之不及，
有心者也只是議論〈冬官〉亡佚與否的問題。朱熹是「宋儒傳授禮經最盛且
最廣者」，〔註111〕雖不認為《周禮》是偽作，卻也「不敢教人學」，因此授《禮》
的重心便改放在《儀禮》、《禮記》上：

> 問讀《禮記》。曰：「《禮記》要兼《儀禮》讀，如冠禮、喪禮、鄉飲
> 酒禮之類，《儀禮》皆載其事，《禮記》只發明其理。讀《禮記》而
> 不讀《儀禮》，許多理皆無安著處。〔註112〕

> 「讀《禮記》，須先讀《儀禮》。嘗欲編《禮記》附於《儀禮》，但須
> 和注寫。」德輔云：「如〈曲禮〉〈檀弓〉之類，如何附？」曰：「此
> 類自編作一處。」又云：「祖宗時有《三禮》科學究，是也。雖不曉
> 義理，卻尚自記得。自荊公廢了學究科，後來人都不知有《儀禮》。」
> 又云：「荊公廢《儀禮》而取《禮記》，舍本而取末也。」〔註113〕

朱熹以為這兩本禮書是要配套來看的，當中的義理才能被抉發出來。朱熹講
學至為重《禮》，其弟子傳《禮》者便有六十一人，究其原因，實則朱熹以為

〔註109〕見孫詒讓：《周禮正義·序》。再如甘鵬雲亦指：「初則劉歆託以輔王莽……天
　　　　下騷然受其弊；繼則蘇、盧辯託之以佐周太祖……仍不足以治國；又繼以蘇
　　　　威、高熲託之以佐隋文……其卒也乃踣隋祚；又繼以李林甫託之以修六典，
　　　　而成唐代之禍階」。《經學源流考》，頁125～126

〔註110〕見甘鵬雲：《經學源流考·四》〈歷代周禮施用〉（臺北：廣文書局，1977年1
　　　　月），頁126。

〔註111〕見甘鵬雲：《經學源流考·四》〈宋元明儀禮學流派〉（臺北：廣文書局，1977
　　　　年1月），頁137。

〔註112〕《朱子語錄》卷八十七〈小戴禮總論〉（臺北：漢京文化事業，1980年7月），
　　　　頁884。

〔註113〕同前註。

後起之聖人必有取於古今之禮以因革損益，方能施於今日：

> 「禮，時爲大。」有聖人者作，必將因今之禮而裁酌其中，取其簡
> 易易曉而可行，必不至復取古人繁縟之禮而施之於今也。古禮如此
> 零碎繁冗，今豈可行！亦且得隨時裁損爾。孔子從先進，恐已有此
> 意。〔註114〕

可見其特重《禮》書的傳授，仍是存有「以禮改革」的意思在內，是以甘鵬
雲便曾指出宋人治《儀禮》學仍是以存古待後的心態在進行研究的：

> 宋人說經，好爲新說，棄古注如土苴。惟《儀禮》爲樸學，空談者
> 無從措手。而朱子、勉齋（黃榦）、信齋（楊復）諸大儒皆崇信之，
> 故鄭氏專門之學未爲異義所淆。〔註115〕

我們甚而可說，每逢時代變異之際，禮學就會重新受到重視，這些在風雲變
色的年代中選擇以治禮爲興味的學者，都堅信禮學的內部研究可以達到政教
改革的效果，如顧炎武：

> 然則周公之所以爲治、孔子之所以爲教，舍禮其何以焉？……後之
> 君子，因句讀以辨其文，因文以識其義，因其義以通制作之原，則
> 夫子所謂以承天之道而治人之情者，可以追三代之英，而辛有之
> 嘆，不發於伊川矣。……若乃據《石經》，刊監本，復立之學官，
> 以習士子，而姑勸之以利祿，使毋失其傳，此又有天下者之責也。
> 〔註116〕

顧炎武堅信研究禮學可以「通制作之原」、可以「追三代之英」，甚至爲此低
聲下氣地暗示復禮乃是「有天下者」的責任，雖然是遺民的身份，爲此卻不
惜間接承認了清朝的政權。事實上整個清代對禮學的重視都是沿襲著此一理
念而進行的：

> 故其爲學，先求之於古六書九數，繼乃求之於典章制度。以古人之
> 義釋古人之書，不以己見參之，不以後世之意度之。既通其辭，始
> 求其心。然後古聖賢之心不爲黃學曲說所汨亂，蓋孟荀以還所未有

〔註114〕《朱子語錄》卷八十四〈論考禮綱領〉（臺北：漢京文化事業，1980 年 7 月），
頁 864。

〔註115〕見甘鵬雲：《經學源流考·四》〈清儀禮學流派〉（臺北：廣文書局，1977 年 1
月），頁 141。

〔註116〕顧炎武：〈儀禮鄭注句讀序〉，收於《新譯顧亭林文集》（臺北：三民書局，2000
年 5 月），，頁 130。

也。〔註117〕

凌廷堪敘述戴震之學求之於典章制度的目的是在「既通其辭，始求其心」，藉以求古聖賢之心，明制度之綱領，是以凌廷堪的治禮，也是在紹繼此一思想：

> 蓋道無跡也，必緣禮而著見；而制禮者以之；德無象也，必藉禮爲依歸，而行禮者以之。故曰：「苟不至德，至道不凝焉。」是故禮也者，不獨大經大法悉本夫天命民彝而出之，即一器數之微，一儀節之細，莫不各有精義彌綸其間，所謂「物有本末，事有終始」是也。格物者，格此也。禮器一篇皆格物之學，若泛指天下之物，有終身不能盡識者矣。蓋必先習其器數儀節，然後知禮之原於性，所謂致知也。知其原於性，然後行之出於誠，所謂誠意也。若舍禮而言誠意，則正心不當在誠意之後矣。……蓋脩身爲平天下之本，而禮又爲脩身之本也。後儒置子思之言不問，乃別求所謂仁義道德者，於禮則視爲末務，而臨時以一理衡量之，則所言所行不失其中者鮮矣。
> 〔註118〕

凌廷堪不僅將治禮視爲「平天下之本」，甚而以治禮爲通貫格、致、誠、正的脩身法門，企圖在內聖系統上取代宋明理學，而以禮學來直探聖人本心：

> 如曰舍禮而可以復性也，必如釋氏之幽深微眇而後可；若猶是聖人之道也，則舍禮奚由哉？……三代盛王之時，上以禮爲教，下以禮爲學。……蓋至天下無一人不囿於禮，無一事不依於禮，循循焉日以復其性於禮而不自知也。〔註119〕

同一個時代的阮元也認爲治禮可以考見聖人制度之原，而且其治禮的趨向，更由禮經擴大到器用上：

> 器者所以藏禮……先王之制器也，齊其度量，同其文字，別其尊卑。用之於朝覲燕饗，則見天子之尊、錫命之寵……用之於祭祀飲射，則見功德之美、勳賞之名。〔註120〕

〔註117〕凌廷堪：〈戴東原先生事略狀〉，收於《校禮堂文集》卷三十五（北京：中華書局，1998 年 2 月），頁 241。

〔註118〕凌廷堪：〈復禮・中〉，收於《校禮堂文集》卷四（北京：中華書局，1998 年 2 月）頁 30。

〔註119〕凌廷堪：〈復禮・上〉，收於《校禮堂文集》卷四（北京：中華書局，1998 年 2 月）頁 28。

〔註120〕阮元：〈商周銅器說上〉，收於《揅經室三集》卷三（臺北：臺灣商務印書館，1967 年 3 月，頁 591。

由經書義理擴及考古研究，阮元將這龐大的治學面向，用義例的方式加以串聯：

> 稽古之學，必確得古人之義例，執其正，窮其變，而後其說之也不誣；政事之學，必審知利弊之所從生，與後日所終極，而立之法，使其弊不勝利，可持久不變。蓋未有不稽古而能精於政事者也。〔註121〕

於是顧炎武「因句讀以辨其文，因文以識其義，因其義以通制作之原」的法門，到了阮元時更進一步致用在經書義理以外的學問上。日後西方格致之學之所以能快速滲透爲時人所接受，與阮元運用義例串聯多方面學問是有關係的。

藉由於治禮來尋求改革的方針，實並不僅侷限在舊學的研究者，就連身爲改革派先鋒的龔自珍也以爲：

> 王者，正朔用三代，樂備六代，禮備四代，書體載籍備百代，夫是以賓賓。賓也者，三代共尊之而不遺也。……禮樂三而遷，文質再而復，百工之官不待易世而修明，微夫儲而抱之者乎，則弊何以救？廢何以修？窮何以革？易曰：「窮則變，變則通，通則久。」恃前古之禮樂道藝在也。〔註122〕

身爲公羊家的龔自珍都將救弊修廢的政治理想寄託在對古之禮樂道藝進行通變興革的工夫上，更可見出「以禮改革」的思想是如何根植在中國的學術傳統中。

整個清代因爲身被異族統治，「存古待後」的思想更是鮮明，是以三禮研究風氣更盛，如《皇清經解》中有關三禮的著作佔所有專著的百分之二十，到《續編》時更佔有百分二十八的比例；〔註123〕而《經世文編》系統中，議禮的文章雖然隨著西學的引進而逐漸減少，然而賀長齡在道光六年時便收有三百四十三篇，光緒十四年葛士濬《續編》仍又輯錄了一百四十一篇，盛康在光緒二十三年時更輯有二百六十八篇，改變了編書方式的光緒二十四年邵之棠《統編》，其所收的文章中，有關禮樂之文也佔了八十九篇，在整個文教部中篇幅仍是最大的一類。可見議禮之學在清代的盛行。

〔註121〕阮元：〈漢讀考周禮六卷序〉，收於《揅經室一集》卷十一（臺北：臺灣商務印書館，1967 年 3 月，頁 218。

〔註122〕龔自珍：〈古史鉤沈論四〉，收於《龔定庵全集類編》卷五。

〔註123〕此數據是引自張壽安先生的計算成果。見張壽安：《以禮代理——凌廷堪與清中葉儒學思想的轉變》，（臺北：中央研究院近代史研究所專刊（72），1994 年 5 月），頁 5。

四、小　結

　　根據上述分析的結果，中國學術流變既具有內需性質的學術流衍、在地化的學術流布過程，以及「以禮改革」的時務傳統三大特徵，這三大特徵勢必將影響中國學術的概貌。湘學對清學的影響，筆者也擬以此三大脈絡入手，作爲檢驗的方向，以見出湘學對清朝中晚期學術的影響。

第三章　學術在地化與湘學特質

第一節　學術在地化的開端——南學

　　中國文化因幅員廣大而產生的「在地化現象」，可遠溯自先秦諸子的百家爭鳴，歷來研究思想史或學術史的專家都已論及這種學風上南北迥異的特色，也進行過許多現象描述，〔註1〕然而何以南北學風的岐異比東西學風間更鮮明，梁啓超對此曾提出一個很有趣的解釋：

> 文明之發生，莫要於河流。中國……北部者，黃河流域也；中部者，揚子江流域也；南部者，西江流域也。三者之發達先後不同，而其間民族性質亦自差異。此亦有原理焉：凡河流之南北向者，則能連寒溫熱三帶之地而一貫之……河流之東西向者反是……此河流與彼河流之間，往往各爲風氣。故在美國則東西異尚而常能均調，在中國則南北殊趨而間起衝突。〔註2〕

〔註1〕　梁啓超便曾指出：「孔墨之在北，老莊之在南，商韓之在西，管鄒之在東，或重實行，或毗理想，或主峻刻，或崇虛無，其現象與地理一一相應。」而勞思光先生在《新編中國哲學史・一》中也指出：「儒家重德性，重政治制度，立仁義王道之，是周文化或北方傳統之哲學；道家重道，重自然，立逍遙之超離境界，是舊中原文化或南方傳統之哲學。墨家……法家……與二傳統之哲學皆有旁面關係」。見梁啓超：《飲冰室專集》第九冊〈中國地理大勢論〉（臺北：臺灣中華書局，1973 年），及勞思光：《新編中國哲學史・一》，（臺北：三民書局，1984 年增訂初版），頁 74。

〔註2〕　見梁啓超：《飲冰室專集》第九冊〈中國地理大勢論〉（臺北：臺灣中華書局，1973 年）。

　　且不論此一說法是否忽略了美國歷史上也有南北戰爭的問題，但對中國文化由北而南的文化傳播及由此衍生文化岐異的觀察則是大抵無誤的。

　　諸子百家學說所呈顯的學術差異，在漢出現官學定於一尊的體制後雖有暫時沈寂的傾向，實則仍然無法遏止學術內部因風土民情而產生岐異。早在西漢時便有揚雄不與今文經學苟同。揚雄是蜀郡成都人，學術風氣近楚，有《太玄》一書，仿《周易》體例，而以「玄」爲天地萬物的本原，觸及本體論的範疇，明顯與漢代經學立異；到了東漢，讖緯大盛，沛國（今安徽）桓譚不顧光武喜好，仍直言「臣不讀讖」；〔註3〕會稽（今浙江）王充著《論衡》，務實地以自然天批判鬼神信仰與天人感應。這些例子都可見出在兩漢政治力的加持下，南北學術的差異仍不能被消弭於無形。到了局勢動盪的漢末，中央無力收束人心，原本浮凸的差異就再也不能遏抑了，方東美在〈談正確的道統觀念必須旁通統貫知常變〉一文中便指出經學的南北兩派在此時的流衍過程，及其學術風格的不同之處：

> 我們談到經學在南方的發展，是稱後漢到魏晉的經學。它發生在江淮流域，以楚文化爲背景。楚文化的發展，在文學上有屈原，在哲學上有莊子，都是富於藝術的幻想、有空靈的意境，迥異於北方堅忍淳樸的風格。〔註4〕

這種岐異在政治上逐漸形成南北地域對立後，學術也隨著兩地音信難通的情勢而任憑地域風格發展，呈現出在地化的現象，從而有了南學的出現。

一、南學的出現

（一）荊州新學

　　楊念群先生曾經指出：「儒學的地域分野以湖南道州周敦頤發其端。」，〔註5〕實則應可更上溯至漢末的「荊州新學」。荊州是漢代十三刺史部之一，地理位置涵蓋今日湖南湖北及河南省一部份，因此以湖南爲儒學在地化的起源地，倒也大抵是說得通的。

〔註3〕　事見《後漢書》卷二十八〈桓譚馮衍列傳第十八・上〉。

〔註4〕　收於方東美：《新儒家哲學十八講》（臺北：黎明文化事業，1989 年 4 月三版），頁 49。

〔註5〕　見楊念群：《儒學地域化的近代形態 —— 三大知識群體互動的比較研究》（北京：生活、讀書、新知三聯書店，1997 年 6 月），頁 121。

　　漢末烽煙四起，「關中無復人迹」，〔註6〕北方文化重鎮「生民百遺一」。
〔註7〕而劉表以漢室血裔又身兼漢末名士「八及」〔註8〕之一的身份，將荊
州治理成一個「四方輻輳、自遠若歸」〔註9〕的學術及政治中心。在荊州，
劉表「開立學官、博求博士，使綦毋闓、宋衷等撰五經章句，謂之《後定》。」，
〔註10〕不僅設立官學，甚至重新撰訂官修章句，其欲自立一迥異於東漢學術
的企圖心是很明顯的。自今日殘存的有限文獻中可推知，荊州學術應為古文
經學餘緒，力求簡要是其學術大旨。據《劉鎮南碑》的記載，劉表之立學官、
編《五經後定》的理由是因「深愍末學，遠本離質，乃令諸儒，改定五經章
句，刪劃浮辭，芟除煩重。贊之者用力少，而探微者知幾多。」，〔註11〕這
與漢代「經有數家，家有數說，章句多者或乃百餘萬言。」〔註12〕的經說風
氣明顯不同；而且由荊州學術的領袖人物宋衷著有《周易注》十卷、《太玄
經注》九卷來推敲，〔註13〕《五經後定》的內容攙雜道家思想也不無可能。
史料上記載，王肅曾至荊州向宋衷問《太玄經注》，〔註14〕學術呈現雜糅道
術的現象；被譽為正始玄學創始者的王弼，其祖父則是劉表的女婿，以才華
出眾而得大學者蔡邕數車贈書的王粲更是他的伯公，在王粲子因事伏法後，
其遺籍為王弼父全數繼承，可說與荊州新學除了有血緣關係，更有家學淵
源。凡此種種皆可大膽斷言，荊州學術正可說是正始玄學的前趨，也是清議
與清談兩種風尚間的過渡。等荊州被曹操攻下後，荊州學術的代表人物如宋
衷、王粲等人隨曹操北上，把荊州學術的流布領域擴展至北方，更直接影響
正始玄學的形成，從而產生以玄理注經的趨勢。

〔註6〕　見《後漢書》卷七十二〈董卓列傳〉。
〔註7〕　見曹操：〈蒿里行〉。
〔註8〕　見《後漢書》卷六十七〈黨錮列傳〉記載：「自是正直廢放，邪枉熾結，海內
　　　　希風之流，遂共相標榜，指天下名士，為之稱號，上曰『三君』，次曰『八
　　　　俊』，次曰『八顧』，次曰『八及』，……張儉、岑晊、劉表、陳翔、孔昱、苑
　　　　康、（佚文）、翟超為『八及』，及者，言其能導人追宗者也。」
〔註9〕　見嚴可均：《全上古三代秦漢三國六朝文》卷五十六〈劉鎮南碑〉。
〔註10〕　見《三國志》卷六〈魏書六・劉表傳〉。
〔註11〕　見嚴可均：《全上古三代秦漢三國六朝文》卷五十六〈劉鎮南碑〉。
〔註12〕　見《後漢書卷三十五》卷三十五〈鄭玄傳〉。
〔註13〕　見《隋書》卷三十四〈經籍志三〉。
〔註14〕　見《三國志》卷十三〈王朗傳〉：「肅字子雍，年十八，從宋衷習《太玄》，而
　　　　更為之解。」

（二）正始玄學

玄學家注經，已迥異於漢，不再以名物制度為重心，轉而援道入儒。如何晏《論語集解》，一方面集結諸家《論語》注解的異說，成為今存以集解形式注解《論語》最早的版本；一方面其選錄的重心卻是以道家思想的符應做為標準，使《論語》沾染上濃厚的道家色彩。十餘歲就好老氏的王弼，其《周易注》亦掃卻了漢人以象數注《易》的風氣，而只解釋義理；《易》本是卜筮之書，應不能離卻象數，然王弼援引《莊子》「得魚忘筌」的理論，逕自擺落象數的糾纏，當然可想而知的，其中所謂的義理也不乏道家思想的陰影。所以當時范寧眼看「時以浮虛相扇，儒雅日替」而著論指責「王、何蔑棄典文，不遵禮度，游辭浮說，波蕩後生」使「仁義幽淪、儒雅蒙塵、禮壞樂崩、中原傾覆」與桀紂滅身覆國之罪相比是「一世之禍輕，歷代之罪重；自喪之釁小，迷眾之愆大。」，〔註15〕竟是罪孽更甚了。

援道入儒的影響，最鮮明的改變是使經學不再煩重難解，流風所及便成了大受學者歡迎的簡易法門，由魏至晉，何、王學漸成風尚，而且隨著阮籍、嵇康等將「玄理生活化」〔註16〕後，更擴大成了社會風氣。到了晉室南渡，因戰爭而北上的新興學風復隨著偏安局勢南下，再次回到孕育成形的南方土地上，結合南方文化中空靈奔放的特色，清談玄風與風土民情相呼應，自然更如魚得水了。益以南方原本便是道家思想的發源地，正如劉師培於《南北諸子學不同論》中所敘述的：

> 楚國之壤，北有江漢，南有瀟湘，地為澤國，故老子之學起於其間。從其學者大抵遺棄塵世，渺視宇宙，以自然為主，以謙遜為宗，如接輿、沮溺之避世，許行之並耕，宋玉、屈平之厭世，溯其源也，悉為老聃之支派。此南方之學所由發源於澤國之地也。〔註17〕

故而引玄學注經、援道入儒的何、王雖被抨擊是罪深桀、紂，但被北方原有傳統經師思想掣肘的玄學，卻仍舊能盛行於世。隨即南渡後「王與馬，共天下」的局勢成形，一來王導本人便是玄理名士，加上東渡後的政治衝突形勢，

〔註15〕見《晉書》卷七十五〈范寧傳〉。

〔註16〕語出韋政通：《中國思想史》〈第十八章阮籍與嵇康〉（臺北：水牛出版社，1991年），頁647。

〔註17〕語見劉師培：〈南北諸子學不同論〉，收於《劉申叔遺書》（上海：江蘇古籍出版社，1997年11月），頁549。

使王導也不得不一方面藉玄理以安撫南遷的北方世族達成共識，一方面則道家清簡思想也成爲與南方氏族謀取和平共處的方針。至此，玄學已不同於西晉時期被司馬氏打壓、殘殺名士的處境，轉而成爲朝野共同的風尙。

（三）南學的正式成形

永嘉亂後，政治上逐漸形成南北分立的情況，學術上也因此呈現兩地不同的特色。《世說新語》中曾記載著一段文字：

> 褚季野語孫安國云：「北人學問，淵綜廣博。」孫答曰：「南人學問，清通簡要。」支道林聞之曰：「聖賢固所忘言。自中人以還，北人看書，如顯處視月；南人學問，如牖中窺日。」〔註18〕

可見當時的岐異已經相當鮮明了。亂後，玄學在南北不通的政局中，成爲南方朝野奉行的流風，玄學注經也成爲南方經學的特色；北朝則受到玄風亡國〔註19〕的影響，崇尙樸實，使「京師學業翕然復興」，〔註20〕經學也因而呈現兩漢遺風。

經學原本以北方爲重鎮，南方並非文化重心，但隨著偏安局勢的形成，世家大族挾著家學傳統南下，逐漸在江南一帶進行紮根，正始流風結合南方情調，與保存漢代經學面目的北學截然不同，南方學術自此確立，保留兩漢家法的北學則在南方幾成絕響。馬宗霍先生對此描述道：

> 雖然入晉以來，篤守漢學者亦非絕無人也。……自經永嘉之亂，《易》之梁邱、施氏、高氏亡，孟氏、京氏有師無書；《尚書》之歐陽、大小夏侯亡；《齊詩》魏代已亡，《魯師》不過江東，《韓詩》雖存，無傳之者；《禮》則慶、戴諸家，並多散亡，又無師說。於是兩京博士之學，殆無嗣響。〔註21〕

正是在這種情況下，南朝人也終於正式標舉出「南學」這個名目來，《宋書》〈何尙之傳〉便記載著「南學」一詞的正式出現：

> 尙之爲丹陽尹，立宅南郭外，置玄學，聚生徒。東海徐秀、盧江何曇、黃回、潁川荀子華、太原孫宗昌、王延秀、魯郡孔惠宣，並慕

〔註18〕　見劉義慶：《世說新語》〈文學第四‧25〉。

〔註19〕　王衍位居三公而鎮日口中雌黃，不豫世事。石勒攻破京城後，王衍欲求自免不得，將死，顧而言曰：「嗚呼！吾曹雖不如古人，向若不祖尙浮虛，戮力以匡天下，猶可不至今日。」事見《晉書》列傳十三〈王衍傳〉。

〔註20〕　見《魏書》卷八十四〈常爽傳〉。

〔註21〕　馬宗霍：《中國經學史》（臺北：臺灣商務印書館，1992 年 11 月），頁 68。

道來游，謂之「南學」。

「南學」一辭初始雖是指南郭外之學，但玄學畢竟是南朝學術的特色，故最終「南學」一辭也成爲是染漑玄學的南方學術的代稱了。

隋滅陳後，除了政治地域的消彌外，也面臨了南北經學混一會師的情形，而長達近三百年分裂畢竟不易統一，經過多次論辯之後，太學裡採行的經注，《易》爲王弼注、《書》爲孔安國傳、《左傳》則採杜預注，可見南學已出現部份掩蓋了傳統北學的現象。到了唐太宗命顏師古爲國學編定《五經定本》，又讓孔穎達編纂《五經正義》，使分裂三百餘年的經學正式統一時，南方學者所撰經注竟佔有半數的席次，〔註22〕已有分庭抗禮的跡象了。

二、南學的特色

南學何以能在亂世中異軍突起，乃有其獨異於北學的特點，《隋書‧儒林傳序》將其概論爲：「南人約簡，得其英華；北學深蕪，窮其枝葉。」，雖不中亦不遠矣。要「約簡」，又要得其「精華」，很要緊地便在論旨的把握上，因此南學的思考模式，往往便直接由義理的著眼點上切入，較少觸及經詁的範疇，形成了南方學術的一個特點。

（一）偏重義理的學術性格

從荊州新學、正始玄學的援道入儒開始，原本繁重的漢家經說在南學幾被滌盡，皮錫瑞於《經學歷史》中便指出：「晉所立博士，無一爲漢十四博士所傳者，而今文師法遂絕。」；〔註23〕益以古文家法亦因「王肅出而鄭學亦衰」，〔註24〕鄭玄地位雖仍受重視，但也因此有所動搖。雖有梁武帝的提倡儒術，但誠如趙翼在《二十二史箚記》中的記載，此時的經學「亦皆口耳之學，開堂升座，以才辨相爭勝，與晉人清談無異」。可見兩漢經說漸熄，取而代之的，是以玄理注經，逕直展現注者所把握的義理。

南學此一特色的浮凸，實有天時地利的成全，一方面與南方本身的風土文化不無關係，可說是深得地利之便，是以劉師培亦爲文指出：

蓋南方學者，咸負聰明博辨之才。或宅心高遠思建奇勳，及世莫予

〔註22〕如《易》採王弼《注》，《尚書》、《左氏春秋》採南學服膺的孔安國《傳》及杜預《集解》五部正義中竟有其三經是南學的取向。
〔註23〕皮錫瑞：《經學歷史》，頁155。
〔註24〕皮錫瑞：《經學歷史》，頁149。

　　知，則溺志清虛以釋其鬱勃不平之氣；或崇尚心宗證觀有得，以爲
　　物我齊觀，死生齊等，故濟民救世矢志不渝。此心性事功之學所由
　　咸起於南方也。〔註25〕

可知本就深富道玄思想的南學得此土宜澆溉，自然更能蓬勃發展。

　　而就天時方面而言，東漢以降烽火更迭、文深網密，對士人的心態影響
則更爲深遠。一者消極地產生了避禍全身的觀念，如《晉書・阮籍傳》云：

　　籍本有濟世志，屬魏晉之際，天下多故，名士少有全者，籍由是不
　　與世事，遂酣飲爲常。文帝初欲爲武帝求婚於籍，籍醉六十日，不
　　得言而止；鍾會數以時事問之，欲因其可否而致之罪，皆以酣醉獲
　　免。

飲酒避禍本因這些名士的不得已而爲之，反倒成爲當時最時尚的流俗，致使
裴頠將「時俗放蕩、不尊儒術」的時俗，歸罪是何晏、阮籍「口談浮虛，不
尊禮法，尸祿耽寵，仕不事事」〔註26〕的煽惑。再者，身處人命微賤、朝不
保夕的困境中，也不免令人深思起如何才能解脫性命宇宙間種種不平的問
題，阮籍便在《達莊論》中記載下他思索的結果：

　　人生天地之中，體自然之形。身者，陰陽之精氣也；性者，五行之
　　正性也；情者，游魂之變欲也；神者，天地之所以馭也。

　　夫至人者，恬於生而靜於死。生恬則情不惑，死靜則神不離，故能
　　與陰陽化而不傷，從天地變而不移。生究其壽，死循其宜，心氣平
　　治，不消不虧。……此則潛生者易以爲活，而離本者難與永存也。

將人視爲天地自然的變化之一，故而面對生死時，採取的也是順應自然、全
身保性的觀念，不爲世俗所拘、曠達放任的言行全是這種哲學思索下的產物。
儒家思想講究的是內聖外王，強調立德、立言、立功三不朽的成就追求，所
以在儒術獨尊的環境下是逼不出遯遯的思想的，必得有待時局的動蕩，才能
容許這種思考空間的存在。

　　西晉時已然如此，東晉南渡後，學者面臨的是更不堪的處境，逃玄幾乎
已成了普世的選擇。玄學思想根植的結果，是學術系統全面染溉上玄學的色
彩，思索的主題也不離義理。最鮮明的例子就是文學，原本只是個別作家衛

〔註25〕語見劉師培：〈南北理學不同論〉收於《劉申叔遺書》（江蘇：江蘇古籍出版
　　　　社，1997年11月一版二刷），頁553。
〔註26〕見《晉書》卷三十五〈裴頠傳〉。

筆苦思的結晶，如今不僅內容處處顯現出玄學化的傾向——像是何晏的哲理詩、阮籍的詠懷詩到張華的勵志詩都包涵著深沈的哲思理蘊，就連創作行爲本身也出現了理論鈲析的需求，而有哲理化現象。《典論・論文》指出「文以氣爲主」，並將文章分爲八體，已經有向創作內部探索的傾向；〈文賦〉不但區分十體更爲細密，而且對文章技巧也進行了理論的剖析。像是「立片言以居要、乃一篇之警策」，定警句的主張；若「言順而義妨」則「定去留於毫芒」、指出剪裁文句的重要性等文論，都已一一觸及。到《文心雕龍》出現，文章的致用被擴大了、理論複雜了，〈原道〉、〈宗經〉、〈徵聖〉成爲他的文之樞紐，「風骨」、「神思」等玄理名辭被鎔鑄成文章技巧的需求，可見由玄學所衍生的義理傾向，已染漑成南學的共同特色了。

（二）雜糅的學術形態

南學的第二個特色，則是在雜糅的形態上。漢代因立十四博士，經學謹守專家師說，古文經學如陳元、賈逵等人，也是自主一家，文本雖異，訓詁經說法門則一。這種現象直到鄭玄時才初步被打破：

> 自秦焚六經，聖文埃滅。漢興，諸儒頗修藝文；及東京，學者亦各名家。而守文之徒，滯固所稟，異端紛紜，互相詭激，遂令經有數家，家有數說，章句多者或乃百餘萬言，學徒勞而少功，後生疑而莫正。鄭玄括囊大典，網羅觿家，刪裁繁誣，刊改漏失，自是學者略知所歸。〔註27〕

鄭玄的學術，是採取「入室操戈」〔註28〕的方式爭取時人對古文經學的重視，故而世人乃稱他是貫通今古文學的「通儒」，然而畢竟立場仍是古文經學，對於今文經學僅限於理解，嚴格算來仍是一家的說法。

東漢末年以降，儒學在喪失了統一政權的加持下，也失去它獨尊的權威，就連鄭玄學術都能受到王肅的挑戰了，可見此時再無專門家能以一己之說掩杜眾口。當學術不再囿於一尊後、擷採百家長處的集解，便成了當時經學家用以解經最主要的法門：

> 變漢儒之學者，始於劉表，大於王肅，而極於杜預、王弼、范寧、

〔註27〕見《後漢書》卷三十五〈鄭玄傳〉。

〔註28〕見《後漢書》卷三十五〈鄭玄傳〉的記載：「時任城何休好公羊學，遂著《公羊墨守》、《左氏膏肓》、《谷梁廢疾》；玄乃發《墨守》，針《膏肓》，起《廢疾》。休見而歎曰：『康成入吾室，操吾矛，以伐我乎！』」

> 徐邈。劉表在荊州，集綦毋闓、司馬徽諸儒，爲《五經章句後定》，
> 是反康成異漢說者，莫不淵源於荊州，而子雍〔王肅〕其最也。杜
> 預、韋昭而下，集解之風大倡，莫不檢取眾家之長，而定一是之說；
> 　專家之學息，而異說紛起。江左以來，遂滔滔莫之能止。〔註29〕

所謂集解的風氣，是將原本各家所學所守的《傳》《注》（經說）加以比較芟
定，並割裂後一歸於經文之下，使離經解傳的情形大幅少，經傳也因此而成
爲一個完備的整體。

最早進行這工夫的，是何晏的《論語集解》，何晏以爲：

> 前世傳受師說，雖有異同，不爲訓解。中間爲之訓解，至於今多矣。
> 所見不同，互有得失。今集諸家之善，記其姓名，有不安者，頗爲
> 改易，名曰：《論語集解》。〔註30〕

這種體例使《論語集解》一書保存了諸多漢魏古注。儘管何晏的《集解》與後
世的博采諸說不同，而只揀擇同我心之義理集錄，無則逕自發明，但此一體例
的出現卻頗脗合南方學者對經傳義理師心自用的心態，而在南學間引發流行。

何晏此書一出，集解之學大盛於世，當中最具代表性的，當是杜預的《春
秋左氏經傳集解》。〔註31〕他「分經之年與傳之年相附，比其義類，各隨而解
之」，此外並「專修丘明之傳以釋經，經之條貫，必出於傳；傳之義例，總歸
諸凡。推變例以正褒貶，簡二傳而去異端。」，〔註32〕如此一來，經傳融爲一
體，不但條縷分明，只芟取《左傳》的結果，也使傳與傳間不致淆混，與何
晏《論語集解》的集解諸傳不盡相同，而是集解經傳，算是集解的另一變態。
至於范寧則以爲「《左氏》艷而富，其失也誣；《穀梁》清而婉，其失也短；《公
羊》辯而裁，其失也俗。若能富而不誣、清而不短、裁而不俗，則深於其道
者也」，因三家都有明顯疏失，故「商略名例，敷陳疑滯，博示諸儒同異之說……

〔註29〕蒙文通：《經學抉原》，頁 269。
〔註30〕何晏：《論語集解·序》。
〔註31〕見《晉書》列傳第四〈杜預傳〉：「既立功之後，從容無事，乃耽思經籍，爲
　　　《春秋左氏經傳集解》。又參考眾家譜第，謂之《釋例》。又作《盟會圖》、《春
　　　秋長曆》，備成一家之學，比老乃成。又撰《女記贊》。當時論者謂預文義質
　　　直，世人未之重，唯祕書監摯虞賞之，曰：「左丘明本爲《春秋》作傳，而《左
　　　傳》遂自孤行，《釋例》本爲《傳》設，而所發明何但《左傳》，故亦孤行。
　　　時王濟解相馬，又甚愛之，而和嶠頗聚斂，預常稱「濟有馬癖，嶠有錢癖」。
　　　武帝聞之，謂預曰：「卿有何癖？」對曰：「臣有《左傳》癖。」」。
〔註32〕杜預：《春秋左氏經傳集解·序》。

各記其姓名，名曰《春秋穀梁傳集解》」，〔註33〕三家傳兼採其善而從之，態度較公羊何休、左氏杜預而言更為公允，可說是集解體裁的正例。此外南學間尚有孔衍《春秋公羊傳集解》、張璠《周易集解》、李顒《尚書集解》、謝萬《孝經集解》、江熙《論語集解》等大量著作出現，其他不以集解為名而體例實同的《正義》、《異同評》等著作數量更是不可勝數。

集解體例大行於南學之間，在經學史上是個很大的轉變：

> 是故魏晉經學，王、何既以名理易詁訓，杜、范復以博采破顓家門，
> 持較兩漢，得失誠未易評。然其自成魏晉之學，則可斷言，蓋亦經
> 學之一大變也。〔註34〕

而杜預、范寧所完成的學術雜糅形態，本與王弼、何晏的玄理注經有深切關聯，試想如果援道入儒、引莊注經的義疏經學都能容許出現，踩破專家門檻，當然也不是什麼十惡不赦的事，更何況何晏的《論語集解》還是集解此一義例形態出現的創始者。從「義理雜糅」到「經注博采」間所指涉的其實只是同一件事，那就是經學權威確實已經衰落了。

三、小　結

有關南朝經學的特色，方東美先生對此曾描述道：

> 南方的經學可以說是把純正的經學透過子學，化為哲學的玄學、藝
> 術的玄想，以之來解釋經，如此就形成了經子不分的現象，這就是
> 後漢魏晉以來的經學大勢——南方經學獨秀的局面。〔註35〕

以為由典重的經學雜糅入子學自我論述的模式，的確表現出南朝經學義理注經及雜糅眾說的特徵，也顯示了南學獨到的特處。這個特處是在南方風土的孕育下漸漬完成的，日後也將成為學術在南學區域中勢必受到波及的在地化特徵。

第二節　「派中之派出焉」——南學與湘學

歷史上湖湘一帶曾經出現過兩個文化高峰期，一是在戰國時期，由屈原

〔註33〕范寧：《春秋穀梁傳集解・序》。

〔註34〕馬宗霍：《中國經學史》（臺北：臺灣商務印書館，1992 年 11 月），，頁 68。

〔註35〕收於方東美：《新儒家哲學十八講》（臺北：黎明文化事業，1989 年 4 月三版），頁 49。

所代表的楚文化，另一個則是宋以降由周敦頤所標誌的理學型文化。楚文化所展現的空靈奔放的特質曾經影響了南學的出現，然而隨著統一局面的成形，學術再度統一、學術重心也因建都長安而再度北移。唐代學術風氣本就重文學而輕儒術，遠居邊陲的湘地自更是學風不興，也使得湖湘一帶的學術風氣轉趨沈寂。因此當柳宗元流放南方時，幾乎不敢置信地，發現當地竟還有買賣子女爲奴的習俗。〔註36〕但儘管學風不興，屬於南學的特有氣質仍在當地流布著，於是就在南學的獨有氣質中孕育出另一個學術高峰來。

一、周敦頤與南學

　　周敦頤，字茂叔，是湖南道州人，學者尊稱他爲濂溪先生，他所創的學問號稱「濂學」。周敦頤的《太極圖說》、《通書》等著作因觸及形上學的層面，闡發天道、心性的問題，而被譽爲道學的開山祖師，《宋史・道學傳》更將周敦頤弁之於首：

> 孔子沒，曾子獨得其傳，傳之子思，以及孟子，孟子沒而無傳。兩漢而下，儒者之論大道，察焉而弗精，語焉而弗詳，異端邪說起而乘之，幾至大壞。千有餘載，至宋中葉，周敦頤出於舂陵，乃得聖賢不傳之學，作《太極圖說》、《通書》，推明陰陽五行之理，命於天而性於人者，瞭若指掌。……仁宗明道初年，程顥及弟頤實生，及長，受業周氏，已乃擴大其所聞，表章《大學》、《中庸》二篇，與《語》、《孟》並行，於是上自帝王傳心之奧，下至初學入德之門。融會貫通，無復余蘊。〔註37〕

周敦頤身爲道學宗主的地位，雖是由朱熹基於道統需求才加以標舉的，但不能否認他的學問對儒家形上學體系的建立有相當的貢獻，尤其是《太極圖說》，更是將原始儒家在倫理學上的成就賦予形上根源：

> 無極而太極。太極動而生陽，動極而靜，靜而生陰，靜極復動，一動一靜，互爲其根，分陰分陽，兩儀立焉。陽變陰合，而生水、火、木、金、土，五氣順布，四時行焉。五行一陰陽也，陰陽一太極也。

〔註36〕見《新唐書》卷一六八〈柳宗元傳〉記載：「柳人以男女質錢，過期不贖，子本均，則沒爲奴婢。宗元設方計，悉贖歸之。尤貧者，令書庸，視直足相當，還其質。已沒者，出己錢助贖。南方爲進士者，走數千里從宗元游，經指授者，爲文辭皆有法。世號「柳柳州」。」

〔註37〕見《宋史》卷四百二十七〈緒論〉及《宋史》卷四百二十七〈周敦頤傳〉。

太極本無極也。五行之生也，各一其性。無極之眞，二五之精，妙
合而凝，乾道成男，坤道成女。二氣交感，化生萬物，萬物生生，
而變化無窮焉。惟人也得其秀而最靈，形既生矣，神發知矣，五性
感動而善惡分，萬事出矣。聖人定之以中正仁義而主靜，立人極焉。
故聖人與天地合其德，日月合其明，四時合其序，鬼神合其吉凶。
君子修之吉，小人悖之凶。故曰：「立天之道，曰陰與陽。立地之
道，曰柔與剛。立人之道，曰仁與義。」，又曰：「原始反終，故知
死生之說。」大哉《易》也，斯其至矣。〔註38〕

「太極」的觀念出自《周易》〈繫辭傳〉：「易有太極，是生兩儀。」，無極卻
是出自《老子》第二十八章：「常德不忒，復歸於無極。」，本體概念是明顯
有雜糅二家的傾向。不過《太極圖說》中以「中正仁義」等儒家思想爲「人
極」，並以爲「人極」根源於「無極」、「太極」的天道作用，如此一來，人若
能立「人極」，自然就能達到與天地合德的目標，依其理論便可推知，子貢曾
指「夫子之言性與天道，不可得而聞也」〔註39〕的理由，正因爲此心此道的
精微，卻只消於人倫日用處體貼即可。

周敦頤《太極圖說》明顯是在爲儒家倫理學先立一本體基礎，然後再將
問題拉回「人極」的探索與確立，因此復於《通書》中提出了以「誠」爲本
質的心性理論：

誠者，聖人之本。大哉乾元，萬物資始，誠之源也；乾道變化，各
正性命，誠斯立焉。純粹至善者也。〔註40〕

聖，誠而已矣。誠，五常之本、百行之原也。〔註41〕

誠，無爲，幾，善惡。德：愛曰仁，宜曰義，理曰禮，通曰智，守
曰信。性焉安焉之謂聖。復焉執焉之謂賢。發微不可見，充周不可
窮之謂神。〔註42〕

以「誠」爲「乾道變化」的結果，立之而爲「百行之原」，故而雖「無爲」卻
可「幾善惡」，「寂然不動」〔註43〕而足爲「五常之本」。這就進一步在人極與

〔註38〕見《宋史》卷四百二十七〈周敦頤傳〉引《太極圖說》文。
〔註39〕《論語》〈公冶長篇〉。
〔註40〕《通書》〈誠・上〉。
〔註41〕《通書》〈誠・下〉。
〔註42〕《通書》〈誠幾德〉。
〔註43〕《通書》〈聖〉。

無極、太極間樹立了「誠」這個道德本體。

　　自中唐韓愈、李翱、柳宗元、劉禹錫開始的復興儒學、排拒佛老的運動，一直罕見成效，因爲他們往往都是在精神層面上用閉鎖的心態力拒佛老，而沒有實際從文本中抽繹足以抗衡的利器，這種自我抒論的排他手段並不足以服人；益以多爲個別學者苦心孤詣的努力，所以向未能蔚爲流行。但以周敦頤爲首、北宋五子的出現卻能扭轉形勢，究其實，在理論構建上的別辟蹊徑，使人一新耳目，正是厥功甚偉。周敦頤一生爲官，有關儒學的著作並不多，但著作卻能別開生面，使後人都不得不追奉周氏的理論，這個義理的立論發微，其實和他所處的環境，是有密不可分的關係的。

　　宋室大定後，所面臨的第一個難題，就是如何收束歷經隋唐開放風氣而逐漸動搖的倫理秩序。皇袍加身的趙匡胤，和飽受異族欺凌、顛沛流離的學者，很快地便體認到恢復儒家光采與社稷秩序穩定間的關聯，是以積極推動儒學的復興運動，與佛道相抗衡，重建秩序倫理。然而在對抗過程中，無形中卻吸收了異教教義和思辨方法，反而對儒學的本質造成了轉化，這種揉和了儒家思想與佛道義理的新儒學，便是所謂的「理學」，並且很快地取代了原本著重於章句詁訓的漢學，形成新的學統。說來理學的成形固是基於社會政治的激化，儒學內部渴求新生的集體意識，也是理學風行草偃的主因，畢竟對印刷術盛行、書籍流通快速的宋代學者而言，再同千百位古人競爭字句上的訓詁，未免太不合成本，徒然是精力上的浪費罷了。〔註44〕

　　但這只是一般思想史上對理學成形的解釋，雖然相當地陳述了部份事實，卻沒有能說明何以北宋五子和宋初三先生的學術內質大異其趣的現象，儒學到理學的巨大的變化畢竟不是一蹴可幾的，因此黃宗羲雖然認定：

> 宋興八十年，安定胡先生、泰山孫先生、徂徠石先生始以師道明正
> 學，繼而濂、洛興矣。故本朝理學雖至伊洛而精，實自三先生而始，
> 故晦庵有伊川不敢忘三先生之語。〔註45〕

並且幾乎形爲的論，然而思想史上陳述理學卻仍以北宋五子爲首，明顯摒除了三先生的地位，說來是不無道理的。三先生雖對提掖儒學有莫大的貢獻，

〔註44〕《宋史》卷四百二十一〈邢昺傳〉中記載當時經疏傳布的盛況時，便指出：
　　　　「昺曰：『國初不及四千，今十餘萬，經、傳、正義皆具，臣少從師業儒時，
　　　　經具有疏者百無一二，蓋力不能傳寫，今板本大備，士庶家皆有之，斯乃
　　　　儒者逢辰之幸也』，上喜曰：『國家雖尚儒術，非四方無事，何以及此』」。
〔註45〕《宋元學案》卷二〈泰山學案〉（北京：中國書店，1990 年 12 月），頁 48。

但是學問基礎大抵仍著重在治經上，並未觸及天道性命的課題，〔註46〕是以宋代理學的開山祖師，仍當推周敦頤爲首。然而，周敦頤算來不過晚三先生一輩（與年紀最大的孫復相差亦不過二十五歲），但是學問走向已迥異於三先生的樸實，而轉向義理玄說，治學上也是援道入儒，《太極圖說》與《通書》便結合了天道與人事，可以看出他延引道家宇宙論的原形；這些都和三先生醇儒的形象判然兩樣，在整個宋代學術史上，這個改變相當地突兀，而如果往上溯源，便可知濂溪的援道入儒，卻正是方東美所謂南學「經子不分」、雜糅子學的義理傳統之影響。

南方在隋朝統一學術後，雖然不復爲學術重心，南學的氣質卻因此更獲得自由發展的空間；所以中唐以降，許多排佛抗老的儒者因專注政治得罪當權，被貶至江浙甚至湖廣後，而其於釋道的立場也就此隨著南學雜糅子學的氣質而改觀。〔註47〕這些改變證明了南學存續的潛在事實，雖然在重文的唐學術界中，南學缺乏有影響力的大儒提倡，但是南學在儒釋道三教交濡難分的情況下，事實上已經深入士庶的認知中了。到了五代立國南方，雖然時短，但是各朝都有心提振儒術，故而在晚唐以降的板蕩時局中，竟仍能出現如皮日休、張弧等大儒，而且明顯地標幟著通貫三教的主張，〔註48〕可見南學強大的實力，已隨著統一局面的瓦解而再度浮上了檯面了。

所以，我們回頭注目被視爲理學開山祖師的周敦頤，則知其獨立於三先生外別開天道性命課題的理由，顯然正是出自南學的嫡傳。周敦頤本就是湖

〔註46〕三先生中，胡瑗精通《易》，是宋代採義理說《易》之始，並創立蘇湖教法，教以經義及時務；孫復居泰山，特重《春秋》倫常名分、推原治亂的功夫；石介早逝，個性剛正的他，十分尊重韓愈「原道」「原人」的思想，著〈尊韓〉一文推崇之，對學術風氣的匡正實有摧陷廓清之效。然三人都未曾觸及天道性命的問題，是以黃宗羲子黃百家迺於《宋元學案》卷十一〈濂溪學案〉中對乃父的見解稍事修正道：「孔孟而後，漢儒僅有經傳之學，性道微言之絕久矣。元公（即濂溪）崛起，二程嗣之，又復橫渠諸大儒輩出，聖學大昌。故安定、徂徠卓乎有學者之矩範，然僅可謂有開之必先，若論闡發心性義理之精微，端數元公之破暗也。」（北京：中國書店，1990年12月），頁233。

〔註47〕如著〈原道〉與〈論佛骨表〉的韓愈，被貶至潮州（今廣東境內）後，竟撰了〈祭鱷魚文〉的文章；李翱歷來便在長江一帶任職，故雖有〈去佛齋〉一文明其反佛心志，但〈復性書〉中卻明顯有佛家思辯的影子；參于新政遭連坐，被連貶到湖南的幾個落後州郡的柳宗元，則更是直接主張統合儒釋，以濟時窮。

〔註48〕皮日休一直在湖皖各地遊歷，故而治學上頗受南學雜糅形態的影響，這從他大力揄揚「三教可一」的王通便知端倪；張弧所著的《素履子》更明顯地雜有道教思想的痕跡。

南人，後又定居於廬山下，可說一生都活動在南學的領域中。時宋初文化道教盛行，其思想不論在朝在野都備受尊崇，〔註 49〕因此深受南學兼賅形態影響的周敦頤，其援道入儒的舉動根本不足為奇，道教的廣布同時也使得北宋五子莫不兼有道氣的思想，影響到朱學中亦富含有理氣的觀念存在。〔註 50〕宋室南渡以後，理學在南方義理傳統的催化下駸駸大盛，幾形為學閥，而胡瑗以來形成的學院講學風氣，也對理學的普及形成了向下紮根的作用，於是南學過渡為理學，南方亦成為義理學風鼎盛、人文薈萃的中心，至今猶然。

二、胡安國與湖湘文化

　　南學一直是一個大範圍的概念，在這個文化區塊內，有著相仿的文化特徵，然而將此文化特徵更紮根為湖湘一帶當地的風格，並形成南宋理學的一大支派，當自胡安國始。

　　宋室南遷，胡安國領家人南下，安置於湖南湘潭，在湘潭他除了撰述《春秋傳》之外，也在他所建立的碧泉文定書堂講學授徒，湖湘一帶原本學風不振，因胡安國的來到，在他的時譽及言行的影響下，蔚為一股崇學的風氣，尤其是他對理學的崇尚，更使得理學氛圍因此深入士庶心中，而成為湖湘地區思想的基礎。也是因為他將自己的學行上承二程，因此繼起湖湘學者，也莫不自認是二程洛學的嫡傳：

> 私淑洛學而大成者，胡文定公其人也。文定從謝（良佐）、楊（時）、
> 游（酢）三先生以求學統，而其言曰：「三先生義兼師友，然吾之自
> 得于遺書者為多。」……南渡昌明洛學之功，文定幾侔于龜山，蓋
> 晦翁、南軒、東萊皆其再傳也。〔註 51〕

《宋元學案》將洛學南渡之功，認為是胡安國與楊時的功勞，胡安國實也居之無愧。紹興六年時，左司諫陳公輔上書，以程頤學行會造成「營私植黨」

〔註49〕 傳說中因睡得道的陳摶結廬在華山，種放封觀在嵩山，這些道人一直深受民間
　　　　景仰，朝廷也往往另眼相看，甚至屢屢招覲入京，種放更曾受真宗封官，可見
　　　　當時道教的盛行。今日所流布的許多有關道人的傳奇，也大多以宋朝為背景。

〔註50〕 陸王心學亦一直被視為近禪。一個是「援道入儒」，一個是「援佛入儒」，由
　　　　此似乎可以看出，朱陸相爭的問題，似乎並不在判定孰是醇儒的癥結，也關
　　　　乎釋老學術的爭議。

〔註51〕 見《宋元學案》卷三十四〈武夷學案・序錄〉（北京：中國書店，1990 年 12
　　　　月），頁 554。

請求禁程頤之學時，胡安國便曾親自上書，認爲「使學者師孔孟，而禁不得
從頤之學，是入室而不由戶也」，因此要求非但不能廢學，反而要更加冊封：

> 本朝自嘉祐以來，西都有邵雍、程顥及其弟頤，關中有張載，皆以
> 道德名世。會王安石、蔡京等曲加排抑，故其道不行。望下禮官討
> 論故事，加之封爵，載在祀典，仍詔館閣，裒其遺書頒行，使邪說
> 者不得作。〔註52〕

可見其於程頤學行之景仰。事實上，就連胡安國本人也自認是其學專《春秋》
實其來有自：

> 吾于謝、游、楊三公，義兼師友，實尊信之。若論其傳授，卻自有
> 來歷。據龜山所見在《中庸》，自明道先生所授。吾所聞在《春秋》，
> 自伊川先生所發。〔註53〕

程頤有《易傳》、《春秋傳》，胡安國自謂所著《春秋傳》實有得於伊川遺書的
啓發，自紹遺緒的意義相當明顯。

胡安國《春秋傳》書成以後，不但當時便有令譽，更成爲元明科舉考試
的指定範本，影響極爲深遠，朱熹雖對《春秋傳》不甚滿意，〔註54〕但也認
爲「縱未能盡得之，然不中不遠矣」，〔註55〕因此胡安國在湖湘一帶教授《春

〔註52〕見《宋元學案》卷三十四〈武夷學案〉（北京：中國書店，1990年12月），頁
554。

〔註53〕見《宋元學案》卷二十五〈龜山學案〉（北京：中國書店，1990年12月），頁
454。

〔註54〕見《朱子語類》卷五十五〈公都子問好辨章〉的記載，有學生問朱子有關春
秋的問題，朱子因而指責：「近世說《春秋》者太巧，皆失聖人之意。又立爲
凡例，加某字，其例爲如何；去某字，其例爲如何，盡是胡說！」當學生再
問起胡安國《春秋傳》時，更坦言是：「說得太深。」可見所謂「太巧」、「失
聖人之意」，應就是針對胡安國《春秋傳》而發（臺北：漢京文化事業，1980
年7月），頁523。《朱子語類・卷八十三・春秋・綱領》也記載他與學生討論
如何學《春秋》的一段文字：「孔子作《春秋》，當時亦須與門人講說，所以
公穀左氏得一箇源流，只是漸漸訛舛。當初若是全無傳授，如何鑿空撰得？」
問：「今欲看《春秋》，且將胡文定說爲正，如何？」曰：「便是他亦有太過處。」
凡此皆可見出他對胡安國《春秋傳》實有不盡滿意之處。（臺北：漢京文化事
業，1980年7月），頁850。

〔註55〕語見《朱子語類》卷八十三〈春秋經〉的記載：「問：「先生於《二禮》《書》
《春秋》未有說，何也？」曰：「《春秋》是當時實事，孔子書在冊子上。後
世諸儒學未至，而各以己意猜傳，正橫渠所謂『非理明義精而治之，故其說
多鑿』，是也。唯伊川以爲『經世之大法』，得其旨矣。然其間極有無定當、
難處置處，今不若且存取胡文定本子與後來看，縱未能盡得之，然不中不遠

秋》，也使得《春秋學》成爲湖湘學派主要的學問範疇之一。

　　不過，胡安國的春秋學，迥異於前輩學者的訓詁章句，卻是自成格局，他的春秋學並不僅僅於考史，而是旨在呈現經國治世的良方：

> 呂東萊《與朱侍講書》曰：「胡文定《春秋傳》，多拈出《禮》『天下爲公』意思。蜡賓之歎，〔註56〕自昔前輩共疑之，以爲非孔子語，蓋不獨親其親，子其子，而以堯、舜、禹、湯爲小康，眞是老聃、墨子之論。胡氏乃屢言《春秋》有意于『天下爲公』之世，此乃綱領本原，不容有差。」〔註57〕

講述《春秋》卻以禮義抉發，而且屢屢標舉《春秋》志在一「天下爲公之世」，正可見胡安國的春秋學並不僅是史學，而是意在「康濟時艱」，這種胸懷既不同於一些學究經生，也和二程朱熹的心性之學不類，故而《宋史》在記載其人憂國爲民的風骨時，往往語多揄揚，認爲絕非是營求官位的俗吏能比擬的：

> 安國強學力行，以聖人爲標的，志於康濟時艱，見中原淪沒，遺黎塗炭，常若痛切於其身。雖數以罪去，其愛君憂國之心遠而彌篤，每有君命，即置家事不問。然風度凝遠，蕭然塵表，視天下萬物無一足以嬰其心。自登第迄謝事，四十年在官，實歷不及六載。〔註58〕

這種將通經致用切身實行的風範，就連朱熹都不得不稱美道：「能解經而通世務者，無如胡文定」。〔註59〕

　　胡安國選擇《春秋》作爲他通經致用的藍本，是其來有自的。《宋元學案》中王梓材曾指出：

> 致堂《斐然集》爲《先公行狀》云：「元祐盛際，師儒多賢彥。公所從遊者，伊川程先生之友朱長文，及穎川靳裁之。朱樂圃得泰山《春

矣」。」（臺北：漢京文化事業，1980 年 7 月），頁 856。

〔註56〕指《禮記》〈禮運第九〉所記：「昔者仲尼與於蜡賓，事畢，出遊於觀之上，喟然而嘆。仲尼之嘆，蓋嘆魯也。言偃在側曰：『君子何嘆？』孔子曰：『大道之行也，與三代之英，丘未之逮也，而有志焉。』」一事。

〔註57〕《宋元學案》卷三十四〈武夷學案〉（北京：中國書店，1990 年 12 月），頁 558。

〔註58〕見《宋史》卷四百三十五〈胡安國傳〉。

〔註59〕見《朱子語類》卷九十五〈程子之書一〉語，不過朱熹對胡安國通經致用的實行不夠徹底卻頗有微辭：「能解經而通世務者，無如胡文定。然教他做經筵，又都不肯。一向辭去，要做《春秋解》，不知是甚意思。蓋他有退而著書立言以垂後世底意思，無那措諸事業底心。縱使你做得了將上去，知得人君是看不看？若朝夕在左右說，豈不大有益？」胡安國在朝爲官四十年，實際官宦生涯則不及六年，後來更因秦檜事而遠離朝政，朱熹的微辭即因此而起。

秋》之傳。」則先生爲泰山再傳弟子，可知其《春秋》之學之所自
出矣。〔註60〕

王梓材引用胡寅的《行狀》點出胡安國之治《春秋》，與他初入太學便與孫
復弟子朱長文〔註61〕從游有關，因爲朱長文正是孫復《春秋》學的傳人，
這段情誼對胡安國的治學旨趣自有莫大影響；益以胡安國的年少時代，正在
王安石熙寧變法失敗之際、朝野新舊黨爭仍排撻未已之時，他復因與楊時、
游酢爲友，得《二程遺書》進而紹述二程之學，因而對王安石變法一直是持
反對立場的。尤其是在孫復、石介、胡瑗，甚至程頤等理學耆老都非常注重
《春秋》、爲之傳疏之時，王安石新法卻逕以「斷爛朝報」廢學官，更是令
學者痛心。靖康南渡之後，本來在《二程遺書》的啓發下治學特重《春秋》
的胡安國，受此刺激，更將局勢紛亂一股腦歸罪於王安石，遂更務力於《春
秋》學，企圖扭轉王安石廢春秋學官對學術及朝政帶來的負面影響：

> 初，王介甫以字學訓經義，自謂千聖一致之妙，而于《春秋》不可
> 偏旁點畫通也，則詆以爲斷爛朝報，直廢棄之，不列學官。下逮崇
> 寧，防禁益甚。先生謂《六籍》惟此書出于先聖之手，乃使人主不
> 得聞講說，學者不得相傳習，亂倫滅理，中原之禍殆由此乎。于是
> 潛心刻意，自壯年即服應于此，至年六十一而書始就，慨然嘆曰：「此
> 傳心要典也！」蓋于克己修德之方，尊君父、討亂賊、攘外寇、存
> 天理、正人心之術，未嘗不屢書而致詳焉！〔註62〕

胡安國以爲《春秋》既是聖人親箸之作，而王安石卻廢立，使「中原之禍殆
由此乎」，於是潛心研究，抉發《春秋》通貫五經奧義的優點，認爲：

> 公好惡，則發乎《詩》之情；酌古今，則貫乎《書》之事；興常典，
> 則體乎《禮》之經；本忠恕，則導乎《樂》之和；著權制，則盡乎
> 《易》之變。百王之法度、萬世之準繩，皆在此書，故君子以謂五
> 經之有春秋，猶法律之有斷例也。〔註63〕

如此一來，《春秋》一書不但兼有五經奧義，而且還有提供實例實效可爲準

〔註60〕 王梓材案語，見《宋元學案》卷三十四〈武夷學案〉（北京：中國書店，1990
　　　　 年12月），頁558。
〔註61〕 朱長文，人稱樂圃先生，事見《宋元學案》卷二〈泰山學案〉（北京：中國書
　　　　 店，1990年12月），頁48。
〔註62〕 《宋元學案》卷三十四〈武夷學案〉（北京：中國書店，1990年12月），頁558。
〔註63〕 胡安國：《春秋傳》〈綱領〉。

繩的功能。故而胡安國《春秋傳》的解經也不同於一般的考史，乃在強調其可爲今日借鑑的實錄功能，更往往「借經文以諷時事，詬之者至稱爲宋之春秋」。〔註64〕《四庫提要》分析胡安國此舉，實乃「感激時事」所致：

> 顧其書作於南渡之後，故感激時事，往往借《春秋》以寓意，不必一一悉合於經旨。《朱子語錄》曰：「胡氏《春秋傳》有牽強處，然議論有開合精神，亦千古之定評也。」〔註65〕

然《提要》雖有指責他爲牽合時務、不惜枉曲經旨之意，但對其中牽合得致的經世議論，其妥當性則是並無疑義。

　　胡安國治《春秋》，對湖湘學術注入深遠的影響：他重寓論時務而非專尙考史，使湖湘學術自胡瑗開「治事」、「經義」兩齋以治學的風氣後，自此又更進一步落實在經世時務上；而治《春秋》卻專重抉發禮義禮制的精神，也開啓了後世治學鳩合禮義以察時政的流行。這些風氣在胡安國、胡宏、張栻等精神領袖都相繼過世後，雖然隨著逐漸沈寂的學風而轉趨沈潛，但卻一直未曾消失，更轉變成湘學的基本特質 —— 湘鄉的學者因而學術特重經世務實，同時也出現以禮學改革的傳統，後來一向沈寂的湖南學術之所以在風雲之際卻能率先應變時務，影響近代中國學術，與胡安國以降湖湘學派特質的絫根，實有密切的關聯。

三、理學與湖湘學派

　　南學雜糅義理學風的特色，由周敦頤始發皇爲理學宗派的開端，而胡安國推崇二程，胡宏、張栻復上推至周敦頤，使湖湘學派與理學完全銜接，甚至與朱熹的閩學並肩爲洛學的嫡傳：

> 二程之學，龜山得之而南，傳之豫章羅氏，羅氏傳之延平李式，李氏傳之考亭朱氏，此一派也；上蔡傳之武夷胡氏，胡氏傳其子五峰，五峰傳之南軒張氏，此又一派也。〔註66〕

可見湖湘一帶，不僅是理學的發源處，也是理學在南宋繼承的重要支脈，尤其是二程洛學，更是湖湘學者公認所自出的思想源頭。

〔註64〕語見甘鵬雲：《經學源流考》卷六〈宋元明春秋左氏學流派〉（臺北：廣文書局，1977 年 1 月），頁 201。

〔註65〕《四庫全書總目提要》卷二十七〈春秋傳提要〉，（北京：中華書店，1992 年 10 月），頁 219。

〔註66〕《眞文忠公讀書記》卷三十一，收於《西山眞文忠公全集》。

　　胡安國父子對理學的推崇，何以卻根植成湖湘文化的思想特色，這與胡氏父子在湖湘一帶作育英材近半世紀，形成了湖湘學派的紮根教育有關。

　　胡安國在湘潭定居前後，有過「四十年在官，實歷不及六載」〔註67〕的官職生涯，在這期間所擔任的官銜，不論是江寧府學教授、提舉湖北路學事、提舉湖南路學事，俱為教育官學，在湖南提學的時日更與當地學子建立了很好的師生情誼，如黎明：

> 黎明，字才翁，長沙人也。以孝友信義著稱。師事胡文定公。建炎之亂，文定避地荊門，先生為卜室廬，具器幣，往迎之。胡氏之居南嶽，實昉于此。〔註68〕

黎明是胡安國在湖學提學時的入門弟子，就是他把當時為了避湖北亂事而南下的胡氏父子引入湖南，甚至為之購置家產，使之安居如歸。由於胡安國的學行深受時人肯定，因此不論是最初在碧泉文定書堂或是四年後在衡山買山結廬所建的衡山文定書堂，都吸引不少文人因慕其學風而前來就學：

> 譚知禮，字子立，長沙人。……胡文定公至衡山，先生往從之。居其精舍之旁，盡掃前日氣習，抱《春秋》研其旨，餘力治《資治通鑑》。
>
> 韓璜，字叔夏，故潁川人。……胡文定公來衡山，先生因從之講學。
>
> 李椿，字壽平，永平人。……其尉衡山時，受業文定。
>
> 向沈，字深之。……南渡後家衡山。……痛心家國，日從文定講明《春秋》復讐之說。
>
> 楊訓，字子中，湘潭人。受學文定……在文定碧泉講舍求愈久而愈恭，稱高弟。
>
> 彪虎臣，字漢明，湘潭人。……子居正。胡文定之南渡熊湘也，先生一見有得于於心，及其子長，遂命受業於胡門。
>
> 樂洪，字德秀，衡山人也，從文定遊。

上述《宋元學案》記載的武夷門人，都是此一時期前來從學的例子，而且如韓璜、李椿都是身居要職而前來受學，譚知禮、向沈則是官宦子弟卻寧可游於其門絕意仕途，這些例證更證明了胡安國此時教育事業的成功。

　　胡安國死後，其季子胡宏將碧泉文定書堂擴建為碧泉書院，終身未仕，

〔註67〕見《宋史》卷四百三十五〈胡安國傳〉。
〔註68〕《宋元學案》卷三十四〈武夷學案〉。（北京：中國書店，1990年12月），頁558。

專務以著述講授為業，這就將湖湘學派的影響力更進一步浸潤入湖湘學域中。胡宏字仁仲，學者稱五峰先生，他與胡安國最大的不同，在於已不再藉史書以「穿鑿」〔註69〕義理，而是直接發抒他的理學內涵。《宋元學案》記載胡宏高弟彪居正在臨終前探問師疾並求教時，胡宏的回答是：

> 聖門工夫要處只在箇「敬」字。

在〈與孫正孺書〉中，胡宏殷殷教誨的是：

> 仁之一義，聖學要道。直須分明見得，然後所居而安。只于文字上
> 見，不是了了。須于行住坐臥上見，方是真見。光陰不易得，摧頹
> 之人亦有望于警策也。〔註70〕

吳翌遊學衡山，拜胡宏為師，所及身親受的教誨則是「學問之方，一以明理修身為要」。〔註71〕可見胡宏學問，已經不再依託史學，而專務於義理致用了。

胡宏不僅在學問進路選擇不同於父兄的自抒義理的方式，也從而開出了可與朱熹「理本論」、陸象山「心本論」鼎足而三的「性本論」：

> 天命之謂性。性，天下之大本也。堯、舜、禹、湯、文王、仲尼六
> 君子先後相詔，必曰心而不曰性，何也？曰：心也者，知天地，宰
> 萬物，以成性者也。六君子，盡心者也，故能立天下之大本，人至
> 于今賴焉。不然，異端并作，物從其類而瓜分，孰能一之。〔註72〕

在此胡宏主張性為「天下之大本」，同時進一步指出性無善惡之分，關鍵迺在「中節」與否，從而否定了當時宋儒紛紛擾擾的善惡論辨：

> 凡天命所有而眾人有之者，聖人皆有之。人以情為有累也，聖人不
> 去情。人以才為有害也，聖人不病才。人以欲為不善也，聖人不絕
> 欲。人以術為傷德也，聖人不棄術。人以憂為非達也，聖人不忘憂。
> 人以怨為非弘也，聖人不釋怨。然則何以別于眾人乎？聖人發而中

〔註69〕此乃朱熹對胡安國春秋傳的看法：「或有解《春秋》者，專以日月為褒貶，書時月則以為貶，書日則以為褒，穿鑿得全無義理！若胡文定公所解，乃是以義理穿鑿，故可觀」。見《朱子語類》卷八十三〈春秋綱領〉（臺北：漢京文化事業，1980 年 7 月），頁 850。

〔註70〕收於《宋元學案》卷四十二〈五峰學案〉。（北京：中國書店，1990 年 12 月），頁 653。

〔註71〕收於《宋元學案》卷四十二〈五峰學案〉。（北京：中國書店，1990 年 12 月），頁 656。

〔註72〕收於《宋元學案》卷四十二〈五峰學案〉。（北京：中國書店，1990 年 12 月），頁 647。

節，而眾人不中節也。中節者爲是，不中節者爲非。挾是而行則爲正，挾非而行則爲邪。正者爲善，邪者爲惡。而世儒乃以善惡言性，邈乎遠哉！〔註73〕

胡宏此說，後來經由張栻與朱熹在嶽麓書院反覆論辨，而後張栻選擇了接受朱熹的看法，遂以爲此段「當悉刪去」：

朱子曰：「聖人發而中節，故爲善。眾人發不中節，故爲惡。世儒乃以善惡言性，邈乎遠哉！」此亦性無善惡之意。然不知所中之節，聖人所自爲邪？將性有之邪？謂聖人所自爲，則必無是理。謂性所固有，則性之本善也明矣。

南軒曰：所謂世儒，殆指荀、楊。荀、楊蓋未知孟子所謂善也。此一段大抵意偏而辭雜，當悉刪去。

朱子曰：某詳此段，不可盡刪。但自「聖人發而中節」以下刪去，而以一言斷之云：「亦曰天理人欲之不同爾！」

南軒曰：所謂「輕詆世儒之過而不自知其非」，恐氣未和而語傷易。析理當極精微，毫釐不可放過。至于尊讓前輩之意，亦不可不存也。

朱子曰：某觀此論，切中淺陋之病，謹已刪去訖。〔註74〕

朱熹本不主張全刪，而是刪去「聖人發而中節」以下，代之以：「亦曰天理人欲之不同爾！」一句作結；但是張栻以爲析理有誤便不當放過，而就算欲爲前賢文過，冒篰言論也太不尊重了。於是最後朱熹也同意全刪了。其實朱熹主張加入此言，也不算是冒篡前人言論，「天理人欲之不同」，正是胡宏自己強調的學說，而朱熹最欣賞胡宏的地方，也正是在他〈知言〉中所謂「天理人欲，同行而異情」〔註75〕一句，算來只是用胡宏自己的藥方糾正胡宏自己的語病罷了。

張栻是胡宏的得意門生，《宋元學案》記載了他向胡宏求學的經過：

張栻，字敬夫，一字樂齋，號南軒，廣漢人，遷于衡陽。……先生穎悟夙成。少長，從五峰胡先生問程氏學。五峰一見，知其大器，

〔註73〕〈知言〉，收於《宋元學案》卷四十二〈五峰學案〉收於《宋元學案》卷四十二〈五峰學案〉。（北京：中國書店，1990 年 12 月），頁 649。

〔註74〕〈知言疑義〉，收於《宋元學案》卷四十二〈五峰學案〉收於《宋元學案》卷四十二〈五峰學案〉。（北京：中國書店，1990 年 12 月），頁 649～650。

〔註75〕見《朱子語類》卷七十八〈大禹謨〉記載（臺北：漢京文化事業，1980 年 7 月），頁 798。

> 即以所聞孔門論仁親切之指告之。先生退而思，若有得也。五峰曰
> 「聖門有人，吾道幸矣！」先生益自奮勵，以古聖賢自期，作《希
> 顏錄》以見志。〔註76〕

由胡安國父子所創立的湖湘學派，雖不乏得意門生，但論紹述學問，仍是父子相承，難免予人「家學」的觀感；當張栻繼承胡宏志業，從碧泉書院轉而建立城南書院、並利用嶽麓書院來教授時，湖湘學派也終於從胡氏家學的陰影中解放爲學域的代表性學問，對於湖湘學派進一步擴展其學術地位，具有關鍵性影響。黃宗羲在《宋元學案》中便指出：

> 湖南一派，在當時爲最盛，然大端發露，無從容不迫氣象。自南軒
> 出，而與考亭相講究，去短集長，其言語之過者裁之歸于平正。「有
> 子，考无咎」，其南軒之謂與！

認爲張栻實是使湖湘學派學術更具氣象的關象。

張栻在嶽麓的教育一反以舉業爲重的教學方式，而務以義利明辨、明理居敬爲主。〔註77〕其於〈嶽麓書院記〉中爲學子所揭櫫的的教育理念，便強調要培育「傳道而濟斯民」的人材：

> 與多士言曰：「侯之爲是舉也，豈特使子群居族談，但爲決科利祿計
> 乎？亦豈使子習爲言語文辭之工而已乎？蓋欲成就人材，以傳道而
> 濟斯民也。……其傳果何歟？曰仁也。仁，人心也，率性立命，知
> 天地而宰萬物者也。今夫目視而耳聽，口言而足行，以至於飲食起
> 居之際，謂道而有外夫是焉，可乎？雖然，天理人欲，同行異情，
> 毫釐之差，千里之謬，此所以求學之難，必貴以學以明之與。〔註78〕

張栻以爲所傳之道以「仁」爲主，目的則在使人「飲食起居之際」皆不違仁，除了義理，更重視實行的教學，在張栻的努力下，嶽麓書院崛起爲四大書院之首，作育英材無數。

此外，張栻在學說的建立上出現兼容並蓄的現象：除了紹述胡安國父子自二程所繼承的洛學外，他也大量吸收如周敦頤、張載等北宋理學家的思想，故而在教育學子而餘，也刊行了《太極圖說》、《張子太極解義》、《伊川粹言》

〔註76〕《宋元學案》卷五十〈南軒學案〉（北京：中國書店，1990 年 12 月），頁 761。

〔註77〕見《宋元學案》卷五十〈南軒學案〉記載：「朱子述行狀後曰：『公之教人，必使之先有以察乎義利之間，而後明理居敬，以造其極。』其剖析精明，傾倒切至，必竭兩端而後已。」（北京：中國書店，1990 年 12 月），頁 773。

〔註78〕張栻：〈嶽麓書院記〉，收錄於《湖南通志》卷六十八〈書院志一〉。

等理學著作作爲教材參考；另一方面，他雖然延續胡宏的性本論而且更上推
至太極：

> 論性之本，則一而已矣，而其流行發現，人物之所稟，有萬之不同
> 焉。蓋何莫而不由於太極，何莫而不具於太極，是其本之一也。

> 有太極則有物，故性外无物；有物必有則，故物外无性。〔註79〕

然而其性本論在與朱熹論講之後，學術上也修正了許多胡宏的主張，轉向朱熹
靠攏。上述胡宏的性無善惡論被執意刪去便是一例，雖然仍是沿著性本性的理
論發揮，張栻事實上已修改胡宏的說法，轉而主張性應是純然之善了。〔註80〕

其實未見朱熹前，張栻也是信奉胡宏「盡心成性」便可得「仁之大體」
的理論，還藉以對嶽麓諸生諄諄教誨：

> 善乎孟氏之發人深切也！齊王見一牛之觳觫而不忍殺，則告之曰：
> 是心足以王矣。古之人所以大過人者，善推其所爲。……苟能默識
> 而存之，擴充而達之，生生之妙，油然於中，則仁之大體豈不可得
> 乎？〔註81〕

此說其實是胡宏在回應彪居正問仁時所提出的，後來也收錄在《知言》一書：

> 彪居正問：「心，無窮者也，孟子何以言『盡其心』？」曰：「惟仁者
> 能盡其心。」居正問爲仁。曰：「欲爲仁，必先識仁之體。」……他
> 日，某問曰：「人之所以不仁者，以放其良心也。以放心求心，可乎？」
> 曰：「齊王見牛而不忍殺，此良心之苗裔，因利欲之間而見者也。一
> 有見焉，操而存之，存而養之，養而充之，以至于大。大而不已，與
> 天同矣。此心在人，其發見之端不同，要在識之而已。」〔註82〕

然而當朱熹在嶽麓與張栻、呂祖謙辯論《知言》疑義時，張栻對師說原本的
尊奉卻有了動搖：

> 朱子曰：某案「欲爲仁，必先識仁之體」此語大可疑。觀孔子答門

〔註79〕 張栻：《孟子講義·告子》，轉引自朱漢民：《千年講壇——嶽麓書院歷代大
師講學錄》。此語乃是沿著胡宏《知言》：「性外无物，物外无性」而引申的解
釋。

〔註80〕 在《孟子講義》中，張栻已轉而指出：「惻隱、羞惡、恭敬、是非之所以然，
是乃仁義禮智之具乎性者也。」以及「原人之生，天命之性，純粹至善而无
惡之可萌者也。」，認爲人性是純粹至善的絕對性善論了。

〔註81〕 張栻：〈嶽麓書院記〉，收錄於《湖南通志》卷六十八〈書院志一〉。

〔註82〕 〈知言〉，收於《宋元學案》卷四十二〈五峰學案〉（北京：中國書店，1990
年12月），頁650。

人問爲仁者多矣，不過以求仁之方告之，使之從事于此而自得焉爾，初不必使先識仁體也。又「以放心求心」之問甚切，而所答者反若支離。夫心，操存舍亡，間不容息，知其放而求之，則心在是矣。今于已放之心不可操而復存者置不復問，乃俟異時見其發于他處，而後從而操之，則夫未見之間，此心遂成間斷，無復有用功處。及其見而操之，則所操者亦發用之一端耳，于其本源全體，未嘗有一日涵養之功，便欲擴而充之，與天同大，愚竊恐無是理也。

南軒曰：必待識仁之體，而後可以爲仁，不知如何而可以識也？學者致爲仁之功，則仁之體可得而見；識其體矣，則其爲益有所施而無窮矣。然則答爲仁之問，宜莫若敬而已矣。

東萊曰：仁體誠不可遽語。至于答放心求心之問，卻自是一說。蓋所謂「心操存舍亡，間不容息，知其放而求之，則心在是」者，平時持養之功也。所謂「良心之苗裔，因利欲而見，一有見焉，操而存之」者，隨時體察之功也。二者要不可偏廢。苟以此章欠說涵養一段，未見之間，此心遂成間斷，無復用功處，是矣；若曰于已放之心置不復問，乃俟其發見于他處而後從而操之，語卻似太過。蓋見牛而不忍殺，乃此心之發見，非發見于他處也。又謂所操者亦發用之一端，胡子固曰此良心之苗裔，固欲人因苗裔而識根本，非徒認此發用之一端而已。

朱子曰：二者誠不可偏廢，然聖門之教，詳于持養而略于體察，與此章之意正相反。學者審之，則其得失可見矣。孟子指齊王愛牛之心，乃是因其所明而導之，非以爲必如此然後可以求仁也。夫必欲因苗裔而識根本，孰若培其根本而聽其枝葉之自茂邪？〔註83〕

在此朱子對「欲爲仁，必先識仁之體」的說法大表反對，於是張栻也因而動搖了：「必待識仁之體，而後可以爲仁，不知如何而可以識也？」，呂祖謙則出來打個圓場：「仁體誠不可遽語。至于答放心求心之問，卻自是一說。」認爲其實此說還是有它的價值在：「胡子固曰此良心之苗裔，固欲人因苗裔而識根本，非徒認此發用之一端而已。」，然而朱熹仍甚不以爲然，認爲「夫必欲因苗裔而識根本，孰若培其根本而聽其枝葉之自茂邪？」。像這類的例證在《知

〔註83〕〈知言疑義〉，收於《宋元學案》卷四十二〈五峰學案〉（北京：中國書店，1990 年 12 月），頁 650。。

言疑義》中屢屢出現，可見在朱張會講之後，原本由胡安國父子一脈相承下來、湖湘學派「性本論」的特色，的確有削弱的跡象；益以張栻壯年而逝，許多學說還未及發展完善，使後學在本門學說門庭未立、後繼無人，又兼學說根基受動搖的情形下，紛紛改投明師，是以當其他書院講學方興未艾之際，嶽麓書院的朗朗書聲卻已趨於沈寂、門庭也因而冷落。

是張栻把湖湘學派透過嶽麓書院樹立為氣象宏恢的大家學門，也是張栻的「去短集長，其言語之過者裁之歸于平正」，把湖湘學派的本門特色削弱導致學派內部崩解。然不可諱言的，張栻仍是把湖湘學派擴大成南宋重要理學門派的功臣，而且雖然嶽麓書院在張栻死後有崩解的現象，但是隨著書院崩解而四散的學者，其成就仍是不容小覷的。是以黃宗羲雖然感慨張栻死後「乃無一人得其傳」，〔註84〕其弟子全祖望卻不認為：

> 宣公身後，湖湘弟子有從止齋、岷隱遊者。然如彭忠肅公之節概，吳文定公之勳名，二游、文清、莊簡公之德器，以至胡盤谷輩，嶽麓之巨子也。再傳而得漫塘、實齋。誰謂張氏之後弱于朱乎！述《嶽麓諸儒學案》。（梓材案：是卷與下卷（二江學案）皆南軒學派，惟是卷多受學湖湘，下卷則講學蜀中為異耳。）〔註85〕

全祖望不但將張栻後學立以嶽麓、二江兩個學案來分述，對於後人因懾於朱熹名望而枉曲張栻的行迤更深深不以為然：

> 南軒似明道，晦翁似伊川。向使南軒得永其年，所造更不知如何也。北溪諸子必欲謂南軒從晦翁轉手，是猶謂橫渠之學于程氏者。欲尊其師，而反誣之，斯之謂矣。〔註86〕

全祖望以為陳淳（北溪）因欲擴充師門，而指張栻之學為朱熹「轉手」，既不符合歷史，也失之過當，故而批評是：「衛師門甚力，多所發明，然亦有操異同之見而失之過者。」。〔註87〕

〔註84〕黃宗羲案語，見《宋元學案》卷五十〈南軒學案〉云：「南軒受教於五峰之日淺，然自一聞五峰之說，即默體實踐，孜孜勿釋，又其天資明敏，其所見解，初不歷階級而得之，五峰之門得南軒而有耀，從遊南軒者甚眾，乃無一人得其傳，故道之明晦，不在人之眾寡爾。」（北京：中國書店，1990年12月），頁774。

〔註85〕《宋元學案下》卷七十一〈嶽麓學案〉（北京：中國書店，1990年12月），頁332。。

〔註86〕全祖望案語，見《宋元學案》卷五十〈南軒學案〉（北京：中國書店，1990年12月），頁760。。

〔註87〕全祖望案語，見《宋元學案下》卷六十八〈北溪學案〉（北京：中國書店，1990

　　張栻雖然在朱張會講的過程中削弱了性本論的學術特色，但是湖湘學派
務實的特質卻是完全在張栻的手中發揚光大。胡安國以史學呈現經世良方，
胡宏則以良心苗裔的日日存養講實學力行，雖然向趨不同，但主張實務實行
的意見並無二致。而張栻在講學上延續胡宏「天理人欲，同行而異情」的主
張，最重義利之辨，並且將之延伸到政治主張上，因此與其父張浚都是反對
議和、力主抗金的節臣，為了貫徹他對義利之辨的堅持，他甚至著有《經世
紀年》一書，「黜魏帝蜀」，〔註88〕強調忠臣大義，〔註89〕所以弟子也深受其
影響，留心世務。這一點，全祖望在編列學案時也注意到了：

> 南軒弟子，多留心經濟之學，其最顯者為吳畏齋、游默齋，而克齋
> 亦其流亞云。〔註90〕

透過胡安國父子及張栻的教育紮根，這種對經濟實務講求的精神並未隨著湖
湘學派的崩解而消失，反而逐漸內化成了湘地的內在特質。

四、小　結

　　由上我們可以察知，南學與理學事實上有其血脈相連的關係，在南學過
渡為理學後，一直籠罩在南學領域中的湖湘學術，自然也成為理學的流布範
圍，這千年來的義理傳播，乃使湘儒對理學浸染至深，而成為湘學的基本特
質。而湖湘學派對理學思想的紮根及經世特質的內化，使得湖湘學派雖是在
南宋驚鴻一瞥的學派，後學也未能堅持師門而與朱陸抗衡，但是其學術特質
卻一直在湘鄉形為伏流，終於成就湘學獨樹一格的學術標幟，在近代學術史

年12月），頁269。。

〔註88〕原書今已不見，體例則見於《四庫全書總目提要》〈史部卷五十〉，〈黃震《古
　　　　今紀要》提要〉的記載：「是書撮舉諸史，括其綱要，上自三皇，下迄哲宗元
　　　　符。每載一帝之事，則以一帝之臣附之，其僭竊割據，亦隨時附見。詞約事
　　　　該，頗有條貫。非曾先之《十八史略》之類粗具梗概，傷於　陋者比。所敘
　　　　前代諸臣，各分品目。惟北宋諸臣事較歷代稍詳，而無忠、佞標題，蓋不敢
　　　　論定之意也。朱子作《通鑑綱目》，始遵習鑿齒《漢晉春秋》之例，黜魏帝蜀。
　　　　同時張栻作《經世紀年》、蕭常作《續後漢書》，持論並同。震傳朱子之學，
　　　　故是書亦用《綱目》之例。」

〔註89〕以魏或以蜀為正統，實有其時空的背景。張栻身居南宋，自以蜀為正統；《三
　　　　國志》作者陳壽是晉人，故而以魏為正統。所以說張栻的「黜魏帝蜀」，旨在
　　　　強調忠臣大義。

〔註90〕全祖望案語，見《宋元學案下》卷七十一〈嶽麓學案〉（北京：中國書店，1990
　　　　年12月），頁339。。

的演進上產生關鍵性的影響。

第三節　湘學的基本特質

　　湖湘學派在張栻死後便面臨了崩解的命運，此後歷經六百年，湘地都不曾再有較著名的學問家出現。這六百年間，由朱陸所領銜的形上義理獲致大量的討論與發展。這是一場學術界針鋒相對、矛盾互擊的精彩盛會，各省各派、特別是長江流域以南原本就隸屬南學流布範圍的地區無不與會。然而蘊育出理學開山始祖周敦頤、南渡後開創理學第一支在地化學派——湖湘學派的湘地竟然缺席了！一直到清初才有主張「惟器論」的王夫之出現，與南學的黃宗羲、北學的顧炎武鼎足而三，並且遲至清中晚期，在曾國藩等湘派大臣的推崇下，湘學才發揮他學術上的影響。這當中的癥結頗堪玩味，筆者以為，這與湘地學風的基本特質有關。

一、偏重形下的義理學風

　　湘學位於南學的流布區塊內，因此自然也深受義理風氣的影響，論學有特重義理的現象，然而從周敦頤《太極圖說》與《通書》為儒家倫理成就尋求一形上根源以求天地合德，胡安國以史學抒發康濟時艱的良方，胡宏以性本論主張學問之道以明理修身為要，到張栻主張居敬窮理以極義利之辨的學說，共通特色卻是在安頓儒家人倫日用在宇宙向度中的方位。他們並非不言天道，但是更重儒家倫理精神的發闡，也因此，湘學的義理思考一直都偏向形下致用的方向，而在六百年的形上義理論戰中缺席。

（一）湘學緣用求體的學風

　　事實上，胡瑗的蘇湖教法已率先導入這種形下義理的論學風尚：

　　　滕宗諒知湖州，聘為教授。先生倡明正學，以身先之。雖盛暑，必
　　　公服坐堂上，嚴師弟子之禮。視諸生如子弟，諸生亦愛敬如父兄。
　　　其教人之法，科條纖悉具備。立「經義」、「治事」二齋：經義則選
　　　擇其心性疏通、有器局、可任大事者，使之講明《六經》。治事則一
　　　人各治一事，又兼攝一事，如治民以安其生，講武以禦其寇，堰水
　　　以利田，算曆以明數是也。凡教授二十餘年。慶曆中，天子詔下蘇、

湖，取其法，著爲令于太學。〔註91〕

以「經義」、「治事」並重，正可見胡瑗爲學注重明體達用的全人之學，與一向只著重性道天理的後儒不同，而在湖湘一帶教授二十餘年，其流風遺澤對致用學風的澆漑更是久而彌新，因而黃宗羲在較論孫復、胡瑗二位同學時，便指胡瑗的學術似乎更爲醇正，更將胡瑗置於《宋元學案》之首：

> 宋世學術之盛，安定、泰山爲之先河，程朱二先生皆以爲然。安定
> 沈潛、泰山高明，安定篤實、泰山剛健，各得其性稟之所近，要其
> 力肩斯道之傳，則一也。安定似較泰山爲更醇。〔註92〕

黃宗羲對胡瑗可說是推崇備至。不僅是在後儒心中，在時人眼中，胡瑗的地位都是無可動搖的。宋神宗曾問胡瑗高弟劉彝，胡瑗與王安石孰優，劉彝也對以「非安石比也」，並藉說明胡瑗於蘇湖授課時的重心以茲爲證：

> 臣聞聖人之道，有體有用有文。君臣父子仁義禮樂，歷世不可變者，
> 其體也；詩書史傳子集，垂法後世者，其文也；舉而措之天下，能
> 潤澤斯民、歸於皇極者，其用也。國家累朝取士，不以體用爲本，
> 而尚聲律浮華之詞，是以風俗偷薄。臣師當寶元明道之間，尤病其
> 失，遂以明體達用之學授諸生，夙夜勤瘁二十餘年，專切學校，始
> 於蘇湖，終於太學，出其門者無慮數千人，故今學者明夫聖人體用，
> 以爲政教之本，皆臣師之功，非安石比也。〔註93〕

由劉彝的口中敘述胡瑗的教法，旨在使學者知聖人體用爲政教之本，可見他的「治事齋」非是不談學問，只是側重時務的發揮。朱子說胡瑗「於義理不分明，然是甚氣象」，〔註94〕就是指他的學問對後學影響的深遠而言。胡瑗的學問雖不傳，但治學風格卻藉由教育而深入湖湘學域，故而我們看南宋胡安國教人爲要學「以立志爲先，以忠信爲本，以致知爲窮理之門，以主敬爲持養之道。」，〔註95〕胡宏之教育也主張「聖人之道，得其體，必得其用。有體而無用，與異端何辨！井田、封建、學校、軍制，皆聖人竭心思致用之

〔註91〕見《宋元學案》卷一〈安定學案〉（北京：中國書店，1990 年 12 月），頁 27
　　　～28。
〔註92〕全祖望案語，同前註。
〔註93〕同註218。
〔註94〕見《朱子語類》卷一百二十九〈自國初至熙寧人物〉（臺北：漢京文化事業，
　　　1980 年 7 月），頁 1236。
〔註95〕見《宋元學案》卷三十四〈武夷學案〉（北京：中國書店，1990 年 12 月），頁
　　　554。

大者也。」，〔註 96〕繼起的張栻一樣也教人體用之端只在人倫日用上：「學之
用極天地，而其端不遠乎視聽食之間，識其端，則大體可求；明其體，則妙
用可充。」，〔註 97〕爲學的目的雖同在明道，但道體的求索卻只於人倫日用
尋繹，而道體的致用更可向經濟俗務間揮灑，這種將聖道之體用一貫發揮，
而不強分以本末先後的次第的學風，已經明顯可見湖湘學術雖然爲理學的支
派，卻迥異於理本論、心本論向形上求索的路徑，而是落實在以形下之器的
用、緣用求體、探索形下義理的層次上了，是以在六百年形上思辨的歷史中，
湘學因自身的學術向趨不同而無緣與會，要直到明末學術風氣一變，湘學才
終能得致充份孕育的空間。

（二）湘學形下義理入清的發展

　　明末的學術風氣轉變，以考據實學代宋明理學，這個轉換的原因，歷來
學者的解釋大抵可分爲三類，即「理學反動說」〔註 98〕、「社會經濟變遷說」
〔註 99〕及「內在理路說」，〔註 100〕其中內在理路說指出學術的內部本就存有
逼出清學的動因，此一說法已大抵爲人接受，然逼出的動因爲何，則學界屢
屢有修正意見出現：

　　　　長期以來，學術發展一直都專注、偏頗在個人道德心性之學術範疇、
　　　　形上思辨之學術型態一方面時，則另外一部份未被充份開發的領
　　　　域，例如以社會大眾爲關懷重點的社會哲學範疇、或是講尚證據的

〔註 96〕見《宋元學案》卷四十二〈五峰學案〉（北京：中國書店，1990 年 12 月），頁
　　　　652。
〔註 97〕見張栻：〈與劉共甫〉，收於《宋元學案》卷五十〈南軒學案〉（北京：中國書
　　　　店，1990 年 12 月），頁 769。
〔註 98〕此說以梁啓超先生爲代表：「清代思潮果何物邪？簡單言之，則對於宋明理學
　　　　之一大反動。」（梁啓超：《清代學術概論》，頁 6）
〔註 99〕此說如侯外盧先生以爲，市民階層的崛起，使得明清之際啓蒙學者的思想「別
　　　　開生面」，「表現出對資本主義世界的絕對要求。」（侯外盧：《中國早期啓蒙
　　　　思想史·第一章》，頁 ）；也有以爲異族統治及高壓箝制才是使學術風氣迥異
　　　　的主要因素，如章太炎：「家有智慧，大湊於說經，亦以紓死。」（章太炎：《訄
　　　　書》〈清儒〉，頁 22。）
〔註 100〕此說如錢穆先生指出：「言漢學淵源者必溯諸晚明諸遺老。」（錢穆：《中國
　　　　近三百年學術史》，頁 1），其門生余英時先生對此則有更進一步的闡述：「我
　　　　稱之爲內在的理路（inner logic），也就是每一個特定的思想傳統本身都有
　　　　一套問題，需要不斷的解決……從宋明理學到清代經學這一階段的儒學發
　　　　展史也正可以這樣來處理。」（余英時：《歷史與思想》，頁 124～125）

實證主義等，就在適當的時機……歷史條件都成熟了的時候，出來
領導解決當時所已經無法解決的時代課題；並進而取代先前學術在
學界中的領導地位，而成爲新學術典範，領一代學術之風騷。〔註101〕

上述是張麗珠先生對於宋明「道德形上學」何以在清代轉換爲「經驗義理學」
所提出的解釋，算來是內在理路說的修正意見之一。這個解釋其實不無「想
當然爾」的成份，〔註102〕不過認爲學問的興味由「形而上之道」轉向「形而
下之器」的這個描述，卻恰恰呼應了一直以求索「形下義理」、講求「明體致
用」的湘學何以在明末終於走出一個王夫之的現象：

> 王夫之，字而農。……究心宋儒性命之學，尤喜橫渠張子書以禮爲
> 教。……學者稱船山先生，年七十四卒。有明諸儒皆以詞章性理迭
> 起迭勝，於經學多空疏，夫之天性高明，其學無所不通，而大恉以
> 關閩爲宗。著書四百餘卷，總八百餘萬言，論者以爲發千古之晦昧，
> 湔文士之黯陋。自康熙以來，名儒代興，易、詩、三禮、爾雅、小
> 學，皆求古訓，斥空言。而夫之皆先有以發之。其生與顧炎武、黃
> 宗羲、閻若璩等同時，不相聞而識解多符合云。少子敔，字虎止，
> 承家學，爲名諸生。提學潘宗洛深重之。敔出其父書，宗洛爲之序，
> 且上於朝，乾隆中采入四庫，列夫之儒林傳。〔註103〕

> 夫之論學，以漢儒爲門戶，以宋五子爲堂奧。其所作《大學衍》、《中
> 庸衍》，皆力闢致良知之說，以羽翼朱子。於張子《正蒙》一書，尤
> 有神契，……乃究觀天人之故，推本陰陽法象之原，就《正蒙》精
> 釋而暢衍之……至其扶樹道教，辨上蔡、象山、姚江之誤，或疑其
> 言稍過，然議論精嚴，粹然皆軌於正也。……同治二年，曾國荃刻
> 於江南，海內學者始得見其全書焉。〔註104〕

王夫之在這波實學研究的風潮中與顧炎武、黃宗羲被並列爲清初三先生，以今
日看來，他也是三先生中對理論的建構上最爲縝密的一人，錢穆便讚美他是「理
趣甚深，持論甚卓，不徒近三百年所未有，即列之宋明諸儒，其博大閎括、幽

〔註101〕張麗珠：《清代義理學新貌・緒論》（臺北：里仁書局，2000 年），頁 36。
〔註102〕認爲形上思想的充份發揮，會使形下思想因長期冷落而終獲重視，這個看法
　　　　是想當然爾的推論；其次在朱陸間仍未出現一集大成平息紛爭的人物下，形
　　　　上思想是否已完成發展也是問題。
〔註103〕見《湖南通志》卷一百八十三〈人物志二十四〉。
〔註104〕見《清史稿》卷四百八十〈王夫之傳〉。

微精警，蓋無多讓。」。〔註105〕王夫之主張「惟器論」，認爲：「天下惟器而已矣」、「無其器則無其道」，因此他主張：「古之聖人能治器而不能治道」〔註106〕、「善言道者由用以得體，不善言道者，妄立一體而消用以從之」，〔註107〕此一見地與胡宏的「聖人之道，得其體，必得其用。」、張栻的「識其端，則大體可求；明其體，則妙用可充。」如出一轍，而「天理人欲，同行異情」的說法，更是承繼自胡宏、張栻以降的慣然主張，〔註108〕可見王夫之理論所體現緣用求體的實有精神，實爲湘學特色的流風遺韻。大約同時，清學開山祖師的顧炎武也指出：「非器則道無所寓」，〔註109〕黃宗羲同樣也說：「器在斯道在，離器而道不可見」，〔註110〕都有自虛返實，緣求形下致用之道的主張，當時學風如此，王夫之因恭逢此盛，雖於當時聲光闇晦，但日後爲清儒所重，也自是必然。

然而王夫之之後又一百年，湘地講求「形下義理」的風氣卻未能藉此學潮大張己說，未能再出現第二位王夫之。究其原因，或說是湘地學風不振、或說是學術重心因建都北京而北移，或是王夫之學行湘人無以接聞之故，然這都不足以解釋百年來學術的空白。實則眞正的原因，就在於湘地的學術趨向畢竟仍以義理爲中心，是以在整個清學仍停留在以考據方法進行實驗、尚未觸及文本義理的梳理時，湘學仍是無以著力的。必得待由戴震起始、江藩繼之的漢學，與由方東樹、翁方綱起身抗衡的宋學，引發出新一波的義理論戰之後，湘學才能以唐鑒爲首，標舉宋學加入這一場學術論爭；更必待曾國藩挾中興名臣的威望、標舉王夫之的學術，投入這場漢宋爭論中，湘學才能再次以它的本來面目出現，並且因其固有特質的侷限，而在清末的亂局中將中國傳統儒學的進程提前畫下了一道休止符。

二、門庭開闊的學術形態

湘學在六百年中的義理論戰中缺席的一個理由，固是因形上義理與湘學

〔註105〕見錢穆：《中國近三百年學術史》上冊〈第三章王夫之〉（臺北：臺灣商務印書館，1990年10月），頁96。
〔註106〕王夫之：《周易外傳》卷五〈繫辭上傳〉。
〔註107〕王夫之：《周易外》卷二〈大有〉。
〔註108〕「天理人欲，同行異情」此語同見於胡宏的《知言》、張栻的〈嶽麓書院記〉，及王夫之的《周易外傳》〈屯〉。
〔註109〕顧炎武：《日知錄》〈形而下者謂之器條〉。
〔註110〕黃宗羲：〈先師蕺山文集序〉。

本身重視形下致用的趨向不合，但另一個原因，則是肇因於湘學本身的雜糅形態。

（一）湖湘學派的廣博精神

學術史上，湘地向來是騷人墨客的吟哦嗟嘆的靈感泉源，一直以來都有詩賦文章的傳統；在儒學史上，則因偏離政治核心而導致學風不盛，故迄唐仍被視爲化外之地。這個現象在五代以後有了轉變。偏安南國的五代雖然力不從心，但仍相當重視儒家教化，故而儒學隨著政權的南移也灌入了湘地；入宋後胡瑗被聘爲蘇湖兩地的教授，實施以「經義」「治事」兩科分別授學的「蘇湖教法」；胡宏在湘地衡山間授學二十餘年，使湘鄉的學術風氣一時大盛，別立爲一門「湖湘學派」，並有張栻將湖湘學派發揚光大，而與朱學並行爲一時的顯學。

湘地本是南學流布的區塊，是以南學「經子不分」〔註111〕的情形，本會就對湘地的學術特質產生影響。如周敦頤《太極圖說》的援道入儒便是一個顯例；胡安國以《春秋傳》結合經史以致用，企圖呈現一「康濟時艱」的良方，這更是將經學、史學、事功學雜糅一體的例證；胡宏的《知言》所呈現的「性本論」則是揉入了周敦頤、二程、甚至張載的學說，是以時人每每把《知言》與《正蒙》進行比較；〔註112〕張栻在朱張會講中，思想由純粹的「性本論」轉而向朱熹的「理本論」靠攏，黃宗羲稱美他學術比胡宏更「純粹」，就是指他在融合了朱熹思想後，學問更近於宋明理學的心性傳統而言。〔註113〕湖湘鉅子的思想幾

〔註111〕收於方東美：《新儒家哲學十八講》（臺北：黎明文化事業，1989 年 4 月三版），頁 49。

〔註112〕《朱子語類》卷第一百一〈胡康侯〉中便指：「《正蒙》規摹大，《知言》小。」（臺北：漢京文化事業，1980 年 7 月），頁 1025。又據全祖望記載：「其所作《知言》，東萊（呂祖謙）以爲過于《正蒙》，卒開湖湘之學統。」（全祖望案語，收於《宋元學案》卷四十二〈五峰學案〉（北京：中國書店，1990 年 12月），頁 645）。

〔註113〕黃宗羲案語，見《宋元學案》卷五十〈南軒學案〉：「南軒之學，得之五峰，論其所造大要，比五峰更純粹，蓋由其見處高，踐履又實也。朱子生平相與切磋得力者，東萊象山南軒數人而已，東萊則言其雜，象山則言其禪，惟於南軒，爲所佩服，一則曰敬夫見識卓然不可及，從遊之久，反復開益爲多，一則曰敬夫學問愈高，所見卓然，議論出人表，近讀其語，不覺胸中灑然，誠可嘆服，然南軒非與朱子反復辯難，亦焉取斯哉！第南軒早知持養是本，省察所以成其持養，故力省而功倍，朱子缺卻平日一段涵養工夫，至晚年而後悟也。」（北京：中國書店，1990 年 12 月），頁 774。

乎莫不由集會眾說而成，於是本來就有雜糅學風的湘地，在博雜的思想系統中反而漸漬地模糊了焦點，呈現兼賅眾說而無法自成體系的現象。

　　朱張會講是使湖湘學派崩解的原因之一，張栻在兩個月的會講過程中如海綿般虛心接納朱熹的意見，已使湖湘學派的根基出現動搖；不久張栻因官職調動離開嶽麓，期間雖一度重掌嶽麓，然為時甚短，最終他是在宦海浮沈中結束了他四十八年〔註114〕的人生。也因此，張栻的學問一直尚未完成體系。今天我們所看到的有關張栻的學問，其實是經朱熹揀選收錄的，裡面所呈現的思想往往與朱熹的主張暗合。張栻生前自己的學問便有雜糅的現象，死後的文本又充滿朱熹的影子，湖湘學派的崩解，實是可以預見。

（二）書院教育的駁雜特質

　　書院教育的興起，與官學的衰落不無關聯：

> 書院之設，非古亦非禮也。……但在上者既不重學，則在下者不得
> 已而私創一格，以存其微意，其為志亦苦矣。〔註115〕

可見書院的興盛，實是濟官學不及之處，因此當張栻主掌嶽麓時，便不認為書院如同官辦教育，只有教舉業的功能，而是要「成就人材，以傳道而濟斯民也」，〔註116〕同時更發想將書院引申為學術論壇的空間，是以訂有會講制度。〔註117〕孝宗乾道三年（西元1167年）這場朱陸會講恰恰完全實踐了張栻的構想，也使嶽麓書院地位自此截然不同，歷代書院山長在提及此段會講時仍深深以此段歷史而自豪：

> 又百餘年而有廣漢張子家于潭，新安朱子官於潭。當張栻無恙時，
> 朱子自閩來潭，留止兩月，相與講論，聞千古之祕，聚遊嶽麓，同
> 躋岳頂而後去，自此之後，嶽麓之為書院，非前之嶽麓矣，地以人
> 而重也。〔註118〕

〔註114〕張栻生於南宋高宗紹興三年（西元1133年），卒於孝宗淳熙七年（西元1180年）。

〔註115〕陸世儀：《思辨錄輯要・卷二十》收於《桴亭先生遺書》。

〔註116〕張栻：〈嶽麓書院記〉：「侯之為是舉也，豈特使子群居族談，但為決科利祿計乎？亦豈使子習為言語文辭之工而已乎？蓋欲成就人材，以傳道而濟斯民也。……其傳果何歟？曰仁也。仁，人心也，率性立命，知天地而宰萬物者也。」，收錄於《湖南通志》卷六十八〈書院志一〉。

〔註117〕張栻：〈嶽麓書院記〉：「既成，某從多士往觀焉，愛其山川之勝，棟宇之安，以為會友講習，莫此地宜也。」，收錄於《湖南通志》卷六十八〈書院志一〉。

〔註118〕吳澄：〈重修嶽麓書院記〉，收錄於《湖南通志》卷六十八〈書院志一〉。

也因爲朱張會講、及朱熹入主嶽麓的影響，嶽麓的講師、山長不論官銜高低，都是學界德高望重的學者，也莫不以能主教嶽麓爲榮。

所謂「新安朱子官於潭」指的是光宗紹熙五年（西元 1194 年）朱熹得知潭州一事，舊地重遊使建立閩學的朱熹卻二度與嶽麓書院的歷史有了密不可分的關係：

> 朱熹與嶽麓書院的歷史聯繫主要由兩件事形成。其一是被歷史上傳爲佳話的朱熹、張栻嶽麓會講；其二是朱熹知潭州時興學嶽麓和更建書院。……前者開啓了理學中閩學與湖湘學的交融匯合。……後者……直接推了嶽麓書院以后千年的歷史發展。〔註119〕

前此在孝宗淳熙六年（西元 1179 年）時，朱熹任南康軍知軍，曾在江西重修白鹿洞書院，制訂學規，升壇講學；淳熙八年（西元 1181 年）又邀陸九淵到院開講，一度使白鹿洞書院的辦學規制達到鼎盛。此次再回湖南，便立刻以白鹿洞書院辦學的規模，重新在嶽麓書院興學，授以經義禮制，以期延續湘地的教育風氣，並且將〈白鹿洞學規〉重新更名爲〈朱子書院教條〉，授予嶽麓諸生：

> 父子有親，君臣有義，夫婦有別，長幼有序，朋友有信。
>
> （右五教之目。堯、舜使契爲司徒，敬敷五教即此是也，學者學此而已。而其所以學之之序，亦有五焉，其別如左：）
>
> 博學之，審問之，愼思之，明辨之，篤行之。
>
> （右爲學之序。學問思辨四者，所以窮理也；若夫篤行之事，則自修身以至于處事接物，亦各有要，其別如左：）
>
> 言忠信，行篤敬，懲忿窒慾，遷善改過。右修身之要。正其義不謀其利，明其道不計其功。（右處事之要。）
>
> 已所不欲，勿施於人。行有不得，反求諸己。（右接物之要。）
>
> 熹竊觀古昔聖賢所以教人爲學之意，莫非使之講明義理，以修其身，然後推以及人，非徒欲其務記覽爲詞章以鈎聲名取利祿而已也。今人之爲學者，既反是矣。然聖賢所以教人之法，具存於經，有志之士固當熟讀深思而問辨之。苟知其理之當然，而責其身以必然，則夫規矩禁防之具，豈待他人設之而後有所持循哉。近世於學有規，

〔註119〕朱漢民主編：《千年講壇──嶽麓書院歷代大師講學錄》（長沙：湖南大學出版社，2003 年 4 月），頁 3。

其待學者爲已淺矣。而其爲法，又未必古人之意也。故今不復以施
於此堂，而特取凡聖賢所以教人爲學之大端，條列如右，而揭之楣
間。諸君其相與講明遵守，而責之於身焉，則夫思慮云爲之際其所
以戒謹而恐懼者必有嚴於彼者矣。其有不然，而或出於此言之所棄，
則彼所謂規者，必將取之，固不得而暑也。諸君其亦念之哉。〔註120〕

這是份前古未發的學規，內容只有窮理處世接物的修身原則，與張栻不爲舉
業的主張可說是前後輝映，於是本來學風衰頹的嶽麓書院因此又重現張栻講
學時的耀眼光芒，朱熹成了嶽麓最著名的講師，並且藉由〈朱子書院教條〉
的頒布，使朱學也融入湖湘文化的氣象中，直到清中晚期，仍有唐鑒在漢宋
爭隙之際，挺身抗拒漢學，而以朱學復興爲己任。

　　朱熹重修嶽麓書院的意義更在於，藉由朱熹盛名使湖湘學子紛紛前來嶽
麓就學，如：王夫之、陶澍、魏源、曾國藩、左宗棠、曾國荃、郭嵩燾、胡
林翼、甚至蔡鍔、黃興等清代學者名流都曾在此就讀；而且更因朱熹盛名，
嶽麓也延聘過不少名儒登壇，加上歷來流官貶放的制度，使得官場失志的學
者，大多先後都來過嶽麓授學，正如楊念群所指出的：

　　書院的私門講學課士，常突出兩點功能：它一方面爲「教化之儒」
　　話語的傳播提供體制外的流通渠道；另一方面則爲處於邊緣狀態的
　　非體制內知識群體構成組織化的活動空間。〔註121〕

盛行至清猶未衰竭的書院講學風氣，和儒者往往困蹇於仕途、被貶到遠離政
治核心的湘地的流官制度，使不分門派的學者都有機會入主嶽麓。至宋迄清，
不論是理學流裔眞德秀、魏了翁、吳澄，心學宗主王守仁，文學家車萬育，
著作等身的李文炤、歐陽厚均，經學家羅典，樸學大師王文清、王先謙、皮
錫瑞，甚至連譚嗣同、梁啓超、熊希齡都曾在此從事教育學術活動。不僅是
嶽麓，雍正年間對書院的解禁政策，〔註123〕更使得書院講堂等私人機構如雨

〔註120〕朱熹：〈朱子書院教條〉，轉引自朱漢民主編：《千年講壇——嶽麓書院歷代
　　　　大師講學錄》（長沙：湖南大學出版社，2003年4月），頁8。
〔註121〕楊念群：《儒學地域化的近代形態——三大知識群體動的比較研究》（北京：
　　　　生活、讀書、新知三聯書店，1997年6月），頁80。
〔註123〕所謂雍正十一年的新政策是指雍正在此年下詔令各省省會均須設立書院：「近
　　　　見各省大吏漸知崇尚實學政……則建立書院，擇其省文行兼優之士讀書其
　　　　中……亦興賢育才之一道也。督撫駐紮之所，爲省會之地，著該督撫商酌舉
　　　　行，各賜帑金一千兩，將來士子讀書，預爲籌畫，資其膏火，以垂久遠；其
　　　　不足者在於存公銀內支用。」這項興人材、立書院的計劃，王先明：《近代

後春筍般紛紛出現。因此各種學派、各種學說在不同的時代都有機會左右著湘人的教育，這就造就了湘學門庭廣大的另一個「駁雜」的特質。

南學本有兼賅各家的義理傳統，而經過書院教育各方講學競逐的結果，湘地的學術更多元化了。時閩地因朱熹弟子的帶動篤守朱學，江浙以西則因陸門的提倡而成為心學的領域，迄明更有王守仁的遙嗣絕學；浙東則在葉適、陳亮、呂祖謙的帶領下，形成獨異於朱陸的事功思想，專注在史學的研究與經世上。各地在大師學統植根的情況下，學術走向已趨於安定。只有湘鄉因門庭寬闊，延續南學及湖湘學派兼容並包的精神，是以雖然學風鼎盛，卻一直沒有個專門學的大儒出現，直到朱陸異同的嫌隙在學術史上轉折為漢宋相爭的問題後，擅長於兼容並蓄的湘地終於走出了一位王夫之，在調和朱陸的哲學體系上進行了卓絕的貢獻。此後直至清末民初，門庭興旺，代有聞人。

三、特重禮學的時務傳統

前言已及，湘學緣用求體的主張，使湘學特重形下義理，企圖安頓儒家人倫日用在宇宙向度中的方位，此一在人倫日用間尋求聖道大本的思想，自胡瑗提倡「蘇湖教法」時便已被珍而重之地提挈了出來：「聖人之道，有體有用有文。君臣父子仁義禮樂，歷世不可變者，其體也；詩書史傳子集，垂法後世者，其文也；舉而措之天下，能潤澤斯民、歸於皇極者，其用也。……明夫聖人體用，以為政教之本」。〔註124〕爾後胡瑗的學問雖不傳，其治學風格卻藉由教育而深入湖湘學域。湖湘學派教人在為學時便要懂得緣人倫日常之「用」以求聖道之「體」：「學之用極天地，而其端不遠乎視聽食之間，識其端，則大體可求；明其體，則妙用可充。」；〔註125〕明乎聖人道體的目的則又

新學——中國傳統學術文化的嬗變與重構》書中指出其影響性在於：「清代書院建設進入了一個新的階段：其一，書院在幾百年發展中，至此正式取得了完全合法的地位。……其二，清代書院發展較快，全國有大小書院數千個……其三，清代書院……大多數是由民間集資自主創辦。」（北京：商務印書館，2000年3月1版），頁170～171。）並且書院因設立過多，更出現良莠不齊的狀況，曾國藩在家書中對兒子曾紀鴻的求學便認為：「吾鄉難尋明師，長沙書院亦多游戲徵逐之習，吾不放心。」（曾國藩：〈家訓·同治五年正月廿四日〉，（臺北：東方書店，1963年12月），頁183）。

〔註124〕見《宋元學案》卷一〈安定學案〉（北京：中國書店，1990年12月），頁27。
〔註125〕張栻：〈與劉共甫〉，見《宋元學案》卷五十〈南軒學案〉（北京：中國書店，1990年12月），頁769。

回饋到人倫典制之用上：「聖人之道，得其體，必得其用。有體而無用，與異端何辨！井田、封建、學校、軍制，皆聖人竭心思致用之大者也。」〔註126〕因果循環，即用即體，藉由教育逐漸將此說向下紮根的結果，明末王夫之之以「日生則日成也」〔註127〕言性，主張「命日新而性富有也」，〔註128〕實則為湘學緣用求體、明體致用必然逼出的主張。

　　湘學所求之體，是「君臣父子仁義禮樂，歷世不可變者」，所致之用則以「井田、封建、學校、軍制」為其大者，可見明體致用之幾，一皆存於禮學的範圍內，是以湘學的第三特徵，則特在重禮的學術風氣上。

（一）湖湘學派的實效禮學

　　為湖湘開啓教育風潮的胡瑗，其學問雖不傳，然而宋神宗親為胡瑗的畫像題贊時，卻曾深深感念胡瑗為之「議禮定樂」的輔佐之功：

> 先生之道，得孔、孟之宗；先生之教，行蘇、湖之中。師任而尊，如泰山屹峙于諸峰；法嚴而信，如四時迭運于無窮。辟居太學，動四方欣慕，不遠千里而翕從；召入天章，輔先帝日侍，啓沃萬言而納忠。經義治事，以適士用；議禮定樂，以迪朕躬。敦尚本實，還隆古之諄風；倡明正道，開來學之顓蒙。載瞻載仰，誰不思公；誠斯文之模範，為后世之欽崇！〔註129〕

可見胡瑗的禮學造詣，是深獲朝廷肯定的，是以胡瑗雖長居民間講學，但動靜莫不合禮，《宋元學案》嘗記載他進宮謁見宋帝一事：

> 先生嘗召對，例須就閤門習儀。先生曰：「吾平生所讀書，即事君之禮也，何以習為！」閤門奏上，人皆謂山野之人必失儀。及登對，乃大稱旨。上謂左右曰：「胡瑗進退周旋，皆合古禮。」〔註130〕

「平生所讀書，即事君之禮」，正顯現胡瑗的治學是以禮為中心，而他的高弟劉彝亦著有《古禮經傳續通解》一書，可見「蘇湖教法」雖以「經義」、「治事」分兩齋，然貫串兩齋共通的教學內蘊，則在學「禮」一事。禮學在經過蘇湖教法二十多年的澆漑後，儼然在湖湘一帶紮根了下來，而成為當地的學

〔註126〕見《宋元學案》卷四十二〈五峰學案〉（北京：中國書店，1990 年 12 月），頁 652。
〔註127〕見王夫之：《尚書引義》卷三〈太甲二〉。
〔註128〕見王夫之：《思問錄・內篇》
〔註129〕《宋元學案》卷一〈安定學案〉（北京：中國書店，1990 年 12 月），頁 29。
〔註130〕《宋元學案》卷一〈安定學案〉（北京：中國書店，1990 年 12 月），頁 29。

術重心。

　　湖湘學派繼起，治學仍特重於禮。胡安國《春秋傳》「多拈出《禮》『天下為公』意思」，認為《春秋》為書是「有意于『天下為公』之世」，〔註131〕頗有融合《春秋》、《禮記》，雜糅《禮記》之禮義以治《春秋》史學的用意；胡宏雖然較重視義理層面的發抒而一生未曾為官，但對政制卻自有一套系統，而且明顯存在恢復古禮制的主張，如他認為要完成「聖人之政」，就要解決土地的問題，因此他主張回復井田制：

　　　　仁心，立政之本也；均田，為政之先也。田里不均，雖有仁心而民

　　　　不被其澤矣。井田者，聖人均田之要法也。〔註132〕

同時他反對將君權集中於一家一姓之手，因此主張要行封建：

　　　　分天下有德有功者以地，而不敢以天下自私。〔註133〕

雖然有過度美化古制的嫌疑，但仍可見出其於禮制涉獵之精深；而張栻在與弟子答問之時，也曾透露過胡宏對禮之重視：

　　　　問：「人者，天地之心，經以禮論，而五峰以論仁者，自其體言之為

　　　　禮，自其用言之為仁。」

　　　　曰：「仁其體也，以其有節而不可過，故謂之禮，禮運：『人者，天

　　　　地之心』之言，其論禮，本仁而言之也。」〔註134〕

「仁以用言」是朱熹《知言疑義》八疑之一，胡宏因以已發言心，故仁為其用，禮為其體；張栻採納朱熹的說法，於是修正以仁為體，「有節而不可過」才為禮。張栻雖對胡宏的說法多所修正，但對禮之重視則並無二致。

　　張栻入主嶽麓之際亦教學者於人倫日用之學中體道：

　　　　仁，人心也，率性立命，知天地而宰萬物者也。今夫目視而耳聽，口

　　　　言而足行，以至於飲食起居之際，謂道而有外夫是焉，可乎？〔註135〕

主張體道要在言行禮動中求得，日後更兼納了朱熹的說法，而將禮上推至天理：

〔註131〕《宋元學案》卷三十四〈武夷學案〉（北京：中國書店，1990 年 12 月），頁
　　　　558。
〔註132〕胡宏：《知言》〈文王〉。
〔註133〕胡宏：《知言》〈中原〉。
〔註134〕張栻：〈南軒答問〉，《宋元學案》卷五十〈南軒學案〉見《宋元學案》卷四十
　　　　二〈五峰學案〉（北京：中國書店，1990 年 12 月），頁 767。。
〔註135〕張栻：〈嶽麓書院記〉，收錄於《湖南通志》卷六十八〈書院志一〉。

「克己復禮」之說，所謂禮者，天之理也，以其有序而不可過，故
謂之禮。凡非天理，皆己私也。己私克則天理存，仁其在是矣。然
克己有道，要當審察其私，事事克之。〔註136〕

如此一來，張栻便在湖湘學派以人倫日用即道即體的觀念、將禮視爲體道的
範疇後，又導入了朱熹以天理言禮的形上本體觀念。

（二）朱熹對禮學的重視

從張栻受朱熹影響修正胡宏的說法，便可窺見朱熹是主張禮實爲天理，
故而《朱子語類》也每每指出：

「仁」字須兼禮智看，方看得出。仁者，仁之本體；禮者，仁之節
文；義者，仁之斷制；知者，仁之分別。〔註137〕

禮者，仁之發；智者，義之藏。〔註138〕

「禮者，仁之節文」，便是張栻所指的「有序而不可過」。張栻受朱熹影響而
修正師說的痕跡雖然非常明顯。但朱熹本人實也深受到湖湘學派的影響。他
在《朱子語類》中曾向學生說明朱張會講時他所獲致的成果：

舊在湖南理會〈乾〉〈坤〉，〈乾〉是先知，〈坤〉是踐履，上是「知
至」，下是「終之」。〔註139〕

這便是指他悟得了踐履功夫的重要性，是以劉師培論朱熹學問的進程便指出：

考亭早年泛濫於佛老之學，及從延平問道，講明性情之德皆由發端
處施功，乃漸悟佛老之非……及從南軒於湘南，而治學之方始易以
察識爲先、以涵養爲後，由蹈虛之學加以徵實之功。〔註140〕

可見朱熹雖是理本論，但就實踐工夫上卻不能只談空理，終究不得不受到湖
湘學派致用踐履風氣的影響。

朱熹於朱張會講之際已曾在嶽麓講學，入主嶽麓之後對湘學的影響就更
深遠了。朱熹的論學本就十分重禮，其弟子中有六十一人傳《禮》，更可見他

〔註136〕同註260。
〔註137〕《朱子語錄》卷六〈仁義禮智等名義〉（臺北：漢京文化事業，1980 年 7 月），
頁 44。
〔註138〕同前註。
〔註139〕《朱子語錄》卷一百四〈自論爲學功夫〉（臺北：漢京文化事業，1980 年 7
月），頁 1038。
〔註140〕語見劉師培：《劉申叔遺書》〈南北理學不同論〉（南京：江蘇古籍出版社，1997
年 11 月一版二刷），頁 551～552。

對禮學的重視，尤其是王安石的廢《儀禮》學官一事，使主張要融《三禮》
爲一編的朱熹非常不以爲然：

> 《禮經》要須編成門類，如冠、昏、喪、祭，及他雜碎禮數，皆須
> 分門類編出，考其異同，而訂其當否，方見得。然今精力已不逮矣，
> 姑存與後人。」趙幾道又問：「《禮》合如何修？」曰：「《禮》非全
> 書，而《禮記》尤雜。今合取《儀禮》爲正，然後取《禮記》諸書
> 之說以類相從，更取諸儒剖擊之說各附其下，庶便搜閱。」又曰：「前
> 此《三禮》同爲一經，故有《三禮》學究。王介甫廢了《儀禮》，取
> 《禮記》，某以此知其無識！」〔註141〕

然而《儀禮》這一廢學官卻不曾再復立，因此就連顧炎武都不禁爲之叫屈：

> 三代之禮其存於後世而無疵者，獨有《儀禮》一經。……自熙寧中，
> 王安石變亂舊制，始罷儀禮，不立學官，而此經遂廢，此新法之爲
> 經害者一也；南渡已後，二陸起於金谿，其說以德性爲宗，學者便
> 其簡易，群然趨之，而於制度文爲一切鄙爲末事，賴有朱子正言力
> 辯，欲修三禮之書，而卒不能勝夫空虛妙悟之學，此新說之爲經害
> 者二也；沿至於今，有坐皋比稱講師，門徒數百，自比濂洛，而終
> 身未讀此經一遍者。〔註142〕

湘地本就是湖湘學派流傳之地，明體致用的思想十分深切，復染漑朱子遺風
而特重禮學，因而湘地之研《禮》，實不同於考訂之風，而特在講求其修身致
用的實效。清朝中葉，當淩廷堪選擇以禮制的研究直通聖人制作之本心，並
藉以反駁理學主張聖人之道要求諸天理，認爲那是受了佛教遺毒的影響：

> 夫仁根於性，而視聽言動則生於情者也，聖人不求諸理而求諸禮，
> 蓋求諸理必至於師心，求諸禮始可以復性也。……又曰：「不知禮，
> 無以立也。」…後儒不察，乃舍禮而論立，縱極幽深微渺，皆釋氏
> 之學，非聖學也。〔註143〕

> 後儒置〈禮器〉不觀，而高言慎獨，則與禪家之獨坐空觀何異？……

〔註141〕《朱子語類》卷八十三〈春秋‧經〉。（臺北：漢京文化事業，1980年7月），
　　　　頁863。
〔註142〕顧炎武：〈儀禮鄭注句讀序〉，收於《新譯顧亭林文集》（臺北：三民書局，2000
　　　　年5月），頁130。
〔註143〕淩廷堪：〈復禮‧下〉，收於《校禮堂文集》卷四（北京：中華書局，1998年
　　　　2月）頁32。

後儒置〈禮器〉不問，而侈言格物，則與禪家之參悟木石何異？
〔註144〕

阮元更直接主張理不能離禮而自行：

以非禮折之，則人不能爭；以非理折之，則不能無爭矣，故理必附
於禮以行；空言理，則可彼可此之邪說起矣。〔註145〕

在這兩人的努力下，由顧炎武提倡、戴震進行初步實驗，屬於清學的特有的
方法論：「句讀 $\xrightarrow{文字}$ 識義 $\xrightarrow{訓詁}$ 通原 $\xrightarrow{釋例}$ 得道」的進程終於就此在禮學範疇中完
成，預期可將此方法論致用於群經之上，就此梳理出清代義理學的全新範疇，
重建儒學的典範。方此之時，雖有方東樹的質疑：

夫謂理附於禮而行，是也；謂但當讀禮，不當窮理，非也。理幹是
非，禮是節文，若不窮理，何以能隆禮？〔註146〕

但清代義理學的出現已是沛莫能禦。可惜造化弄人，太平天國之亂將湘學由
邊陲學術推上了舞臺，曾國藩趁勢而起，接續阮元的主張，卻轉而喊出「以
禮調和漢宋」的口號，他挾著中興名臣的權威轉化了此一議題，而清代義理
學的發展也不得不就此被迫劃下了句點。

四、小　結

湘學在歷史的演變過程中，學術浮現了三大特色：重視形下義理、主張
兼容並蓄、特重禮學實行，這三大特色在日後都成為湘學在清中晚期對中國
學術產生深遠影響的主因，也因此，下章我們將自這三大特色對湘鄉學術應
變清中晚期變局著手，以見出湘學在近代學術史上的關鍵性地位。

〔註144〕凌廷堪：〈慎獨格物說〉，收於《校禮堂文集》卷十六（北京：中華書局，1998
　　　　年2月）頁144。
〔註145〕阮元語，引自《漢學商兌》。
〔註146〕方東樹：《漢學商兌・卷中之上》，（臺北：臺灣商務印書館，1978年6月臺
　　　　一版），頁61。

第四章　清代學術對湘學的影響

第一節　樸學風潮對湘學的轉化

明清之際對於整個中國學術史而言是一個很大的轉折點，不論是「理學的反動」、「從尊德性轉入道問學」、或是「形上義理充份發展而轉向形下義理」，種種解釋所標誌的都是一股迥然不同於宋明六百年道學的學風。此時湘學的堂廡特大的學術形態，勢必在清代整個大環境的改變下，也會有起而因應清學興起的現象，而對自身學術造成些許的轉移。

一、樸學在清代湘地的流衍

湘學因自身重視形下義理之特質，而在六百年形上義理論戰中缺席，迄於明末，學風轉變，於是有王夫之以「氣本論」躋身爲清初三先生之一。然而王夫之在船山遯隱的生活卻使清代湘學形成了斷層，由於他的歸隱、與世隔絕，以致湘人無從與聞，直到同治年間才得到鄉人的重視與彰顯。〔註1〕因此歷來在論及清代湖南學術時，大抵都是自魏源說起，〔註2〕彷彿當乾嘉漢學在清世刮起旋風時，湘學仍深溝絕壑地將自己與世隔絕一般。實則此時，仍有許多湘地的傑出學者，爲湘學注入一番新氣象。

〔註1〕 據《清儒學案》卷八〈船山學案〉所述，其復爲世重的經過是：「乾隆中始採訪及之，得以著錄國史〈儒林傳〉，道光開始有刊本，遊燼於兵燹，同治初年始重刊，其學乃大顯。」。

〔註2〕 如梁啓超：《近代學風之地理的分佈》、支偉成：《清代樸學大師列傳》、程發軔先生《國學概論》皆以魏源爲始談清代湘學。

（一）李文炤的振興學風

　　若論湘地的學風，自是不能不自嶽麓書院說起，張栻便是在嶽麓書院擴大了湖湘學派的影響力，朱熹在嶽麓的講學也使朱子遺風注入湘地，歷來嶽麓山長的學術幾乎就標誌著湘學未來士子的學風趨向。然而嶽麓書院在明清之際曾遭兵燹而燬，雖於康熙七年重建，十三年又燬，直到二十三年才正式重建，〔註3〕此時學風已然荒疏，百廢待舉，皆賴官吏與地方鄉紳捐輸才勉以爲繼；後以雍正十一年奉旨延聘山長主教一事，〔註4〕方使嶽麓書院的官學色彩得以重復，〔註5〕人材也因而回流。

　　在官學色彩恢復之前最著名的嶽麓山長，是康熙五十六年時任嶽麓山長的李文炤，《清儒學案》對其生平出處及著作都有較爲詳盡的描述，恰可作爲吾人的參考：

> 李文炤，字元朗，號恆齋，善化人。……與同鄉熊班若、車補旃、王惺齋，〔註6〕寧鄉張攻石，共勉爲濂洛關閩之學。……主講嶽麓書院，從游者眾。先生學以朱子爲歸，教士以聖賢經傳之旨，爲修己治人之方，親炙者各有所得焉。所著《周易本義拾遺》六卷、《周禮集傳》六卷、〈春秋集傳〉十卷、《太極通書拾遺後錄》三卷、《西銘拾遺後錄》二卷、《正蒙集解》九卷、《近思錄集解》十四卷、《感興詩解》一卷、《訓子詩感》一卷、《家禮拾遺》三卷、《恆齋文集》十二卷傳於世，其未出者，《語類約編》、《聖學淵源錄》、《四書詳說》、《楚辭集註拾遺》、《增刪儀禮經傳通解》、《古文醇》、《古詩的》、《嶽麓書院學規》、《續白鹿洞書院學規》諸書。〔註7〕

〔註3〕 上述事件俱見於《湖南通志》卷六十八〈書院志一〉的記載。

〔註4〕 此指雍正下詔令各省省會均須設立書院一事：「近見各省大吏漸知崇尚實政……則建立書院，擇其省文行兼優之士讀書其中……亦興賢育才之一道也。督撫駐紮之所，爲省會之地，著該督撫商酌舉行，各賜帑金一千兩，將來士子讀書，預爲籌畫，資其膏火，以垂久遠；其不足者在於存公銀內支用。」，雖然有提倡書院之效，實則天下書院卻自此反爲官府所控制。

〔註5〕 嶽麓書院乃郡守朱洞所建，歷來山長則多爲郡守所聘。如劉珙任郡守之際，請張栻主事；朱知潭州時，亦另聘山長，自己則夜裡行舟以講學，眞德秀、魏了翁也都是以知潭州時入主嶽麓。可見嶽麓書院的官學色彩之濃厚，一向皆然。

〔註6〕 王惺齋於《清學案小識》中作「王醒齋」，疑徐世昌迺與嘉興王元啓（字惺齋）混淆，且王元復爲邵陽人，亦非與李文炤同鄉。《清儒學案》指關於王元復的出處是出自李文炤的《濂學編》，因未見此書，暫且存疑。

〔註7〕 徐世昌：《清儒學案》卷五十四。

由上述生平記載可知，李文炤的學術是以程朱思想爲主軸，同時對《春秋》、《禮》經、詩文，大約是爲了方便教學，也多所涉獵。李文炤除了自身是程朱理學的宗仰者外，更集結了一群志同道合的理學家彼此唱和，他與學友在湖湘之間提倡理學，學行深受湖湘人士敬仰，使「時人宗之」，〔註8〕這對湘地學風的振衰起弊上是有卓絕貢獻的，故而同爲湖湘理學宗傳的唐鑒在《國朝學案小識》中便將李文炤列爲〈守道學案〉，〔註9〕而《湖南通志》甚至認爲其可與王夫之並駕齊驅：

> 湖南自王夫之以學術聞天下，文炤繼起，名與之埒。雍正初，詔湖南北分闈鄉試，時試院未建，巡撫魏廷珍難之，文炤作〈南闈賦〉以速其成，並爲畫創建之策，及議分解額，南北互爭，廷珍復用文炤言，疏請均分，議遂定。卒祀鄉賢。〔註10〕

蓋湘地黌宮久廢，學風不興，李文炤以學問人品見重於時，入主嶽麓，致使湖湘學子聞風向學，又且制訂〈學規〉，使諸生知所規摹，對自許「理學之邦」的湖南而言，不啻爲士氣之一大振。

　　李文炤的標舉朱學，除了是湘地朱子學風的餘緒之外，同時也有時代的因素存在。當時雖有顧炎武等遺老提倡實學風氣，但尚只在各自的師友圈中流衍——如顧炎武之弟子多爲吳江人、孫奇逢的弟子便多爲直隸人、黃宗羲的弟子則多爲鄞縣人——至於一般書院在教育上仍流行以官學爲準。李文炤標舉朱學，一來銜接舉業，使湘鄉士子得以躋身宦海，發揮其影響力；二則仕宦之餘，亦有幸能與各地學風接觸，一旦還鄉主持教育，復可藉授學開闊湘地門庭。此後又逢雍正提倡書院教育，培育士子，誘以利祿，湘地成就的官宦漸漸多了，遂把乾嘉流行的漢學復輸入了湘地來。

（二）湘地的樸學大家

　　乾嘉年間，湘地學子開始在舉業上有所斬獲，仕宦返鄉後，被推舉爲山

〔註8〕　徐世昌：《清儒學案》卷五十四。

〔註9〕　見唐鑒：《清學案小識》卷七〈守道學案・李恆齋先生〉。〈國朝學案小識提要〉中指出列入〈守道學案〉的標準是：「天下有守道之人，而人多不知也，然而其人自在也。或當時蔽之，而閱時則章矣；或當途沮之，而窮巷則達矣；或流俗惡之，而高賢則尚矣；或功利詞章輩疏之，而道義交則親矣。……詩曰：『雖老成人，尚有典型。』其斯之謂歟。」，李文炤中舉後進士不第，便自放棄仕途，專意講學著述，故而唐鑒列入〈守道學案〉中。

〔註10〕　曾國荃：《湖南通志》卷一百七十六〈人物志十七〉。

長的例子是更屢見不鮮，他們爲湘地輸入了流行的考證學，其中最爲犖犖大者，乃入主嶽麓書院前後近十年之久的王文清〔註11〕：

> 王文清，字廷鑑。雍正甲辰進士，授九溪衛學正，學者稱九溪先生。……
> 舉鴻博，奉召分修三禮。次年選寶慶府教授。大學士朱軾奏留改中書科中書，分修《律呂正義》，遷宗人府主事。召校勘經史考取御史，乞養歸。……著書數千萬言。桂林陳宏謀撫楚，勒碑於所居，曰：「經學之鄉」，聘主嶽麓書院，門下士成就者四百餘人。〔註12〕

> 先生諱文清，號九溪……譔《儀禮分節句讀》，以句讀爲主，略有箋注，不欲其繁；又譔《周禮會要》六卷，亦約括注疏諸說、疏通字義而已，其凡例，經文一字不通，亦一字不動，然〈敘官〉亦經文也，而自五官之長外，餘官則俱刪之。又有考古源流數百卷，存於門人某某家，久之佚亡無存。〔註13〕

根據朱漢民先生的考證，王文清曾先後兩次擔任山長一職，其中乾隆十三年首度入主嶽麓時，院生竟有十多人中了秀才，當中更有幾人中了進士。〔註14〕從李文炤始振學風迄王文清入主嶽麓當中不過短短三十年，能有這種成就委實驚人，因此湖湘子弟爭入受學，書院也出現了中興氣象。

在他擔任官職期間，正值方苞充三禮義疏館副總裁，他被推薦進三禮館，〔註15〕在方苞任下共事，隔年轉而分修《律呂正義》，《清史列傳》稱他「深於禮學」：

> 文清淹貫經籍，尤深於《禮》。在三禮館時，爲桐城方苞所推挹，嘗著《周禮會要》六卷，約括注疏諸說，疏通字義。又著《儀禮分

〔註11〕 王文清學術頗重考訂，並未見其義理主張，徐世昌《清儒學案》卻將王文清列爲「船山私淑」，則不知有何依據。見《清儒學案》卷八〈船山學案〉。

〔註12〕 《湖南通志》卷一百八十〈人物志二十一〉。

〔註13〕 《清學案小識》卷十三〈經學學案·王九溪先生〉。

〔註14〕 朱漢民：《千年講壇——岳麓書院歷代大師講學錄》（長沙：湖南大學出版社，2003年4月），頁255。

〔註15〕 《清史列傳》稱王文清入三禮義疏館是在乾隆十四年時由大學士史貽直、阿克敦，侍郎梅毂成以「潛心經學」而推薦的，然此說應誤。根據錢穆先生《中國近三百學術史·附表》指出，十四年時方苞正好過世；《清史列傳》也指方苞晚年告老，十六年時過世。且乾隆十三年時，王文清已入主嶽麓，十四年年底因父喪回鄉守制，也不可能應詔入三禮館。故而王文清入三禮館應非於乾隆十四年。

節句讀》，以句讀為主，略有箋注，不欲其繁，皆便讀者。〔註16〕

此外他那《考古源流》數百卷，據他自己的〈自序〉是：

> 又不自量力，漁獵古典制諸書，……乃步其源流、匯為一書。……
> 合《三通》、《學海》、《玉海》、《元龜》、《考索》、《衍義》、《典匯》、
> 《稗編》諸本校之。……拙人自備遺忘，非敢與纂訂之業。〔註17〕

也是一本匯通古今考訂禮制諸說的類書，可見王文清的長項實在禮學，由他所授，自然入學的湘地學子對禮學也會多有涉獵。因此當凌廷堪、阮元以為「理必附於禮以行；空言理，則可彼可此之邪說起矣。」〔註18〕、「聖人不求諸理而求諸禮，蓋求諸理必至於師心，求諸禮始可以復性也。」，〔註19〕出現「以禮代理」的新說時，曾國藩等湘鄉士子並沒有如倭仁等程朱學者起身抗衡，反而靡然向風，認為乃調和漢宋的最佳利器，究其原因，從南學、蘇湖教法、湖湘學派，以迄朱子遺風都曾為湘地染上重《禮》風氣是其一；而自李文炤、王文清等書院山長都特重《禮》學，並以之纂輯教材、教授士子，使《禮》學思想深入時風，此舉對湘地《禮》學思想復振的影響，則是更為深遠。

王文清的另一影響，則是因他特重考訂。所謂「約括注疏諸說，疏通字義」，雖說是為便於初學，故以集解及字義疏通擴大所學的堂奧、不致專主一家。但士子受學既由此入手，對於考訂學風自然也多能接受，而不致以冰炭不洽而排拒，是以湘地雖有唐鑒、劉蓉等紹繼朱學、排斥漢學的學者，絕大多數卻對漢學門徑抱持肯定的態度；另一方面，禮學本身因稽古性質，往往也必以考訂著手，湘地學者治《禮》者眾，對考訂工夫的需求，自是更為殷切。湘地既側重程朱性理，研治上復又不得不依據漢學門徑，因而喊出「調和漢宋」的口號，實為自身學問趨向必然逼出的結論。

隨著《明史》等重要著作的纂修，實學風氣也隨著學者的入館修訂而在京畿一帶流行，各地公車中舉的學子自也與聞，故而當時除嶽麓書院外，湘地其他重要的書院一樣也在歸籍後入主山長的官員帶領下染上了考訂風氣：如余廷燦：

〔註16〕《清史列傳》卷六十八〈王文清傳〉。

〔註17〕朱漢民：《千年講壇——岳麓書院歷代大師講學錄》（長沙：湖南大學出版社，2003 年 4 月），頁 265。

〔註18〕阮元語，引自《漢學商兌》。

〔註19〕凌廷堪：〈復禮・下〉，收於《校禮堂文集・卷四》（北京：中華書局，1998 年 2 月）頁 32。

余廷燦，字存吾。……先後主濂溪、石鼓、涤江、城南書院，示諸生以本原之學……其於天文、律曆、句股〔註20〕、六書之學，俱鉤元提要，成一家言。與休寧戴震、河間紀昀相切劇。〔註21〕

余廷燦，字卿雲，號存吾，〔註22〕長沙人。……其學兼通經、史及諸子百家，象緯、句股、律呂、音韻皆能提要鉤玄，嘗與戴東原、紀文達相切劇，晚主濂溪、石鼓、驪江、城南書院，教以兼通漢宋爲宗。〔註23〕

余廷燦，字卿雲，號存吾……主講書院，以濂、洛、關、閩爲宗，而諸子百家、律法、算法，亦嘗綜覆而討論之。從之遊者皆知實學之足重。〔註24〕

余廷燦是乾隆二十六年（辛巳）的進士，正趕上考據學風在京畿最盛之際。考據學自乾隆中期後更加興盛，其中一因是三十八年時四庫館的開館，由紀昀董其事。而余廷燦便與紀昀、戴震相友善。《清儒學案》自他的《存吾文集》中收錄了兩篇文章，一篇是〈旅酬考〉、一篇是〈釋射〉，這兩篇考禮制的文篇都考訂得非常細密詳實，也可看出他的學術趨向。

余廷燦雖是進士出身，但因母老，壯年引歸，故而教學時日極長，影響也絲毫不遜於王文清，甚而可謂有以過之。他所入主的書院在湖南大都是位於府城附近的首善地區，〔註25〕生活機能便利，都會學子入學者眾，足跡既廣，造就的士子來自各地，影響性就更被擴大了。有趣的是以上三節有關余廷燦的資料中，對其教學內容卻說法不同：《湖南通志》指他在實學上「成一家言」，《清儒學案》也說他於實學能「提要鉤元」，但《清學案小識》卻指他

〔註20〕 我國古代稱直角三角形爲「句股形」。其直角旁的短邊稱爲「句」，長邊稱爲「股」，對著直角的邊稱爲「弦」。「句股」一詞在此指古算學之法，相當於西方之「畢氏定理」。
〔註21〕 《湖南通志》卷一百七十五〈人物志十六〉。
〔註22〕 《湖南通志》指其字存吾，《清儒學案》及《清學案小識》則認爲是字卿雲、號存吾。《清儒學案》中余廷燦的資料是引自其學友唐仲晃所撰〈墓表〉，再以文集名：《存吾文集》，依學術慣例而言，存吾當爲其號無疑。
〔註23〕 《清儒學案》卷八十〈紀昀獻縣學案·附〉。
〔註24〕 《清學案小識》卷十一〈待訪錄·余存吾先生〉。
〔註25〕 如城南書院爲張栻所建，位於長沙府長沙縣城南，涤江書院「地近市廛」，石鼓書院位於衡州府會衡陽縣北，至於濂溪書院，湖南境內興建不下十數所，但皆位於市郊，出入也極爲便利。

講學「以濂、洛、關、閩爲宗」。實則此正顯現其兼採漢宋的教學方式。然而余廷燦本人是考訂學家，何以上教學卻兼採漢宋家法？究其實，固然有舉業需求的現實因素存在，湘人欲在朝野間形爲中堅力量，便不能不重視舉業；然而朱子遺風染溉湘地已久，學者亦多遵奉，余廷燦也不例外，是以採取兩行的教學，也是其來有自。與余廷燦前後主講城南的黃遇隆就仍然選擇以程朱學爲授課重心，只是教學方法則由虛轉實：

> 黃遇隆，字介三。乾隆壬戌進士。……主講城南書院，以道義爲標
> 準，取程朱教人切要之旨以示，用力實際。〔註26〕

選擇符應當世仕祿需求的方法來授課，這是教育者往往得面臨的妥協。

　　然而實學風氣確實隨著各書院山長多以解職歸籍宦臣爲之的風氣而蔓延開來了。如何紹基雖然成就主要在文學上，但也在主持揚州書局時曾校定《十三經注疏》，並著有未刊行的《說文段注駁正》，《清儒學案》則收有他《重刊宋元學案書後》，因而他在教學上則是：

> 歸主山東濼源、本省城南、浙江孝廉堂講席，其學深於諸經注疏、《說
> 文》考證，旁及金石圖畫篆刻歷算。〔註27〕

又如陳之麟以舉人而進士未第，於是絕意仕進，雖然他並未入京與考證學派相切磋，但教學仍是以樸學爲主：

> 陳之麟，字玉川……主講東山書院暨嘉禾書院……一時樸學多出其
> 門。〔註28〕

由陳之麟的例子更可見樸學已藉由京官教學而深入湘地學風中，使未嘗與考據學者聞問的士子也能遠紹此業。湘地學風在樸學傳入之後，面貌已與固有的湘學有所轉變，而呈現出屬於清代湘學的特有氣象來。

二、湘學雜糅樸學後的新貌

　　湖南的書院講學風氣，由北宋周敦頤、南宋朱熹、明代王守仁開始，迄清末王先謙於歸田期間，仍致力於開辦學堂，可見私學風氣的興盛，由來已久。學堂也成爲帶動士林風氣的中心。〔註29〕像王文清、余廷燦等書院山長

〔註26〕《湖南通志》卷一百八十〈人物志二十一〉。
〔註27〕《湖南通志》卷一百八十七〈人物志二十八〉。
〔註28〕《湖南通志》卷一百八十二〈人物志二十三〉。
〔註29〕如清末康梁變法之議倡動全國的發源處，便即在湖南的思賢講舍上。

在《清儒學案》、《清史列傳》的記錄中往往駭異著他們似乎仍以性理教學的舉止，但這是就整個大環境來看他們獨異於乾嘉樸學的特色，若是自湘學傳布的角度來分析，則恰恰相反地，書院山長們實非自立於乾嘉學外，而是清世爲湘學的義理傳統率先導入了樸學風潮的先驅。

（一）漢宋兼采的流行家法

　　湘學一直以來學問都以義理的思考爲主軸。我們只要觀察湘鄉諸儒，便可輕易察覺到這個事實。清初湘儒，王夫之最是巨擘，他雖然在遺民情結下歸隱，但是他畢竟奔走過，甚至在年輕的時候還曾舉兵抗清，以致兵敗衡山，因此他並不像一般學術史上所描述的那樣隱晦，也有他的弟子和交游。他在治學上的成就相當多元，共計撰有經子史集共九十四部，除了觸及到糾合朱陸異同的哲學命題之外，爲了救時濟窮，也使用了如漢儒的考證方法來窮經治史，而有漢宋兼修的理論出現。然而王夫之以爲，考證功夫只是爲義理而必備的證據，因此所謂的兼修漢宋，重點仍在闡發義理上；他的弟子也秉持著這個信念，治學仍以經史義理爲主，如唐端笏重朱學、章有謨治禮學、周士儀成《史貫》，〔註30〕便是一脈師承而來的學術氣質。

　　王文清、余廷燦雖亦重視程朱性理，但是本人的治學重心已明顯地自義理層面轉移到考古和句讀。在教學法上也同樣地有所轉變：王文清教人治經要先「正義」再「通義」；〔註31〕治史則側重「記事實」和「玩書法」，其次才論及推原治亂的問題，甚而宋儒最爲堅持的誅心說，對王文清而言根本是的另一個層次的問題了。〔註32〕余廷燦則「主講書院，以濂、洛、關、閩爲宗，而諸子百家、律法、算法，亦嘗綜覆而討論之。」，將律法、算法之考訂細節提出來在講堂上進行師生論辨，這種教學方法和清初李文炤「教士以聖賢經傳之旨，爲修己治人之方」的教學原則，實已有其明顯的差距。

〔註30〕以上資料，參見周駿富：《清儒學案小傳》卷一〈王夫之船山學案〉。（台灣：明文書局）

〔註31〕王文清著有《讀經六法》，指：正義、通義、餘義、疑義、異義、辨義。引自張舜徽：《清儒學記》〈湖南學記第七〉（濟南：齊魯書社，1991年11月一版一刷），頁313。

〔註32〕王文清著有《讀史六法》，指：記事實、玩書法、原治亂、考時勢、論心術、取議論。其中「論心術」一點是第五個步驟的問題了，和宋儒的最重「誅心」，次第截然不同。引自張舜徽：《清儒學記》〈湖南學記第七〉（濟南：齊魯書社，1991年11月一版一刷），頁313。

故在學院山長的推動下，湘地出現了許多專事考證的樸學人材，他們的治學成果有些甚至視吳皖諸儒亦不遑多讓。有通說文音韻的學者，治學成就斐然：

> 虞紹南，字愷仲，從左宗棠轉戰浙閩……通説文形聲之學。〔註33〕

> 胡光北，字學山……著有《詩韻循音》、《聲音蠡測》。〔註34〕

> 胡焯，字光伯……治説文尤深，著《校補説文解字》旁通曲證，多所發明。〔註35〕

> 陳夢元，……與諸城寶光鼐、大興朱筠、桐城姚鼐、休寧戴震輩相劘切。〔註36〕

> 郭慶藩，字孟純，，湖南湘陰人，提倡實業，主張發展外貿、鐵路、郵電、礦務等事業，頗具明識遠見。研精《說文》，有《許書轉注說例》、《說文經字考辨》、《說文經字正誼》、《說文答問疏證補誼》等，又成《莊子集釋》二十四卷。

> 鄒漢勛，字叔績……説文、音學、天文、輿地、算學靡不精究。……衡陽王夫之遺書久散佚，顯鶴諷其裔蒐輯付梓，漢勛爲之校讎，多所考訂。〔註37〕

有特重於典章制度考證的學者，甚至足以補正吳皖大家的缺失：

> 歐陽棨，字文思。……凡天文地輿三禮樂律算學韻學，皆確有依據，同邑後進言考據者，皆奉爲先達。〔註38〕

> 羅文謙，字撝庵……於國朝典章先代制度，考據尤精。〔註39〕

> 王先謙，湖南長沙人。初爲古文辭，師從曾國藩，治經則趨重考證，所纂《荀子集解》、《詩三家集義疏》、《漢書補注》集清代考訂之大成，《續古文辭類纂》亦嚴謹有法。〔註40〕

〔註33〕《湖南通志》卷一百七十七〈人物志十八〉。
〔註34〕《湖南通志》卷一百七十八〈人物志十九〉。
〔註35〕《湖南通志》卷一百八十九〈人物志三十〉。
〔註36〕《湖南通志》卷一百八十二〈人物志二十三〉。
〔註37〕《湖南通志》卷一百八十九〈人物志三十〉。
〔註38〕《湖南通志》卷一百八十九〈人物志三十〉。
〔註39〕《湖南通志》卷一百七十八〈人物志十九〉
〔註40〕盛康：《皇朝經世文續編》〈姓名總目〉。

> 黃本驥，字虎癡……性嗜古，於朝尺式刀布琴甎各爲題識。〔註41〕

> 鄒文蘇，字景山。……自闢精舍爲詁經堂，與弟子肆士禮十七篇，其中講明小學、考證典禮……示學徒略知古制。而於心性之學，則確守宋儒。〔註42〕

> 鄒漢池，字季深。……經史之外，尤精輿圖算法……當時精算如李善蘭、曾紀鴻皆重其書。〔註43〕

> 胡元玉，字子瑞，號鏡珠齋，湖南湘潭人。撰有《駁春秋名字解詁》駁正王引之《春秋名字解詁》人名數十條，並補其闕疑未釋者 25人。〔註44〕

> 柳先義，字青巖……寓京師河間，紀昀主修四庫全書，聘襄校閱。〔註45〕

由於典章制度的考證往往會引發輯佚的需求，因此湘地學者也致力於蒐羅各種文獻的輯佚，王文清的《考古源流》便是一例。再如：

> 杜貴墀，湖南巴陵人，著有《漢律輯證》，漢代刑法律例多得保存整理。〔註46〕

> 閻鎮珩，湖南石門人，有《六典通考》，全書將歷代典制淵源變革貫爲一體，爲清代政書集大成者。〔註47〕

> 孫楷，湖南湘潭人，有《秦會要》一書。〔註48〕

也都針對禮制進行了輯佚考訂的工夫。此外因王夫之學行在湘地的隱晦不傳，竟有待於外鄉人士的提點，因而激起湘地知識份子對於文化傳承的意識，加以湘鄉學子在太平天國役中死傷慘重，故而特重輯錄本地文物風土，以及學人的碩果，在采風學上也頗有建樹：

> 李恒，湖南湘陰人，著有《國朝耆獻類徵》，爲清纂卷帙最繁之綜合

〔註41〕《湖南通志》卷一百八十〈人物志二十一〉。
〔註42〕《湖南通志》卷一百九十二〈人物志三十三〉。
〔註43〕《湖南通志》卷一百八十九〈人物志三十〉。
〔註44〕盛康：《皇朝經世文續編》〈姓名總目〉。
〔註45〕《湖南通志》卷一百七十五〈人物志十六〉。
〔註46〕同註43。
〔註47〕同註43。
〔註48〕同註43。

性人物傳記。〔註49〕

羅汝懷，湖南湘潭人，輯有《湖南文徵》，收元、明以來湖南當地之文，雖深通考據之學，而論文但宗體要，尚實不尚虛，以發明經史、敷陳政術、考見風俗、能說山川，可考掌故者爲主。〔註50〕

鄧先生顯鶴，字子立，一字湘皋，湖南新化人。……搜討楚故尤不遺餘力……所纂沅湘耆舊集千七百，詩萬五千六百八十首，各爲小傳，以詩存人。〔註51〕

由上述例證中可見出，湘地在山長引入漢學後，實不乏紹述有成者的學者。而事實上，這也是堂廡特大、鮮有門戶之見的湘學必然會出現的現象，從調和三教、爲朱陸釋嫌、兼修漢宋，到融合當代最盛的樸學，湘學的門庭顯然是越來越開闊了。當時湘地治樸學者，如著有《玉篇、廣韻校勘記》的鄧顯鶴，編《歷代職官表》、《避諱錄》的黃本驥，以及著《五均論》、《廣韻表》的鄒漢勛，著《二十二字母考》、《重言連語》及《五音表》的鄒漢紀〔註52〕等，他們的著作都考訂十分詳實，對義例也多所發明。尤其是鄒文蘇及其六子漢紀〔註53〕、漢潢〔註54〕、漢勛、漢嘉〔註55〕、漢章〔註56〕、漢池，族子鄒永喆〔註57〕甚至孫子鄒代鈞〔註58〕等，一家皆是考訂學人，此例更證明了湘人在考據學上已頗能運用嫻熟，才會有一門父子舉家投入潛心研究的現象

〔註49〕 同註43。

〔註50〕 盛康：《皇朝經世文續編》〈姓名總目〉。

〔註51〕 《國朝先正事略》卷四十四。

〔註52〕 見張舜微：《清儒學記》〈湖南學記〉。

〔註53〕 張舜微：《清儒學記》〈湖南學記〉指其著述有《五音表》、《典均》、《二十二字母考》、《幼稚字譜》、《重言連語》等。

〔註54〕 張舜微：《清儒學記》〈湖南學記〉指其「學長於《易》，著有《周易卦氣解稽覽圖》、《序卦解》，以陰陽家言闡明古說。」

〔註55〕 《湖南通志·卷一百八十九·人物三十·國朝十五·寶慶府·新化縣》稱他：「尤熟輿地之學，凡天下關津要隘，取讀史方輿紀要與諸史輿地志，考校詳參。」張舜微：《清儒學記·湖南學記》指其著有《寶慶疆里記》、《山川記》、《險要記》、《湘湖水地記》、《黔滇楚粵水道考》等。

〔註56〕 《湖南通志》卷一百八十九〈人物志三十〉稱他：「受經家塾時與諸兄講解辨難無虛日，稍長尤留心地圖、兵制之學。」

〔註57〕 《湖南通志》卷一百八十九〈人物志三十〉稱他：「讀書有大志，不事章句學，與族漢勛兄弟均以博雅著聞。」

〔註58〕 《清儒學案》卷一百六十七〈叔績學案〉指他：「克承祖業、尤嗜史家」。《著有西域沿革考》、《西征紀程》等輿地之書。

出現，故雖然章太炎曾認爲：

> 湖南經學，唯有單立湘派而已，考其始，如鄒叔績輩，不過粗聞經
> 義。王（闓運）從詞章入經學，一意篤古，文體規摹毛鄭；發明雖
> 少，然亦雜采古今，無仲舒翼奉妖妄之見。皮氏亦先從吳、皖二派
> 入手，久之，以翁、潘當道，非言「今文」則謀生將絀，故以投時
> 好，然亦不盡采「今文」也。王益吾說經之書甚少，《荀子集解》優
> 于《漢書補注》，又嘗校注《水經》，亦不能列入《諸子學家》；若別
> 入《顯貴提倡傳》中，兼附著述，似爲得之。大抵湘中經學亦頗雜
> 沓；然有一事爲諸家同病，蓋於江戴段孔古音之學實未得其分毫也。
> 偶一舉及，其疵病立見矣。〔註59〕

然據張舜徽指出，章太炎最爲創見的「娘日二紐歸泥說」，實「百餘年前，鄒
漢勛早已發之於《五均（韻）論》了。」，〔註60〕故而眞是古音之學「未得分
毫」、「偶一舉及，其疵病立見矣」嗎？恐不其然。

（二）形下致用的時務學風

然而王文清、余廷燦等山長雖然引入了樸學，但千餘年來湘學重形下義
理的特質也在其身上作用著，是以山長們治學，畢竟不如乾嘉諸學一般，只
務力於典籍的考訂抑或字義的梳理，其於義理的抉發暨史學諸作亦必自能兼
賅，以期能幾於世用。如嶽麓書院在王文清後，復有羅典，這位在嶽麓書院
史上主持山長最長〔註61〕、造士最多的山長，本人就是個經學家：

> 羅典，字徽五，號愼齋。……主嶽麓書院二十七年，教學者以堅定
> 得性、明習時務，門下士發名成業者數百人。〔註62〕
> 以經學造士，文體爲一變。〔註63〕

然而除了以《凝園》系列經說等經學考訂著作授學之外，他在教學上更重視「教
學者以堅定得性、明習時務」，陶澍、賀長齡等著重致用之道的學者，便是在他
的陶鑄下孕育出的。羅典的下一任嶽麓山長是袁名曜，史書上對他的形容是：

> 袁名曜，字峴岡……主講嶽麓書院……尤留心輿圖阨塞、河渠險隘、

〔註59〕 章太炎：〈章太炎先生論訂書〉，收錄於支偉成：《清代樸學大師列傳》。
〔註60〕 見張舜徽：《清儒學記》〈湖南學記第七〉（濟南：齊魯書社，1991 年 11 月一
版一刷），頁 336。
〔註61〕 與其生歐陽厚均同樣主持嶽麓山長二十七年，皆爲嶽麓史上任期最久的山長。
〔註62〕 《湖南通志》卷一百七十九〈人物志二十〉。
〔註63〕 《國朝先正事略》卷四十〈王九溪先生〉。

古今沿革等事，同鄉嚴如熤、陶澍，交推爲楚南人物。〔註64〕

魏源當時正在書院接受教育，可見其《海國圖志》實是不無受山長啓迪的痕跡。再如另一個曾「充覺羅教習」、在御書房授課的陳文遠，也在授學時選擇漢宋兼采的家法，力主身教，是以其子在擔任山長時亦然：

> 陳士雅，字每田。……歷主朗江、石鼓、城南書院，黜華崇實，學者宗之。〔註65〕

再如張啓鵬亦有致用的思想：

> 張啓鵬，字蔗泉。……前後主安陸、洣江、澧陽、石鼓諸書院，論學一要諸實踐而期適於用。〔註66〕

賀長齡之弟賀熙齡則以實學實行教人：

> 賀熙齡，原名永清，字蔗農。……主城南書院八年，爲諸生辨義利誨以立志窮經，皆本諸身教。〔註67〕

陳德辨更試圖回復胡瑗的「蘇湖教法」：

> 陳德辨，字一齋……以母老家居授徒。嘗講求朱子讀書法及胡安定「經義」、「治事」之學。〔註68〕

陳德辨並非是著名書院的山長，只是一居家授課的學究先生，卻一樣講求經世致用的實效之學，由此更可見此一致用觀念在湘學的深植人心。

而山長們授學兼采漢宋，期於世用，自然也啓發士子治學堂奧亦不專主一家，而多方涉獵。如一生未仕的李光在：

> 李光在，字黃中。諸生，究心樸學，宋五子書手不停披，尤精三禮。……以身教率一門。〔註69〕

以及朱文林：

> 朱文林，字慎甫……其學以誠爲本、以敬爲宗、以精義集義爲程途、以明體達用爲究竟……謂易象，內聖之學；春秋，外王之學。學不明易象，無以窺道之全體；不通春秋，無以極道之大用。〔註70〕

〔註64〕《湖南通志》卷一百八十〈人物志二十一〉。
〔註65〕《湖南通志》卷一百七十五〈人物志十六〉。
〔註66〕《湖南通志》卷一百七十五〈人物志十六〉。
〔註67〕《湖南通志》卷一百七十六〈人物志十七〉。
〔註68〕《湖南通志》卷一百八十一〈人物志二十二〉。
〔註69〕《湖南通志》卷一百七十五〈人物志十六〉。
〔註70〕《湖南通志》卷一百七十八〈人物志十九〉。

楊如炯：

> 楊如炯，字異三。其學自漢唐經傳注疏及宋儒性理諸書無不融貫，
> 於心反求諸己，尤熟通鑑綱目。〔註71〕

或是黃鶴：

> 黃鶴，字漢皋。……專精經學、不分漢宋門戶，溯源於注疏，旁採
> 各家經解而參訂之，裁以己意，折衷至當。所著《四書異同商》巡
> 撫毛鴻賓稱爲「漢學功臣，宋學良友。」〔註72〕

這些諸生俱能兼采漢宋家法，以適於修身之用。當時正是考據學駸駸大盛之際，吳、皖因經師特盛，在師法傳承的侷限下，故而治學上鮮能脫出考據的法門。而由王文清、余廷燦以降的湘地山長，一皆以經傳大義教人治經，追原治亂誨人學史，融義理考據的法門爲一途，並以人倫日用爲要歸，此舉實使得湘學特異於乾嘉之外，開拓其堂廡，而不獨限於一專門學。爾後時局敗壞，士人對考據的無益世道漸爲不滿後，湘地更成爲清末文風易改的發源處：曾國藩的漢宋兼采固然，公羊經世結合時政，從魏源以迄康梁的改革學統，也是在湘學這種特有的自由風氣下，才能發動他摧陷廓清的功效。

三、小　結

書院教育是在「在上者既不重學，則在下者不得已而私創一格，以存其微意」〔註73〕的情形下設置的，既是爲濟官學之不足，自然有銜接中央與地方的功能，因此書院教以舉業，本是情理中事，而藉由退休舉人入主山長，更使地方得以吸收京畿新學，順利地與時代脈動接軌，對於湘學能躋身要津地位，這是一大關鍵。

第二節　經世學風在湘地的興盛

清代在康、雍、乾、嘉近一百六十年的光陰中，呈現的是富饒的帝國景象，然而過度龐大的社會在相形簡陋的機制中處處運轉不順的現象卻已窘態畢露，當乾嘉末流專務詁訓，罕問時政的流弊因時局的迫切而益發顯得掣肘

〔註71〕《湖南通志》卷一百八十九〈人物志三十〉。
〔註72〕《湖南通志》卷一百八十九〈人物志三十〉。
〔註73〕陸世儀：《思辨錄輯要・卷二十》收於《桴亭先生遺書》。

時，如何迫切地糾合時務與學術，在濟時救窮上雖有些緩不濟急，卻是學者們必然的想法。而四週都還沈湎在考據學的餘波中時，清醒得最早的，自然就是一開始便不隨波逐流的湘學了。

一、道咸年間湘地早期的經世思想

湖湘一帶自胡瑗以「治事」、「經義」兩齋創「蘇湖教學」以來便有時務的傳統，他的學問後雖不傳，但治學風格卻藉由教育而深入湖湘學域；到了南宋湖湘學派更將此思想內化成湘地的獨特氣質：胡安國、張栻一生為國宵旰勤勞固然是經世思想的身教，連一生未仕的胡宏也一樣主張：「井田、封建、學校、軍制，皆聖人竭心思致用之大者也。」〔註74〕迄清李文炤在湘學風氣不振的情形下，以「教士以聖賢經傳之旨，為修己治人之方」〔註75〕教授學子，主持嶽麓長達二十七年的羅典也是「教學者以堅定得性、明習時務」，〔註76〕在在都顯示出復振後的湘學實未消磨其經世致用的主張，因此當大家還沈溺在富饒大國的假相時，已有湘人企圖敲響警鐘了。

（一）湘地封疆大吏的實踐

黃仁宇曾以王安石變法為例，說明「中國在公元十一世紀已經在某些方面感受需要現代化的壓力」，〔註77〕然而王安石的失敗不但讓文人本身退縮至心性天理的內在領域，朝廷間也普遍存在著文人迂腐教條難堪大任的印象，我們在看明代歷史時很難想像朱元璋為何要如此折辱文人，但想來他覺得文人對他而言應該無甚大用。只是十一世紀時便存在的社會轉型壓力並不會隨著時代遞進而減少，到了清代，帝國愈富饒，代表的卻是積累的問題不斷地倍數化，清初遺民如顧炎武《天下郡國利病書》、黃宗羲《明夷待訪錄》、王夫之《讀通鑑論》等著作，在回顧歷史弊端時所提出的一字一句的箴言，如今聽來仍有其價值存在。不僅是遺民，入清後就連我們所熟知的考據學大老，其對現實的弊病也不全然採取掩耳盜鈴的態度，所以許多人談及清代經世學

〔註74〕見《宋元學案》卷四十二〈五峰學案〉（北京：中國書店，1990 年 12 月），頁652。

〔註75〕徐世昌：《清儒學案》卷五十四。

〔註76〕《湖南通志》卷一百七十九〈人物志二十〉。

〔註77〕黃仁宇：《赫孫河畔談中國歷史》，（臺北：時報文化出版，1992 年初版十二刷），頁 244。

風總喜歡自鴉片戰爭談起，實則不論是紀昀的《閱微草堂筆記》、戴震《孟子字義疏證》，或是王鳴盛的《十七史商榷》〔註78〕中，都存在著他們對社會種種不平的觀察，只是當時外在環境還未惡化到不得不變的窘境，復被其學術成就所掩蓋而無人與聞，遂使他們的諍言如風過耳隙。

　　到了清中葉，積弊叢生，究心時務企能防微杜漸的學者就更多了。大致是在道光咸豐年間，如阮元的《兩浙防護錄》、李兆洛的《皇朝一統輿圖》、徐松的《西域水道記》等輿地著作紛紛出爐，因為當時不僅是社會在貪污腐化的吏治或是不通人性的禮教下造成的種種問題已一一浮現，就連大自然也在不堪長久負荷的情形下反噬。而當中較急迫的，莫過於運輸的問題。當時南北貨運溝通往來，多採漕運，然而河流在長期因人類群居開發而致使河道淤塞的情形日益嚴重，就像一個人血管被阻塞了一般，不但物資運輸不便，使經濟活動僵滯，而且也嚴重地鬆動了中央集權的貫徹。雖然陸世儀、陸隴其〔註79〕都早就注意到漕運的弊端，但提出解決的替代方案，並徹底根除病灶的，則是有待湘人陶澍，〔註80〕以及賀長齡〔註81〕的努力。

　　陶澍等人杜絕漕弊的方法是改採海運。據陶澍《海運全案序》指出：

　　　康熙嘉慶年間，屢以河患議海運，未果。道光四年冬，大風壞高堰，
　　　清口澀，明年漕滯，詔群臣議海運。〔註82〕

於是在陶澍等人上疏奏請的情形下，在道光五年首次改採海運，陶澍「躬赴上海，集商船，定雇值」，賀長齡也參予「議定水腳雇值及剝兌一切章程」。〔註83〕由於籌畫得宜，使「水程四千里，帀月悉抵津沽，無一漂損者，計節省銀米各十餘萬兩。」；〔註84〕於是道光六年時又再行海運：「間有鬆艙拋失，耗米為數

〔註78〕如《閱微草堂筆記》對女性處境的關懷，《孟子字義疏證》對傳統禮縛的不滿，或是《十七史商榷》以古諷今、對時局的憂心忡忡，都可見出這些考證學者對世局的關注。

〔註79〕陸隴其著有〈漕運〉，陸世儀著有〈漕兌揭〉，收於《皇朝經世文編》。當時都只能針對漕運的弊端預為防杜，然「今欲驟然廢漕。其勢固必不能。」（〈漕運〉），故尚不能提出治本的方針來。

〔註80〕「陶澍，字雲汀，湖南安化縣人，嘉慶壬戌進士，官至兩江總督贈太子太保，諡文毅。」《皇朝經世文編續編》〈姓名總目〉。

〔註81〕「賀長齡，字耦耕。……所輯《皇經經世文編》，有裨學術治術。」《湖南通志》卷一百七十六〈人物志十七〉。

〔註82〕〈海運全案序〉收於《陶文毅公集》卷三十五〈文集序〉。

〔註83〕同註354。

〔註84〕《湖南通志》卷一百八十二〈人物志二十三〉。

共止八百餘石，不及全運米千分之一。」〔註85〕因此陶澍更趁勝建議，無論漕運恢復與否，此後都採取海漕各半的方式，〔註86〕希望讓原本因漕運而勞民傷財的江浙洞庭一帶獲得喘息的空間。可惜終究敵不過舊有既得利益勢力的阻撓而卒復漕運。

在道光皇帝詔群臣議海運期間，由於收集資料的需求，賀長齡於道光五年延聘了魏源〔註87〕入幕，主持纂輯《皇朝經世文編》一書。〔註88〕魏源迺以「善言心者，必有驗於事」、「善言人者，必有資於法」、「善言古者，必有驗於今」、「善言我者，必有乘於物」為本而「鳩聚本朝以來碩公、龐儒、俊士、畸民之言」，〔註89〕於隔年分類編纂而成。全書分學、治、吏、戶、禮、兵、刑、工八部，舉凡朝廷典制、民生經濟，無不囊篋全盡，此書一出，遂使「求經濟者無不奉此書架躄，幾於家有其書」，〔註90〕而續補者更不下十數種，〔註91〕甚至到了民國，上海復編了套《民國經世文編》，可見此書的影響性。

陶澍、賀長齡、魏源皆為湖南人，竟同時能開風氣之先，投入時務經世學術，這自是有得於其湘地學統的影響。湘人本重時務，平時便留心民生，而陶澍及賀長齡復得在積弊叢生的時局中位居權臣，於是趁時而起，實踐湘學的時務思想，同時也間接將經世學風與湘學完成了接榫。而清中葉因人材過盛而流行的幕府制度，更使如魏源等同鄉的布衣士子也有機會參予時政，〔註92〕自然

〔註85〕 同註354。
〔註86〕 陶澍：〈覆奏海河並運疏〉，收於賀長齡：《皇朝經世文編》卷四十八〈戶政二十三·漕運下〉。
〔註87〕 《清儒學案》卷一百六十一〈古微學案·敘錄〉記載：「古微說經力本於常州莊氏學術，推遷殆闢運會，其經世之文，多洞中情事，至於治元史、策海防、彰往察來，斬歸有用，開咸同以後著書風氣，則時為之也。」。
〔註88〕 見賀長齡《皇朝經世文編·敘》記載：「（角思）理于邵陽魏君默深，告成於道光六年柔兆閹茂仲冬也」。可見銜名者雖為賀長齡，董其事者則為魏源。
〔註89〕 《魏源集·皇朝經世文編敍》，頁一五六。
〔註90〕 俞樾：〈皇朝經世文續編敍〉，收於葛士濬：《皇朝經世文續編》。
〔註91〕 以今日可見，清代續作者計有：道光六年（1827）：饒玉成《皇朝經世文續編》，光緒六年（1880）：葛士濬《皇朝經世文續編》，光緒十四年（1888）：盛康《皇朝經世文編續編》，光緒二十三年（1897）：麥仲華《皇朝經世文新編》，光緒二十四年（1898）：邵之棠《皇朝經世文統編》，光緒二十四年（1898）：陳忠倚《皇朝經世文三編》，光緒二十四年（1898）：何良棟《皇朝經世文四編》，光緒二十八年（1902）：楊鳳藻《皇朝經世文新編續集》，光緒二十八年（1902）：金匱闕鑄補齋《皇朝新政文編》，光緒二十八年（1902）：求是齋《皇朝經世文五編》，光緒二十八年（1902）。共9種。尚有存目而不見者。
〔註92〕 幕府制度的盛行，與科舉制度造成的人材過盛是有關的。無法中舉的文人為

更擴大了經世學風與湘學間共鳴的能量。於是自胡瑗、胡安國父子、張栻等大儒為湘地注入時務傳統以來，在六百年心性義理傳統中缺席的湘學，終於在道咸以降形成的經世空氣中再度站上了舞台，而且不論漕運、鹽務、河防，舉凡與民生經濟相關的議題都能見到見到他們情誠辭懇的身影。道光七年，魏源轉入陶澍幕府，陶澍在疏通運河、改革鹽政上的一些意見奏議，魏源亦每每主事其中，而且論斷精切。最有名的例子，便是他對河防問題的斷言：

> 己酉大水，河帥議啓閘，力爭不得，乃躬往懇。總督陸建瀛立予勘驗，獲免啓。七州德之。……嘗論河務，謂宜更復北行故道，咸豐五年，銅瓦廂之決河，由大清河入海，果復北行，其言遂驗。〔註93〕

這兩件事更使時人眞切認識到魏源輿地水利上的才華，同時見識到經世之學的切於時用之處。

魏源先藉由助賀長齡編輯《皇朝經世文編》一事而聲名大噪，復又入陶澍的幕府中得到一展長才的機會。在陶澍幕府中，他將每一次成功的改革經驗都一一記錄下來，提供給後人參考，像是陶澍的票鹽法在淮北試行成功時，魏源作《淮北票鹽記》記錄；湖北大水，魏源參與治河，先後代陶澍作〈湖北隄防議〉、〈東南七郡水利略敘〉，雖是爲他人書作序，但內容則往往總結親身治河的經驗；陶澍與林則徐同治江南水利，工程竣工後，魏源復爲知縣黃冕代擬〈三江口寶帶橋記〉，內容則仍是三年來跟隨陶澍規劃三江形勢的結論。這些著作都不是紙上談兵的議論，而是有切實的成效可規摹的，頗爲時議所重。鴉片戰爭後，林則徐被流放，將他爲抗衡英人所收集的資料交給魏源完成《海國圖志》，魏源也不負所託，書成後「對於啓迪民智、推廓思想，起了巨大的作用」。〔註94〕在這些辭氣暢旺、充滿經世風格的文章的推波助瀾之下，魏源的名氣更大了。故而在魏源以後，湘地學子許多都投身於地利學上，如：新化鄒文蘇一家六子，便有四子專攻輿地之學，〔註95〕連孫輩鄒代

了謀生，或選擇應聘教學，或因其時譽而被延入幕府中爲主公任事、編輯。阮元就任用過焦循、江藩、顧廣圻、嚴杰等文人爲其編纂鉅作；而陶澍則有魏源、包世臣等學人爲其奔走經世治務。雖然人材過盛的現象以江浙一帶最多，所以幕府人材中亦不乏江浙人士，但基於照顧同鄉的理由，幕府延幕的過程往往會受到主公背景的影響，而有地域群化的現象。

〔註93〕《湖南通志》卷一百八十八〈人物志二十九〉。
〔註94〕 張舜徽《清儒學記》〈湖南學記〉，頁329。
〔註95〕 前節已論及，此四子指漢勛、漢嘉、漢章、漢池。

鈞亦然；孫鼎臣、孫頤臣兄弟〔註96〕也是昆仲一同投入了「講求天下阨塞形勢」之學；再如兩任嶽麓山長——袁名曜〔註97〕及王先謙〔註98〕也一樣非常重視輿地學，並且也都有專著呈現。大約說來，1850 年以後的湘地士子，幾乎沒有不受到魏源影響的，經世學風趁著道咸之間的動盪時局興起，遂將明體達用的湘學一躍而推拱成清中晚期學術舞臺的要角。

（二）魏源的經世思想

魏源的經世學風，除了有湘學本身的特質作用之外，另一主要來源則是公羊學。今文學最早發源於莊存與，因此又被稱作「常州學派」。魏源入京後，曾向擅詩禮的胡承珙〔註99〕學漢學，向慎獨的姚學塽〔註100〕習宋學，爾後又與龔自珍一同受學於劉逢祿。〔註101〕道光六年兩人一同參加會試，正逢劉逢祿是主考官，劉逢祿雖大力推舉兩人，但仍然不奏效，事後劉逢祿大加嘆惋。〔註102〕當時劉逢祿正將公羊學由莊氏家學上推正式形成一學派，〔註103〕深獲時人肯定，而學術大家如此讚美後生晚輩，更大大增加兩人的能見度。故魏源自此迺確定轉治《公羊》，學說也充滿了公羊學的時務致用的精神。

如果說王文清等山長們影響的是湘人的治學途徑，魏源則對湘人的風骨有著標竿的作用。魏源對湘學的貢獻，特在學術與時政的結合。由於他曾經

〔註96〕見《湖南通志》卷一百七十六〈人物志十七〉記載：「孫鼎臣，字芝房。……讀書益取古今言學術治道諸書鉤抉奧密，成《畚塱芻論》、《河防紀略》……弟頤臣，字仲嘉……講求天下阨塞形勢。」

〔註97〕見《湖南通志》卷一百八十〈人物志二十一〉的記載：「袁名曜，字峴岡……主講嶽麓書院……尤留心輿圖阨塞、河渠險隘、古今沿革等事，同鄉嚴如熤、陶澍，交推爲楚南人物。」

〔註98〕王先謙亦著有《日本源流考》、《五洲地理志略序》。見《虛受堂文集》。

〔註99〕《清儒學案》卷一百三十八〈墨莊學案〉記載：「胡承珙，字景孟，號墨莊……畢生精力所注則在《毛詩後箋》一書……又著有《儀禮古今文疏義》十七卷。」。

〔註100〕《清儒學案》卷一百二十四〈鏡塘學案〉記載：「姚學塽，字晉堂，一字鏡塘……曰：自宋以來，講學之書多矣，然大略有三：以致知啓其端、以力行踐其實，以慎獨握其要。三者之中，慎獨尤急，不慎獨則所知皆虛，而所行亦僞。」。

〔註101〕《清儒學案》卷七十五〈方耕學案·下〉記載：「劉逢祿，字申受……於《春秋》獨發神悟，嘗謂：諸經中知類通達，微顯闡幽者，厥爲《公羊》一書。」。

〔註102〕劉逢祿爲此寫了〈題浙江、湖南二遺卷〉，內容更讚美魏源是「无雙國士長沙子，孕育漢魏眞經神。」，轉引自《魏源評傳》，頁 26。

〔註103〕梁啓超《清代學術概論》指：「劉逢祿繼之，著《春秋公羊經傳何氏釋例》……亦用科學的歸納法研究，有條貫、有斷制，在清人著述中，實最有價值之創作。」。

體驗過鴉片戰役，因此相較於當時仍自矜爲天朝的讀書人而言，對於時局的急迫性，有更爲切身的感受，故而在立言著說上，無不著意於針砭時弊，從而影響了清末學風的改易。在面對乾嘉考據浮蕩之弊侵襲了士人應有的抱負後，魏源疾呼道：

> 今日復古之要，由詁訓、聲音以進於東京典章制度，此齊一變至魯也；由典章制度以進于西漢微言大義，貫經術、故（政）事、文章爲一，此魯一變至道也。〔註104〕

這是企圖以今文經學替代考據，從而在學術界中舉發其革新的意圖，從他指出「先王之道不在是（指考證學）也，如國家何？」（默觚・學篇・九），便可見出其銳意變革的理由：

> 自乾隆中葉後，海內士大夫興漢學，而大江南北猶盛。蘇州惠氏、江氏、常州臧氏、孫氏，嘉定錢氏，金壇段氏，高郵王氏，徽州戴氏、程氏，爭治詁訓音聲，瓜剖釽析，視國初昆山、常熟二顧，及四明黃南雷、萬季野、全謝山諸公，即皆擯爲史學非經學，或謂宋學非漢學。錮天下聰明智慧，使盡出於無用之一途。〔註105〕

上述言論更明顯可見魏源對考訂學風的不滿。

在此情形下，魏源主張學問應該要能致用於經世事務之上，而不只是紙上談兵：

> 曷謂道之器？曰禮樂；曷謂道之斷？曰兵刑；曷謂道之資，曰食貨。道形諸事謂之治，以其事筆之方策，俾天下後世得以求道而制事，謂之經。……謂之以經術爲治術，曾有以通經致用爲詬厲者乎？〔註106〕

所以我們看到他著《詩古微》是爲「豁除毛詩美、刺、正、變之滯例。而揭周公孔子制禮正樂之用心於來世也」；著《書古微》亦然，是爲得出「補亡」、「正譌」、「稽地」、「象天」四例。這正指出研究經書的目的，必得有助於當代其變革制作興廢的參考，故魏源非常崇尚公羊家思想，主張要能「以《周易》決疑、以〈洪範〉占變、以《春秋》斷事、以禮樂服制興教化、以《周

〔註104〕魏源：〈兩漢經師今古文家法考・敘〉，收於《魏源集》，（臺北：鼎文書局，1978 年 11 月）頁 152。

〔註105〕魏源：〈武進李申耆先生傳〉，收於《魏源集》。（臺北：鼎文書局，1977 年 9 月）頁 359。

〔註106〕魏源：〈默觚・上・學篇・十〉，收於《魏源集》（臺北：鼎文書局，1977 年 9 月）頁 25。

官》致太平、以〈禹貢〉行河、以《三百五篇》當諫書」，同時也讚美這樣通經致用的人材才叫「眞儒」：

> 蓋欲識濟時要務，須通當代之典章；欲通當代之典章，必考屢朝之方策。……必有眞儒，徵斯實用，狂簡不敏，敬有俟矣。〔註107〕

如此便明確地將通經與致用結合了。是以魏源的公羊學雖得自古書之斷制，卻是爲今日的運用，而且爲適用於今，公羊家們往往變更祖制亦在所不惜：

> 一祖之法無不敝，千夫之議無不靡。與其贈來者以勁改革，孰若自改革？〔註108〕

「自改革」的倡議，對於處在當時內外交逼的政局下的人民而言，無疑是份「自強宣言」，既然「天下無數百年不變之法，無窮極不變之法，無不除弊而能興利之法，無不易簡而能變通之法」，〔註109〕那麼在強權的侵軋下，爲了救亡圖存，「師夷長技以制夷」的改革主張，自然就可順理成章地應運而生了。只是魏源的官運一直不順遂，以致他的理想，自己卻沒有實踐的空間，所以「師夷長技以制夷」的口號雖然扣人心弦，在魏源時仍只是空話的階段而已。

　　此外，魏源也特重輿地及史學，因爲「三代以上，天皆不同今日之天，地皆不同今日之地，人皆不同今日之人，物皆不同今日之物」、「氣化無一息不變者也，其不變者道而己，勢則日變而不可復者也。」藉由史證及今地的探勘，決策上錯誤的空間才能更加減少。所以魏源除《海國圖志》外，也對《禹貢》、水文進行通釋，對地理名辭及沿革十分留心；不僅論較明代食兵或以《聖武記》考校清初武功的輝煌，以爲今日借鑑，也將今日戰役的史料細心紀錄，著成如《道光洋艘征撫記》、《乙丙湖貴征苗記》等篇章，留存後人作爲明日之師。這種因究心時務而產生的學術領域的擴大，對後起學子的研究趨向是有標竿的作用的。

二、洋務運動時期的經世思想

（一）太平天國與洋務運動

　　梁啓超曾經指出：

〔註107〕魏源：〈皇朝經世文編五例〉，收於《魏源集》（臺北：鼎文書局，1977 年 9 月）頁 158～161。

〔註108〕龔自珍：〈乙丙之際箸議第七〉，收於《龔定庵全集類編》卷四。

〔註109〕魏源：〈籌鹺篇〉，收於《魏源集》（臺北：鼎文書局，1977 年 9 月）頁 432。

當洪楊亂事前後，思想界引出三條新路：其一，宋學復興。……羅
羅山（澤南）、曾滌生（國藩）在道、咸之交，獨以宋學相砥礪；其
後卒以書生犯大難成功名。……其二，西學之講求。……經曾文正、
李文忠這班人提倡，忽有「洋務」、「西學」等名詞出現。……其三，
排滿思想之引動。洪秀全之亂雖終歸平定，但他們所打的是「趨逐
胡人」這個旗號，與一部份人民心理相應……洪秀全之失敗，原因
雖多，最重大的就是他拿那種「四不像的天主教」做招牌。……因
厭惡西教，遷怒西學，也是思想界一種厄運了。〔註110〕

經此品題，後來學界便將由魏源率先標舉、曾國藩等人提倡實踐的這種自覺
運動，叫做「洋務運動」。

最早是魏源在《海國圖志》中所提及的：

何以異於昔人海圖之書？曰：彼皆以中土人談西洋，此則以西洋人
談西洋。是書何以作？曰：為以夷攻夷而作，為以夷款夷而作，為
師夷長技以制夷而作。〔註111〕

《海國圖志》原是出自林則徐的規劃，〔註112〕林則徐常年與外國人交涉，故
而收錄了不少西洋的資料，所以說是「以西洋人談西洋」，後來因為鴉片戰爭
被流放，出發前將資料交給了魏源，魏源便以依其規摹間以己意，於是成書，
書成後復在卷首置以自序。魏源的文章向來辭氣激昂煽惑，造語聳動，相當
能魅惑人心，就在此序，魏源提出了「師夷長技以制夷」的主張，被兩次鴉
片戰爭刺激得慌亂不已的人心眼前彷彿出現了一條活路，第二次鴉片戰爭才
開始，《海國圖志》便送進了皇宮，戰後不久，總理衙門便成立了，開始一邊
摸索著一邊學習如何和外國人交涉能少吃點虧。

而民間早就在開始在實踐「師夷長技」的主張了，咸豐元年（西元 1851
年）太平天國亂起，咸豐三年（西元 1853 年）時曾國藩正式奉旨辦團練，當
時便向咸豐皇帝要求建水師、買夷炮，隔年更向清廷要求自製槍炮，日後還

〔註110〕梁啓超：《中國近三百年學術史》（臺北：里仁書局，1995 年 2 月），頁37～
～38。

〔註111〕魏源：〈海國圖志序〉，收於《魏源集》（臺北：鼎文書局，1977 年 9 月）頁
206。

〔註112〕魏源自序云：「《海國圖志》六十卷，何所據？一據前兩廣總督林尚書所譯西
夷之《四洲志》，再據歷代史志及明來島志及近日夷圖、夷語。鈎稽貫串，創
榛闢莽，前驅先路。」見魏源：〈海國圖志序〉，收於《魏源集》，頁206。

陸續起造輪船，採用留學生，開辦翻譯館，甚至開辦培養製造夷器的專門學校，並派遣學子留洋接受科技教育，種種舉措皆開當時言路之先鋒。曾國藩有此先進開明的言行實並不令人意外，一方面肇因於他在對抗太平天國的情形下衍生的迫切需求，另一方面，湘地務實的經世學風並不僅只作用在魏源的身上，也同樣使曾國藩選擇接受更多能發揮實效的新奇言論。

曾國藩雖被視爲中興名臣，一方面卻也有人譴責他助滿抑漢、「民族大義，早已喪失」。〔註113〕其實太平天國亂起，不少人原本採取壁上觀的主張，直到咸豐三年（西元1853年）攻下南京，洪秀全發佈一連串措施，其中雖有男女平等的進步主張，卻又要人父子夫妻別居不得共享天倫，不但違乎倫常也不合人情；資本貿易所得則一律公有，也不合乎自十一世紀便有繁複商業經濟脈動的中國社會；此外更一律要人改信上帝、廟宇神像一律搗毀、甚至認定孔孟經學是妖書邪說，等等舉措，均激起士人的憤恨不滿，曾國藩在咸豐四年（西元1854年）的〈討粵匪檄〉中便指出：

> 農不能自耕以納賦，謂田皆天主之田也；商不能自買以納息，謂貨皆天主之貨也，士不能誦孔子之經，而別有所謂耶穌之說，《新約》之書。乃開闢以來名教之大變，凡讀書識字者，焉能袖手坐觀？……李自成至曲阜不犯聖廟，張獻忠至梓潼亦祭文昌。粵匪焚柳州之學官，毀宣聖之木主，所過州縣，先毀廟宇；忠臣義士如關帝、岳王之凜凜，亦污其宮室，殘其身首。〔註114〕

我們看見他悍然批判太平軍毀壞傳統文物、破壞名教的種種逆行，正可見曾國藩的率身而起，絕非是爲捍衛滿清政權，而是以孔孟文化的衛道者自矜的，因此不論是軍中或是治家，曾國藩都特別以正學自許，並與家人、親信互勉，是以錢穆讚美他是：

> 雖在軍中，隱然以一身任天下之重。網羅人才，提唱風氣，注意學術文化，而幕府賓僚之盛，冠絕一時。〔註115〕

爲此湘軍吸引來更多不滿太平天國破壞傳統文化的知識份子，使當時的曾國藩幕府中人才濟濟，不惟治軍將帥、正學衛道之士，就連當時一流的科技人

〔註113〕錢穆：《國史大綱》（臺北：臺灣商務印書館，1985年12月修訂十二版），頁672。
〔註114〕見《曾文正公全集》〈文集〉（臺北：東方書店，1963年12月再版），頁359。
〔註115〕錢穆：《國史大綱》（臺北：臺灣商務印書館，1985年12月修訂十二版），頁675。

材及算學家都已囊括其中。八旗軍到後來已不堪用，因此滿清的軍事權力中心實已旁落至湘軍手上，此時湘軍諸人在行軍之餘仍不忘講學彼此共勉，更使湘軍一躍成爲同光以來的學術中心。

（二）曾國藩的經世思想與湘學

曾國藩用以在湘軍中互相砥礪的「正學」，自是得自其學受所得。最初曾國藩爲學是以舉業爲主，後來他會試中式，益發涉獵多方，尤其是深受桐城姚鼐的影響：

> 自庚子以來，稍涉學問，涉獵於前明本朝諸大儒之書，而不克辨其得失。聞此間有工爲古文詩者，就而審之，乃桐城姚郎中鼐之緒論，其言誠有可取……然後知古之知道者，未有不明於文字者也。……
> 故國藩竊謂，今日欲明先王之道，不得不以精研文字爲要務。〔註116〕

「欲明先王之道，不得不以精研文字爲要務。」一句，可見此時他紹述桐城，旨在文辭上。不過姚鼐在學術上主張學宗程朱，並且以爲「學問之要，有三端焉，曰：義理也，考證也，文章也」，〔註117〕這種以理學爲中心的主張也一樣影響了曾國藩對學術的看法：

> 爲學之術有四：曰義理，曰考據，曰辭章，曰經濟。……苟通義理之學，則經濟該乎其中矣。程朱諸子遺書具在，曷嘗舍本而言末、遺新民而專事明德？……義理與經濟，初無兩術之可分，特其施功之序，詳於體而略於用耳。〔註118〕

這是他在〈勸學篇示直隸士子〉中對學子的訓示，裡面很明顯揉合了姚鼐的主張。而其中「通義理之學，則經濟該乎其中」的看法，則清楚可見是脫胎自唐鑒〔註119〕：

> 至鏡海先生處，問檢身之要，讀書之法。先生言：「當以朱子全書爲宗。」……又言：「治經宜專一經，一經果能通，則諸經可旁及。」……

〔註116〕曾國藩：〈致劉孟蓉書〉。見《曾文正公全集》〈文集〉（臺北：東方書店，1963年12月再版），頁322。

〔註117〕姚鼐：〈述庵文鈔序〉，收於《惜抱軒文集》卷四。

〔註118〕曾國藩：〈勸學篇示直隸士子〉，見《曾文正公全集》〈雜著〉（臺北：東方書店，1963年12月再版），頁491。

〔註119〕《清儒學案》卷一百四十〈鏡海學案·敘錄〉：「鏡海爲學，主省身持敬、精思力踐，以施於有政。於宋宗程朱、於明宗薛胡，於清宗陸張，排斥心宗最力，以爲害道」。

> 「爲學只有三門：曰義理、曰考核、曰文章。考核之事，多求粗而
> 遺精、管窺而蠡測；文章之事，非精於義理者不能；至經濟之學，
> 即在義理內。」又問經濟宜如何審端致力，答曰：「經濟不外看史。」
> 〔註120〕

不過在此曾國藩雖然沿用唐鑒「經濟之學，即在義理內」，也認爲「義理與經濟，初無兩術之可分」，但是湘學特重時務的精神，仍使他特別標舉出「經濟」一門，與「義理」、「考據」、「辭章」分庭抗禮，因而符應了清中葉以降因應亂世的需求；而且「義理與經濟，初無兩術之可分，特其施功之序，詳於體而略於用耳」的主張，將經濟藏於義理之中，也大大提升了理學的地位，扭轉清代朝野間普遍存在認爲程朱理學家迂闊的印象。

曾國藩是在京官任內結識了倭仁〔註121〕、唐鑒等篤守程朱性理的學者，而且結識甚早，所以對他早年程朱思想的紮根，影響就更爲深遠了。史上記載：

> 國藩自入翰林時，即與長白倭仁、善化唐鑒、師宗何桂珍、六安吳
> 廷棟講明正學，灼然於義利公私之辨。〔註122〕

藉由師友間的互相砥礪，原本承自姚鼐的程朱學統更加根植，也更加堅定他以程朱理學爲中心的義理主張。在接受唐鑒教諭的二年後，曾國藩在一封致諸弟的信中，就將唐鑒的意見幾乎原封不動地用以告誡在家鄉的弟弟們，更可見他早年對程朱學的篤嗜，甚至會對考據學採取「無取焉矣」，〔註123〕到了視若冰炭的態度了。

然而身處在乾嘉學術的氛圍中，擅於雜糅的湘地學風卻使他不能無視於漢學，道咸以降的荊榛時局也使他不能坐視漢宋嫌隙日益擴大，於是「一宗宋學」的態度已有轉變，代之以漢宋調和休兵、一致抗敵的思想。是以咸豐

〔註120〕見《曾文正公全集》〈日記〉（臺北：東方書店，1963 年 12 月再版），頁 243。。

〔註121〕《清儒學案》卷一百六十五〈艮峰學案〉：「倭仁，字艮齋，一字艮峰……爲學力求實踐，一以朱子爲歸」。

〔註122〕《湖南通志》卷一百八十一〈人物志二十二〉。

〔註123〕曾國藩：〈家書·道光二十三年正月十七日〉：「蓋自兩漢以至於今，識字之儒約有三途：曰義理之學，曰考據之學，曰辭章之學。各執一途，互相詆毀。兄之私意，以爲義理之學最大。義理明則躬行有要而經濟有本。詞章之學，亦所以發揮義理者也。考據之學，吾無取焉矣。此三途者，皆從事經史，各有門徑，以爲欲讀經史，但當研究義理，則心一而不紛。是故經專守一經，史則專熟一代，讀經史則專主義理，此皆守約之道，確乎不可易者也。若夫經史而外，諸子百家，汗牛充棟，或欲閱之，但當讀一人之專集，不當東翻西閱。」，見《曾文正公全集》（臺北：東方書店，1963 年 12 月再版），頁 47～48。

九年，他在湘軍的陣營中寫信告誡其子曾紀澤的讀書方法，就與前此不同：

> 學問之途，……國朝又自成一種風氣，其尤著者，不過閻百詩、戴
> 東原、江慎修、錢辛楣、秦味經、段懋堂、王懷祖數人，而風會所
> 扇，群彥雲興。有志讀書，不必別標漢學之名目，而不可不一窺數
> 君子之門徑。〔註124〕

只是曾國藩之所以接受漢學，是以「一窺門徑」爲主，可見他雖然接受了部份清代學術的治學方法，但義理根基則仍自奉程朱爲圭臬。而且爲了撮合漢宋，他將朱子的「即物窮理」與孔子「好古敏求」、舜「好問好察」畫上了等號，如此一來，曾國藩竟以爲漢學門徑與朱熹的精旨是不謀而合的：

> 近世乾嘉之間諸儒，務爲浩博。惠定宇、戴東原之流，鉤研詁訓，
> 本河間獻王實事求是之旨，薄宋賢爲空疏。夫所謂事者，非物乎？
> 是者，非理乎？實事求是，非即朱子所稱即物窮理者乎？名目自高，
> 詆毀日月，亦變而蔽者也。〔註125〕

由此可見，曾國藩之有「一宗宋儒，不廢漢學」的主張，實便建立在「實事求是」即「即物窮理」的理論基礎上，企圖將朱熹「即物窮理」的哲學命題加以轉化，落入等同於考據精神的層次，以便證明宋賢的不「空疏」。

上述文字是出自曾國藩爲其師唐鑒的《國朝學案小識》所作的序文中。嘉慶二十三年（西元1818年）江藩的《漢學師承記》一出，引起宋學界一片譁然，道光四年（西元1824年）方東樹著《漢學商兌》強力反擊，開啓漢宋的爭端。唐鑒的《清儒學案小識》中雖然沒未置太多議論，然而所述學案在處理漢學家時的立場卻不甚友善。當時正值鴉片戰爭之後，曾國藩在此時爲其師作題跋，態度卻明顯是欲建立一漢宋調和的主張，而和其師全書宗旨不同，這大致是有感於滿目荊榛的時勢吧！

曾國藩所採取「一宗宋儒，不廢漢學」的調和主張，其原文如下：

> 朱子五十九歲與陸子論無極不合，遂成冰炭，詆陸子爲頓悟；陸子
> 亦詆朱子爲支離，其實無極矛盾在字句毫釐之間，可以勿辨。……
> 朱子主道問學，何嘗不洞達本原？陸子主尊德性，何嘗不實徵踐

〔註124〕曾國藩：〈家訓·咸豐九年四月二十一日〉，見《曾文正公全集》（臺北：東方書店，1963年12月再版），頁154。

〔註125〕〈書學案小識後〉，見《曾文正公全集》（臺北：東方書店，1963年12月再版），頁316。

履？……國藩一宗宋儒，不廢漢學。〔註126〕

歷來引用此節，大抵都只注意到他「一宗宋儒，不廢漢學」調和立場，然而曾國藩在議及朱陸之辨時所採取的「在字句毫釐之間，可以勿辨」的說法，卻正完全透顯了他何以有「實事求是」等同於「即物窮理」的理論，實是肇因於湘人特重形下義理的影響。朱陸異同的問題當然絕非是「可以勿辨」，也不僅是存在於「字句毫釐」間的小岐見，而是有其義理層次的不同。然而曾國藩也許是不了解，也許是故意忽視這個問題，而將二者硬是強合成說。事實上，湘人本就有特重形下義理的現象，鮮少論及天道的問題，影響所及，及遂使湘人在六百年的形上義理論戰中缺席。而曾國藩家原是普通的農戶，成長以來一直以舉業為目的，直到中舉了，接觸了京城裡的學問家，〔註127〕才開始議及程朱性理學；他在向學之後，之所以特重程朱學，一則為湘地的朱學風的影響，一則也是因為認定程朱義理可使「躬行有要而經濟有本」，〔註128〕才會在學問三途間選擇義理一道，在這種背景下，也難怪曾國藩不能了解朱陸異同的癥結。而也就是這種由形下義理所衍生的明體致用的要求，才是使曾國藩在論程朱、陸王之異同時採取「可以勿辨」主張，也是曾國藩選擇將「即事窮理」和「實事求是」混為一談，以撮合漢、宋的原因，目的則是化解對立而落實於致用之途上。

　　所以從姚鼐、唐鑑以來，曾國藩的師長雖然都主張經濟即在義理之中，他仍不憚其煩地每次都問及如何用義理致用於經濟的問題，直到他看到秦蕙田的《五禮通考》，〔註129〕終於發現了結合漢宋以明切世用的可能性：

〔註126〕〈覆穎州府夏教授書〉，收於：《清儒學案》卷一百七十七〈湘鄉學案上〉。
〔註127〕據《湖南通志》卷一百八十一〈人物志二十二〉記載：「國藩自入翰林時，即與長白倭仁、善化唐鑑、師宗何桂珍、六安吳廷棟講明正學，灼然於義利公私之辨。」而〈致劉孟蓉書〉中亦自言：「僕早不自立，自庚子以來，稍事學問」，庚子為道光二十年，時曾國藩入京大病，逢吳廷棟救治始癒，隔年才遇唐鑑提點為學之方，可見其接觸程朱學實於入京以後的事了。
〔註128〕見曾國藩：〈家書·道光二十三年正月十七日〉：「蓋自兩漢以至於今，識字之儒約有三途：曰義理之學，曰考據之學，曰辭章之學。各執一途，互相詆毀。兄之私意，以為義理之學最大。義理明則躬行有要而經濟有本。」見《曾文正公全集》（臺北：東方書店，1963年12月再版），頁47。
〔註129〕《清史稿》卷三百四〈列傳九十一〉：「秦蕙田，字樹峰，江南金匱人。……蕙田通經能文章，尤精於三禮，撰《五禮通考》，首採經史，次及諸家傳說儒先所未能解決者，疏通證明，使後儒有所折衷。以樂律附吉禮，以天文曆法、方輿疆理附嘉禮。博大閎遠，條貫賅備。又好治易及音韻、律呂、算數之學，皆有著述。」

鄙意由博乃能返約，格物乃能正心，必從事於禮經，考覈於三千三百
之詳，博稽乎一名一物之細，然後本末兼賅，源流畢貫。雖極軍旅戰
爭食貨凌雜，皆禮家所應討論之事。故嘗謂江氏《禮書綱目》，秦氏
《五禮通考》，可以通漢宋二家之結，而息頓漸諸說之爭。〔註130〕

《禮》的研究法，當然是本諸實事求是的原則，而《禮》的致用，則正可言
乎經濟典制。在曾國藩的腦海中，一幅畫面成形了：藉由《禮》的考核，正
可完全發揮漢學門徑教人學問篤實，復可致用於宋學的修身踐履，更藉由經
濟典章的研究，而完全達到明體致用的經世需求，不惟兩全，而且是三美。

於是曾國藩以「以禮調和漢宋」爲思想基礎，將漢、宋、經世揉爲一體，
形成了一股以時務致用爲主軸，調和眾說務力改革爲方針，充滿務實精神的
經世思想，並且藉由湘軍愈來愈壯大的聲勢加以傳播，而成爲道、咸年間湘
地經世學風的主流：

故每私發狂議：謂今日而言治術，則莫若綜覈名實；今日而言學術，
則莫若取篤實踐履之士。物窮則變，救浮華者莫如質，續戤之後振
之以猛。意在斯乎！〔註131〕

在此我們看到，不論學政，曾國藩所主張的經世思想就是兩點：一爲「實」、
一爲「變」。所以他主張研究治術要「皆以本朝爲主，而歷溯前代之沿革本末，
衷之以仁義，歸之以易簡，前世所襲誤者，可以自更之；前世所未及者，可
以自我創之」，〔註132〕凡可收實效實用者，甚至可「自更」「自改」。這種經世
思想，發而爲用，便展現是在務實的種種舉措上，只要有根據、能致用，任
何主張都可被揉雜採納。在他的帶領下，胡林翼、江明源、李鴻章、左宗棠，
這些將領也同樣選擇以致用爲綱領廣納眾家的手段，各自形成了他們的經世
幕府。其中曾國藩的門庭最是開闊。他的幕僚人員總數據說將近四百人，設
立了許多分支機構，不論是制洋器、辦教育、刊經書、籌經費都能專材專用：
雖然他愛任用親私，可是他也用過容閎——這位曾經想投靠洪秀全的華僑；
雖然他幫李善蘭刊印《幾何原本》，可是他也刊行過《王船山遺書》以及四史

〔註130〕曾國藩：〈覆夏弢甫〉，見《曾文正公全集》〈書牘〉（臺北：東方書店，1963
　　　　年12月再版），頁231。

〔註131〕曾國藩：《復賀耦耕中丞書》，見《曾文正公全集》〈書牘〉（臺北：東方書店，
　　　　1963年12月再版），頁193。

〔註132〕曾國藩：〈日記・辛亥七月〉，見《曾文正公全集》〈日記〉（臺北：東方書店，
　　　　1963年12月再版），頁262～267。

等古籍；他依容閎的話讓學生公費留洋，但他也讓張裕釗〔註133〕留在幕府中專習古文。除了切實實踐洋務的主張，他仍不忘自己起身捍衛名教的理想。在他的提攜下，漢臣數量大增，漢人入仕的機會也變多了，表面上延緩了清帝國衰亡的命運，實際上卻已將滿清的權力漸漸架空了。

三、湘地經世思潮的影響

（一）魏源經世思想對湘學的影響

　　魏源的經世思想中，企圖以公羊學取代漢宋學問的主張雖未被承繼下來，但是爲激奮其時極喪志的民心而致力於古史學的修訂，〔註134〕及爲擴展國人眼界而帶動的輿地學研究，〔註135〕二者卻都深深撼動道咸初期懵懂的人心，被稱爲是開眼看世界的第一人；至於其「師夷長技以制夷」的主張，在當時屢受英法侵陵，甚至攻進京師、民心震盪的情況下，更無疑是盞救時的明燈，此一主張影響所及，如曾國藩等團練在敉定太平天國之時，便興建兵工廠，藉由製造槍炮、輪船等「夷器」來平亂；而康有爲、梁啓超等，則藉由民權平等之「西教」變法以救時。可見魏源對清中晚期政治社會影響之巨大。

　　有趣的是，儘管魏源的風骨深深影響著湘人的言行，治學方針也深深影響著湘人的治學趨向，但遍閱整部《湖南通志》，卻幾乎完全沒有任何人步其後塵改治《公羊》，究其原因，湘地深刻的朱子遺風或是一因，另一原因，卻與湘學本身治學的雜糅性質不無關聯。

　　前已述及，魏源學術師承十分多元，這是十分罕見的現象，或又可歸諸是湘學兼治諸學的傳統影響吧！也因此魏源的著作相當多，種類也十分龐雜。他在解經方面多探今文家法，如《書古微》、《詩古微》等；但《孔子年表》、《孟子年表》等考訂文章，則有漢學的遺跡；至於《默觚》三卷，則是宋學語錄的形態。同時更更訂四書爲《小學古經》、《大學古經》、《孝經集傳》、《曾子發微》四種——這《古微堂四書》中，明顯地兼賅了傳統倫理秩序的

〔註133〕《清儒學案》卷一百七十七〈湘鄉學案上〉：「張裕釗，字廉卿，……從曾文正公游，篤志古文學，以大進其文……中年以後主講金陵文正、江漢經心、鹿門及保定蓮池書院。……將死，自營壙於有宋大儒張子墓旁，可以知其嚮往矣。」

〔註134〕如記述清朝前期文韜武略的《聖武記》，記述元帝國功勳的《元史新編》等，大抵在緬懷前朝強盛的國勢，激起百姓痛定思痛，起而效尤的志氣。

〔註135〕如《四洲志》及《海國圖志》等。

維持、漢學樸學的法門、宋學義理的追求，以及公羊治世的大同理想，可說
是湘學雜糅形態的另一高峰。若連魏源本人都不純粹是專治公羊的學者，在
此情形下，湘人欲紹述其學，選擇是相當多元化的，自然更著重在其時務學
上，而不欲另掀起一場學術爭辯來。而魏源晚年復逢太平天國亂事，此時起
身抗衡的中興名臣，便是曾國藩。他一來以正學飾身，遂使天下靡然向風；
再者又喊出了「以禮調和漢宋」的口號，頗有使學界休兵一致抗外的魅力，
故而是否要以公羊學取代漢宋，也似乎就不那麼重要了。

魏源雖標榜公羊，但實際治學則雜糅了東西漢、宋、清各朝的獨到學問，
更由於他對時局的認識，因此在學術的探討重心上，已掙脫了今古漢宋之
爭，而著重在時務性的課題，並且率先點出了中西文化各有擅場的事實，如
此一來，學術重心應可順利由內部的爭隙轉向中西調和的問題，從而吸取西
方經驗，改良本國文化，對學術、對國情，都是最好的轉變。然而在魏源提
出「師夷長技」的主張後不到四十年的時間，曾國藩的漢宋兼采的主張挾著
平亂英雄的威名席捲學術界，學術界的焦點也隨之轉向內部的衝突，而無暇
顧及傾頹的世局。

（二）曾國藩經世思想對湘學的影響

曾國藩以書生遽犯大難，「隱然以一身任天下之重」。他將湘軍打造成咸
同年間的軍事文化重鎮，用武力以及教育來維護傳統倫常，中興文化；同時
他倡議「以禮調和漢宋」，敉平學術內訌；思想上他主張漢宋兼采，並有以禮
調和漢宋之議，因而言路大開人材廣納；又實踐「師夷長材以制夷」的主張，
為中國步入現代化，與國際脈動接軌踏出了第一步；逐步提升了漢臣的地位，
架空了滿清的權力，重建被滿清政府長久壓抑的民族自信心……種種全新的
情勢，都是曾國藩以身犯險，將經世主張加以踐履而來。

不過初時曾國藩雜糅廣納的經世思想確實在人材的吸納及洋務措施如火
如荼的展開中見出成效，但隨著時間愈來愈長，用人素質的良莠不齊，以及
紙上談兵的失敗新政，反而形成了洋務運動尾大不掉的包袱。是以對太平天
國的戰役中，洋務運動雖然因太平天國內訌而取得初步勝利；但隨之而起的
種種新政，卻往往在無法克服的因素下倉促腰斬。究其原因，就是因為洋務
運動的新政是純粹以實務致用為取向，而未能形成一個宏觀而細緻的規劃藍
圖，草率煉鋼，以致處處受挫。雖然嚴格說來，洋務運動的經世思想並不算
完全失敗，至少它為魏源「師夷長技以制夷」的理論做了初次的踐履，而且

也開啓了中國邁入現代化的開端，然而在時局窘迫的情形下，任何一次失敗都會動搖中國脆弱的根基，反而加速了滿清政府的敗亡。

此外「以禮調和漢宋」的主張中，將漢學與宋學結合在「實事求是」、「即物窮理」的治學工夫上，也種下許多原本奮身亂世的學者在戰役後期逐漸選擇投入學術、淡出湘軍的主因〔註 136〕——因爲在曾國藩的主張中，「實事求是」的考據法門（曾國藩覺得它和「即物窮理」是一樣的，都是在物上求知以致用）是雜納漢、宋、經濟爲一體的門徑。然如果漢、宋甚至經世議題都必須被依《禮》學考據來調和，一切便須回到經典中重新完成其爬梳的工作，如此一來迫切的時務反而被放下了，一切又回到學術內部問題的處理上。

我們當然並不是說每個人都得投筆從戎，不能從事學術，但是回歸的手段卻採用最煩瑣的考據工夫。對時勢而言實在太不利。方此之時，最迫切的是敉平學術紛爭，使人材或回歸時務、或回歸治學，各自得到安頓。但在此說的影響下，就連時務致用也終究得回到了故紙堆裡去。於是就在晚清最迫切的情勢中，反而把傳統學術的走向又逼回到書本去，完全無法適時地發揮學術指導時局的功用。

四、小　結

在道、咸年間的經世風氣中，湘地原本的時務精神恰恰可與這股風氣完全接榫。此時山長們的舉業教育也適時見出成效，使得中舉的官員有足夠實踐此一時務精神的機會；而幕府制度更連帶擴大了許多同鄉士子的參予，同時推廣此一理念、讓其他地域的幕僚人士也受到影響——這些都會在無形中增幅了湘學的能量。而眞正使湘學影響力發揮極致的，則是道、咸以降風雨飄搖的時局。趁時而起的湘學藉此得到了最大的能見度及足夠實踐的機會，一言一動因而都放大了它的影響力，也因此使湘學竟然成爲清代義理的轉捩關鍵！

第三節　漢宋之爭與湘學的回應

學術史上漢宋分流的情形，可遠溯自宋儒的自覺，然而眞正的對峙，卻

〔註136〕如劉蓉、周壽昌、王先謙學者，雖然一度投身幕府，但一來與當局賓主不洽，二來事功無法建立，選擇退而著述本是中國士習，固而皆選擇遯退。然雜采漢學法門以著述，這則是受到曾國藩所提倡的融漢、宋、經濟於一體的經世思想的影響。

是始於清儒。在鑑於對漢儒學風瑣屑，又缺乏義理的不滿下，宋代儒者普遍存在著一股反動漢學的心態，並且凝結成共識，孕育出新的學閥，與漢儒大張異幟，專務於義理上的抉發，形成了兩種相為表裡的治學別派，是漢宋區別的開始。其實漢宋這兩種治學方式畢竟是相輔相成的，論義理如何能不通經籍？解經疏又怎能不懂義理？然而為了與前儒區隔開來，立場上便不免太過墨守。道學家在「尊德性」的立場上太過堅持，卻使末流竟有「束書不觀」的標榜，大大敗壞了士林風氣，是以清儒便又重持「道問學」的舊路，並對前儒加以撻伐。正是在反動理學末流狂禪心態的需求下，清儒們痛徹地改易了此一虛玄的浮弊，而擷選務實於經世信念的漢學作為對抗的籌碼，如此一來，漢宋各有流脈，彼此張幟抗權，釀成了學術史上龐大的漢宋對抗。

一、漢宋之爭

（一）顧炎武的通經致用說

　　重拾漢學，清儒豈不是大開起學術倒車來了？其實不然。此時清儒們所奉行的漢學，卻是一種更科學化的考據，運轉此法，迺使清學在典籍考訂上貢獻卓絕，千年混沌為之豁然，功不可沒。然而顧炎武的標榜考據，實不僅為恢復經書的本來面貌，更是企圖「通經以致用」。通經之所以致用者，是因「孔子刪述六經，即伊尹、太公救民水火之心。」，〔註137〕考據經書既可直抵聖人本心，復可並濟世用，因而顧炎武為首所提倡的考據實證之學大行於世，實是其來有自。

　　顧炎武的理想，實是企圖建立一清代的「文本義理學」：

> 後之君子，因句讀以辨其文，因文以識其義，因其義以通制作之
> 原，則夫子所謂以承天之道而治人之情者，可以追三代之英，而
> 辛有〔註138〕之嘆，不發於伊川矣。〔註139〕

〔註137〕顧炎武：〈與人書二〉，收於《新譯顧亭林文集》，（臺北：三民書局，2000 年 5 月），頁 373。

〔註138〕據《新譯顧亭林文集》的注釋指出：「辛有為周大夫，平王東遷時，辛有前往伊川，見有人披髮而祭於野外，便說：『不到百年，這裡就成了戎族的住地，禮制先就消亡了。』此後，秦國、晉國把陸渾之戎（古族名）遷徙到了伊川。」（臺北：三民書局，2000 年 5 月），頁 131。

〔註139〕顧炎武：〈儀禮鄭注句讀序〉，收於《新譯顧亭林文集》，（臺北：三民書局，2000 年 5 月），頁 130。

這在第二章論及清代學術時便已提及。藉由文本義理學的抉發，可上推聖人本心，而唯有透過經典通貫這兩千年來的文明，才能為當世樹立一深層的精神指導。所以整個清代學術的目的實是為了不再發「辛有之嘆」，為了在異族的統治下延續文化生命。句讀只是這個龐大目的的一個初步手段，「通制作之原」以「治人之情」才是亭林考訂音義所企圖建立的文本義理，而從「句讀→識義→通原→得道」的進程，才是亭林建立此一文本義理的方法論。爾後皖派戴震的「由字以通其詞，由詞以通其道」〔註140〕、吳派錢大昕的「六經者，聖人之言，因其言以求其義，則必自訓詁始」〔註141〕其實都是此一方法論的延續，至於《四庫全書總目提要》：「讀古人之書，則當先通古人之字，庶明其文句，而義理可以漸求。」〔註142〕、「古聖王經世之道，莫切於禮。然必悉其名物，而後可求其制度，得其制度，而後可語其精微。」〔註143〕的觀點，更正式為此一清學的方法論樹立了權威。正因為清儒說經的目的都是確信文本中的確可以提煉出聖人之本心，因此不論吳、皖諸儒都曾對未經考證訓詁抽繹的學問表示存疑，如戴震：

> 言者輒曰「有漢儒經學，有宋儒經學，一主於故訓，一主於理義」此誠震之大不解也者。夫所謂理義，苟可以舍經而空憑胸臆，將人人鑿空得之，奚有於經學之云哉？〔註144〕

如王鳴盛：

> 經以明道，而求道者不必空執義理以求之也，但當正文字、辨音讀、釋訓詁、通經傳，則義理自見，而道在其中矣。〔註145〕

事實上在流風所及下，就連主張經世致用的陶澍，治學上一樣主張要以文本抽繹聖人之旨要，非抽繹自文本的言論仍是備受質疑的：

〔註140〕戴震：〈與是仲明論學書〉，收於《戴震全書》卷六（合肥：黃山書社，1995年10月），頁369。
〔註141〕錢大昕：〈臧玉林經義雜識論序〉，收於《潛研堂文集》卷二四（南京：江蘇古籍出版社，1997年12月），頁357。
〔註142〕《四庫全書提總目提要》經部卷三十三〈九經古義〉條（北京：中華書局，1992年10月），頁277。
〔註143〕《四庫全書提總目提要》經部卷十九〈禮說〉條（北京：中華書局，1992年10月），頁156。
〔註144〕戴震：〈題惠定宇先生授經圖〉，收於《戴震全書》，卷六（合肥：黃山書社，1995年10月），頁504。
〔註145〕王鳴盛：《十七史商榷‧序》。

夫六經謂之經，四子之書亦謂之經。經者常也。聖賢之言，如天地
之常道，範圍而不過，曲成而不遺，約之為四子，散之為《易》、《詩》、
《書》、《禮》、《春秋》。不貫通乎《易》、《詩》、《書》、《禮》、《春秋》
而能闡發四子者，吾不信也；不貫通乎《易》、《詩》、《書》、《禮》、
《春秋》以闡發四子而能代四子立言，吾尤不信也。〔註146〕

然而漢學家雖相信字義訓詁與文本義理間有直通的道路，但是卻直到凌廷
堪、阮元在治《禮》的過程抽繹出「義例」這個方法，才正式補足了「句讀
→識義」到「得道」間的空白，而顧炎武所謂「因其義以通制作之原」的可
能性才終於被證實了。所以嚴格說來，清學的理論應當至此才算發展成熟，
之後才要進入正式致用、開展全面性建立清儒文本義理的階段。

顧炎武的通經致用的主張，既是在勾勒一「文本義理」的呈現，自與理
學家所相信的、純粹性善的「形上義理」的主張立異，也因而形成清代漢宋
之爭的發端。

（二）《漢學師承記》與《漢學商兌》

嘉慶二十三年（西元 1818 年）江藩的《漢學師承記》，引起宋學界一片
譁然，然是書作於此年，其實便是在預告清學的完全獨立。嘉慶二十一年（西
元 1816 年）時阮元正好遷調湖廣總督，兩年後江藩成書，阮元並為之作序，
這代表阮元是過目過此書，而且其實是認同此書的。在〈序〉中，阮元除了
讚美此書可使「漢世儒林家法之傳授、國朝學者經學之淵源，大義微言，不
乖不絕」之外，又於書中表示出自己欲刊刻《大清經解》的念頭：

元又嘗思，國朝諸儒說經之書甚多，以及文集說部，皆有可采，竊
欲析縷分條，加以剪裁，引繫於群經各章句之下。……如此勒成一
書，名曰：《大清經解》。〔註147〕

纂輯《大清經解》的想法後來雖未付諸實行，〔註148〕但此一理想，實正代表

〔註146〕陶澍：〈尊經書院課藝序〉，收於《陶忠毅公全集》卷三十七。

〔註147〕阮元：〈漢學師承記序〉，收於江藩：《漢學師承記》。

〔註148〕阮元於序中原指：「能總此事，審是非、定去取者，海內學友惟江君暨顧君千
里二三人。」可見原意是要交由於江藩來主編，這也可見江藩對阮元想樹立
清學的雄心亦有所與，然而阮元異動在即，「顧氏時在揚州校刻《唐文粹》諸
書，而江氏已退息門矣」，最後改由嚴杰主事，體例也已改成「以人之先後為
次」。事見漆永祥：《漢學師承記箋釋》記載（上海：上海古籍出版社，2006
年 2 月），頁 7～8。

阮元有意終結由「句讀→識義」這個階段的停滯，而欲進入「通原→得道」
的階段，正式將清學建立起來。因此想藉由文本資料的歸納，為清學先行建
立一資料庫。所以他對江藩將考據學前輩學者的學術冠以「漢學」的名稱並
無疑義，而且《漢學師承記》所收，皆為吳、皖考證派學者，阮元稱這些人
是「淵源」，間接也有切割考據學與即將建立的清代經學之間的關聯，為上一
個學術時代進行總結的用意。然而書成之後，不論時人甚或迄今，都將此書
視為是揭櫫異幟，意在建樹，為了與之抗衡，宋學界迺企圖展開強力反擊。
道光四年（西元 1824 年）方東樹完成《漢學商兌》對漢學進行批判：「首溯
其畔道罔說之源，次辨其依附經義小學似是而非者」，〔註149〕之後便擴大漢宋
之爭；道光二十五年（西元 1845 年）唐鑑編《清儒學案小識》，其中雖然沒
未置太多議論，然而所述學案在處理漢學家時的立場也不甚友善，漢宋至此
判若冰炭，原本建立清學的目標也因焦點被漢宋爭議模糊了而被打亂了步調。

　　方東樹《漢學商兌》成書於阮元幕內，據說此書曾呈送給阮元過目，希
望獲得他的支援來刊成，結果阮元不予支持；二年後阮元調職，方東樹離幕，
於是修改原書印行，並對阮元亦加以批判。方東樹將《漢學師承記》內表彰
過的學者一一指疵糾謬，說「名為治經，實足亂經；名為衛道、實則叛道」。
〔註150〕以今日看來，方東樹意見雖不盡不實，但委實持論太過，前人去古未
遠就大肆抨擊又有失厚道，而且漢學時代都結束了，再啓釁端只會混亂焦點。
所以阮元選擇不予刊刻是有道理的。然而自此二書一出，漢宋嫌隙日深，漢
學學者固因《漢學商兌》的批判而或動搖，然標舉宋學的桐城派，其學行也
是著重在古文章法上，於經說無益，於是在漢宋互爭的情形下，清代學術陷
入互相排軋的混亂局面，回歸考據學家打下的堅實基礎上抽繹清代義理學的
美夢，此時幾乎完全幻滅了。

（三）淩廷堪「以禮代理」的主張

　　湘學因為明體致用的精神而特重治禮的現象，我們在第三章中已討論
過。而在清代，不特湘學重禮，禮學研究是整個清代的向趨：一方面實不無
向明末流於狂禪學者進行反動的意味，另一方面，從顧炎武以降的清儒者都
相信《禮》學的考證過程最終能直探聖人本心，也就是所謂：「因句讀以辨其
文，因文以識其義，因其義以通制作之原」。這觀念不僅見於亭林，在其他的

〔註149〕方東樹：《漢學商兌‧序例》。
〔註150〕方東樹：《漢學商兌‧序》。

清儒身上也能見出。戴震在《題惠定宇先生授經圖》中也認爲：「賢人聖人之理義非它，存乎典章制度者是也」，《四庫全書總目提要》也一樣以爲：「古聖王經世之道，莫切於禮。然必悉其名物，而後可求其制度，得其制度，而後可語其精微。」〔註151〕，而阮元在考治《禮》學時，對於如何「通制作之原」、如何才叫「稽古有得」還引申出更深入的闡釋：

> 稽古之學，必確得古人之義例，執其正，窮其變，而後其說之也不誣；
> 政事之學，必審知利弊之所從生，與後日所終極，而立之法，使其弊
> 不勝利，可持久不變。蓋未有不稽古而能精於政事者也。〔註152〕

於是通過「確得古人之義例」所獲得的，便是顧炎武認爲「孔子刪述六經，即伊尹太公救民水火之心。」〔註153〕的「制作之原」，是以阮元在《漢學師承記》中指出其欲刊刻一部《大清經解》，目的即是在企圖總結清代學術前期、乾嘉漢學的成果，使後人得以自《大清經解》的歸納工夫中抽繹出古人的義例，完成清學「文本義理」的呈現，雖然未曾成書，但旺盛的企圖心仍是不言自諭。

所以阮元等學者之喊出「以禮代理」的目的，並非專是爲揭幟於理學之外，而是有他建立清學的需求的。因爲禮學本是稽古之學，恰使學者在研究時必得「確得古人之義例」才能獲致「文本義理」，也就是必須完成「句讀 $\xrightarrow{\text{文字}}$ 識義 $\xrightarrow{\text{訓詁}}$ 通原 $\xrightarrow{\text{釋例}}$ 得道」的完整步驟，這份《禮》學研究才有其意義。所以我們看清代治《禮》的學者，如秦蕙田的《五禮通考》，其考訂方式，乃：「舉二十二史之記載，悉以《周禮》、《儀禮》提其綱。上自朝廷之制作，下逮諸經之議論，靡不搜抉厹隱，州次部居，令讀者一覽易曉」；〔註154〕再如凌廷堪作《禮經釋例》，也是「仿杜徵南之於《春秋》，分通例、飲食之例、賓客之例、射例、變例、祭例、器服之例、雜例，爲八類」，〔註155〕而以義例爲研究中心。並且凌廷堪更指出，不是提挈出「義例」的存在就好了，還要能「貫之」：

> 不會通其例以貫之，祇厭其膠葛重複而已耳，烏睹所謂經緯塗徑者
> 哉！……其宏綱細目必以例爲主，有非訓詁名物所能賅者。〔註156〕

〔註151〕《四庫全書提總目提要》經部卷十九〈禮說〉條。
〔註152〕阮元：〈漢讀考周禮六卷序〉，收於《揅經室一集》卷十一（臺北：臺灣商務印書館，1967年3月，頁218。
〔註153〕顧炎武：〈與人書二〉，收於《新譯顧亭林文集》，（臺北：臺灣商務印書館，1967年3月，頁373。
〔註154〕盧見：〈五禮通考序〉，引自《五禮通考》。
〔註155〕阮常生：〈禮經釋例序〉。
〔註156〕凌廷堪：〈禮經釋例序〉，收於《校禮堂文集》卷二十六（北京：中華書局，

通過《禮》學考訂所獲致的義例，若能再和群經義例互爲發凡，此一「句讀
→識義→通原→得道」的進程才算完整，這才是清學的方法論，才可能完成
一「還原自經典的自得義理」。淩、阮二人的學友焦循，雖然長項不在治《禮》，
然而治經時也主張採用通貫義例的模式：

> 經學者，以經文爲主，以百家、子、史、天文、算術、五行、六書、
> 七音等爲之輔，彙而通之、析而辨之、求其訓故、核其制度、明其
> 道義，得聖賢立言之指，以正立身經世之法。以己之性靈、合諸古
> 聖之性靈，並貫通於千百家著書立言者之性靈，以精汲精，非天下
> 之至精，孰克以與此？〔註157〕

其於〈覆姚秋農先生書〉依《三國志》的補注求其變化有七例，更可見通貫
義例的治學模式已有致用於群書的現象了。可見「以禮代理」雖然標誌著清
學自考據以來的方法論上的新建樹，但卻不是最終的步驟，而必須由《禮》
學研究中將「釋例」這個方法完全發展成熟，再來進行典籍的全面釋例；典
籍全面系統化後，預期將可拈出許多新議題的探索，從而跳脫宋明議題的設
限。如此此清代義理學的概貌才算大致完成。

　　由這股崇禮思想所逼出的，是企圖以「文本義理」的「禮學」取代「形
上義理」的理學，主張「以禮代理」的思想。其中以淩廷堪主張最力：

> 夫人之所受天者性也，性之所固有者善也，所以復其善者學也，所
> 以貫其學者禮也。是故聖人之道，一禮而已。〔註158〕

淩廷堪甚至指出：

> 《論語》記孔子之言備矣，但恆言禮，未嘗一言及理也。……其所
> 以節心者，禮焉爾，不遠尋夫天地之先也；其所以節性者，亦禮焉
> 爾，不侈談夫理氣之辨也。〔註159〕

認爲宋明學者所主張的「理」、「氣」、「天道」等觀念缺乏文本支持，企圖動搖
宋明形上義理的地位。此一主張甫出便獲得當時漢學界普遍的支持，如焦循便

　　　　1998年2月）頁145。

〔註157〕焦循：〈與孫淵如觀察論考據著作書〉，收於《雕菰集》卷十三（臺北：鼎文
　　　　書局，1977年9）頁213。

〔註158〕淩廷堪：《校禮堂文集》卷四〈復禮上〉（北京：中華書局，1998年2月）頁
　　　　25。

〔註159〕淩廷堪：《校禮堂文集》卷四〈復禮下〉（北京：中華書局，1998年2月）頁
　　　　31。

附和道：「理足以啓爭，而禮足以止息也。」，〔註160〕阮元也認爲：「理必附乎禮以行，空言禮則可彼可此之邪說起矣」。〔註161〕有趣的是，這主張正流行於嘉慶末年，也就是清代考據學傳佈已久、並開始普及於各地，種種流弊大抵也逐漸浮上檯面之時。而正是在這些學者提倡「以禮代理」的主張之際，也是由他們最早對考據學進行了內部的批判，如凌廷堪便批判有些考據學者是：

> 甚至挾許慎一編，置九經而不習；憶《說文》數字，改六籍而不疑。
> 不明千古學術之源流，而但以譏譚宋儒爲能事，所謂天下不見學術
> 之異，其弊將有不可勝言者。〔註162〕

焦循也指責說：

> 本朝經學興盛，在前如顧亭林、萬充宗、胡朏明、閻潛丘。近世以
> 來，在吳有惠氏之學，在徽有江氏之學、戴氏之學。精之又精，則
> 程易疇名於歙，段若膺名於金壇，王懷祖父子名於高郵，錢竹汀叔
> 姪名於嘉定。其自名一家、著書授受者，不下數十家。均異乎補苴
> 掇拾者之所爲。是直當以經學名之，烏得以不典之稱之所謂考據者，
> 混目於其間乎！〔註163〕

焦循對考據學者十分不以爲然，甚至認爲當時自命考據者是「執一害道」。〔註164〕可見，在這些提倡「以禮代理」的學者心目中其實已有自覺，他們認爲自己的學術內涵與考據學家並不相同，故已欲立異於乾嘉考據學者之外，自立一眞正的清代義理學。

「以禮代理」之說，旨在自立一清代義理學，也是由顧炎武所指「因句讀以辨其文，因文以識其義，因其義以通制作之原」的清學方法論的一環，清學由此才終於初步完成「句讀→識義→通原→得道」的研究架構；然而此說一出，附和者雖眾，〔註165〕大部份卻並不了解「以禮代理」的眞正目的。就連凌廷堪、阮元等人，雖能發揮微旨，但倡以「以禮代理」之說，則隱然

〔註160〕焦循：《雕菰集》卷十〈理說〉（臺北：鼎文書局，1977 年 9 月）頁 151。
〔註161〕阮元：《揅經室續集》卷三〈書東莞陳氏〈學蔀通辨〉後〉。
〔註162〕凌廷堪：《校禮堂文集》卷二十三〈與胡敬仲書〉（北京：中華書局，1998 年 2 月）頁 206。
〔註163〕焦循：《雕菰集》卷十三〈與孫淵如觀察論考據著作書〉（臺北：鼎文書局，1977 年 9 月）頁 213。
〔註164〕焦廷琥：《先府君事略》。
〔註165〕如錢大昕讚美凌廷堪的禮學思想是：「尊製一出，學者得指南車矣。」，阮元更命子向凌廷堪從學。

有排撻宋儒的用意，反而更激起漢宋的對立，於是如方東樹等宋學的衛道者不得不起身抨擊道：

> 夫謂理附於禮而行，是也；謂但當讀禮，不當窮理，非也。理斡是非，禮是節文，若不窮理，何以能隆禮？〔註166〕

這種挑語病的反擊方式雖然對「以禮代理」風氣的傳佈並無大影響，但學術界的焦點在此紛擾對立的情形下反而模糊了焦點，彼此反唇相譏的結果，將清學的建立工程給擱了下來。

二、崇禮思想與湘學的回應

（一）崇禮思想與「以禮調和漢宋」說

1. 曾國藩與淩廷堪禮學思想的比較

提倡《禮學》之研究，是欲建立一清代義理學，但以「以禮代理」樹幟，反而更憑添對立；而且方法論雖已成熟，內容則尚只有《禮》經的零散研究，就像初學步的孩子和理學這流傳六百年的「大人」抗衡，久之就愈難以匹敵。然《禮》學研究之法誠有可取之處，故雖不乏宋學家起身對抗，更多的卻是篤信禮學經世思想而亟思加以致用的學者，如曾國藩便是一例。

曾國藩身處門庭開闊的湘學，加上湘地本有重禮的時務傳統，因而崇禮思想的流行對身為程朱宗仰者的曾國藩而言卻並未感到排拒，何況《清史稿》中是這麼記載曾國藩的：

> 國藩，道光十八年進士……時太常寺卿唐鑒〔註167〕講學京師，國藩與倭仁〔註168〕、吳廷棟〔註169〕、何桂珍〔註170〕嚴事之，治義理之

〔註166〕方東樹：《漢學商兌·卷中之上》，頁 62。

〔註167〕《湖南通志》卷一百七十六〈人物志十七〉：「唐鑒，字鏡海，嘉慶己巳進士，……引年致仕，主講鍾山書院……鑒學宗濂洛，堅苦自持，在京師與倭仁、曾國藩、吳廷棟、何桂珍、竇埒等講明正學、精思力踐斯須必主於敬。」

〔註168〕《清儒學案》卷一百六十五〈艮峰學案〉：「倭仁，字艮齋，一字艮峰……為學力求實踐，一以朱子為歸」。

〔註169〕《清史稿》卷三百九十一〈列傳一百七十八〉：「吳廷棟，字竹如，安徽霍山人。……廷棟少好宋儒之學……（文宗）詢廷棟讀何書，廷棟以程朱對。上曰：「學程朱每多迂拘。」對曰：「此不善學之過。程朱以明德為體，新民為用，天下未有有體而無用者也。」」。

〔註170〕《清史稿》卷四百〈列傳一百八十七〉：「何桂珍，字丹畦，雲南師宗人。……桂珍鄉試出倭仁門，與唐鑒、曾國藩為師友，學以宋儒為宗。」。

學。兼友梅曾亮〔註171〕、邵懿辰〔註172〕、劉傳瑩〔註173〕諸人，爲
詞章考據，尤留心天下人材。……天性好文，治之終身不厭，有家
法而不囿於一師。其論學兼綜漢宋，以謂先王治世之道，經緯萬端，
一貫之以禮。惜秦蕙田《五禮通考》缺食貨，乃輯補鹽課、海運、
錢法、河堤爲六卷，又慨古禮殘闕無軍禮，……論者謂國藩所訂營
制、營規，其於軍禮庶幾近之。……論曰：國藩事功本於學問，善
以禮運。〔註174〕

可見他雖與唐鑒、倭仁等宋學家講誦程朱性理之說，但同樣也與文學家、漢
學家交好，並無門戶之見，思想的雜糅特色，這便使曾國藩在接續崇禮思想
之餘，因其漢宋兼采的思想背景，於是將「以禮代理」的議題，轉化爲「以
禮調和漢宋」的主張。

　　史上雖是記載曾國藩與唐鑒、倭仁講明正學，但今日的我們在閱讀其文
集日記時，卻發現他與宋明理學家在義理上的注重層面已有不同，最明顯的
便是他的文章中罕得言及天道性理。這實與其思想沾染湘地學統是不無關聯
的。湘學色彩本就重視形下義理，爲學也主張必得明體達用，是以他雖師承
姚鼐、又與唐鑒等人倡明正學，但心中時時懸念的，仍是經濟之致用，反而
並不曾與這些程朱學前輩論及天道理氣等學問。是以日記中只記載他曾向唐
鑒問過「檢身之道」、「經濟之學」，〔註175〕只是對於唐鑒「經濟之學，即在義

〔註171〕《清史稿》卷四百八十六〈列傳二百七十三〉：「梅曾亮，字伯言，上元人。
　　　　少時工駢文，姚鼐主講鍾山書院，曾亮與邑人管同俱出其門。……京師治古
　　　　文者，皆從梅氏問法。當時，管同已前逝，曾亮最爲大師；而國藩又從唐鑒、
　　　　倭仁、吳廷棟講身心克治之學，其於文推挹姚氏尤至。於是士大夫多喜言文
　　　　術政治，乾嘉考據之風稍稍衰矣。」
〔註172〕《清史稿》卷四百八十〈列傳二百六十七〉：「邵懿辰，字位西，仁和人。……
　　　　於近儒尤慕方苞、李光地之學。……久官京師，因究悉朝章國故，與曾國藩、
　　　　梅曾亮、朱次琦數輩遊處，文益茂美……既罷歸，則大覃思經籍，著《尚書
　　　　通義》、《禮經通論》、《孝經通論》，頗採漢學考據家言，而要以大義爲歸。」
〔註173〕《清儒學案》卷一百七十八〈湘鄉學案下〉：「劉傳瑩，字實甫，號椒雲……
　　　　其爲學篤嗜德清胡氏、太原閻氏之書，凡方輿、六書、九數之學及古文詩家
　　　　之法皆已規得要領。」
〔註174〕《清史稿》卷四百五〈列傳一百九十二〉。
〔註175〕見曾國藩：〈日記‧辛丑七月〉，見《曾文正公全集》〈日記〉（臺北：東方書店，
　　　　1963 年 12 月再版），頁 243 的記載：「至鏡海先生處，問檢身之要，讀書之法。
　　　　先生言：「當以朱子全書爲宗。」……又言：「治經宜專一經，一經果能通，則
　　　　諸經可旁及。」……「爲學只有三門：曰義理、曰考核、曰文章。考核之事，

理內」的答案仍不滿足。直到他吸納了學界崇禮的風氣——尤其是受到原本「慕方苞、李光地之學」、後來著《禮經通論》時卻「頗採漢學考據家言，而要以大義爲歸」的邵懿辰〔註176〕的影響後——才覺得這就是他要找的答案。於是曾國藩將禮學視爲是經世的法門，主張：「古之學者，無所謂經世之術也，學禮焉而已矣」。〔註177〕

　　而在曾國藩的心目中，禮學是如何與與經世思想融合的呢？

　　　　古之君子之所以盡其心養其性者，不可得而見；其修身齊家治國平

　　　　天下，則一秉乎禮。自內焉者言之，舍禮無所謂道德；自外焉者言

　　　　之，舍禮無所謂政事。〔註178〕

我們可以見出，曾國藩的禮學主張，實充滿了形下致用的思考，是欲以禮作爲人倫典制踐履的依據。與顧炎武、凌廷堪、阮元等將禮的人倫典制、視爲抽繹聖人本心的文本是全然不同的。

　　必須先說的是，凌廷堪等人也並不否定禮可被踐履爲人倫日用的工夫：

　　　　《論語》記孔子之言備矣，但恆言禮，未嘗一言及理也。……其所

　　　　以節心者，禮焉爾，不遠尋夫天地之先也；其所以節性者，亦禮焉

　　　　爾，不侈談夫理氣之辨也。〔註179〕

在此凌廷堪不但肯定了禮在修身上的功夫，而且也認爲禮具有人倫日用的實效。然而凌廷堪所主張的「以禮代理」，其實更是指《禮》書、禮制中所抽繹的禮學思想而言，所以他所重視的，也是指《禮》經、禮制，這些具有文本意義、《禮》學本身的知識價值上：

　　　　聖人之道，本乎《禮》而言者也，實有所見也；異端之道，外乎《禮》

　　　　而言者也，空無所依也。〔註180〕

　　　　多求粗而遺精、管窺而蠡測；文章之事，非精於義理者不能；至經濟之學，即
　　　　在義理內。」又問經濟宜如何審端致力，答曰：「經濟不外看史。」」。
〔註176〕《清史稿》卷四百八十〈列傳二百六十七〉：「邵懿辰，字位西，仁和人。……
　　　　於近儒尤慕方苞、李光地之學。……久官京師，因究悉朝章國故，與曾國
　　　　藩、梅曾亮、朱次琦數輩遊處，文益茂美……既罷歸，則大覃思經籍，著
　　　　《尚書通義》、《禮經通論》、《孝經通論》，頗採漢學考據家言，而要以大義
　　　　爲歸。」
〔註177〕曾國藩：〈孫芝房芻論序〉，（臺北：東方書店，1963 年 12 月再版），頁 309。
〔註178〕曾國藩：〈筆記禮〉，見《曾文正公全集》〈雜著〉（臺北：東方書店，1963 年
　　　　12 月再版），頁 469。
〔註179〕凌廷堪：《校禮堂文集》卷四〈復禮下〉（北京：中華書局，1998 年 2 月）頁 32。
〔註180〕凌廷堪：《校禮堂文集》卷四〈復禮下〉（北京：中華書局，1998 年 2 月）頁 32。

凌廷堪的「以禮代理」之所以必須被視作顧炎武「通經致用」說的樞紐，被視爲清學建立的一個環節，其實是有根據的。上述兩段凌廷堪的引言其實卻是出自同一篇文章中，所以所謂的「外乎禮」正是指前段文字中的「遠尋夫天地之先」、「侈談夫理氣之辨」這兩個舉措，而這兩點也正是宋學的特色。因此，我們看到凌廷堪是自覺地將己說與宋學家對立起來，這就表示他其實在建立一個和宋學不同的學術主張。而他將是否本諸《禮》作爲「聖人之道」與「異端之道」的區分，更是旨在直斥宋學爲「異端之道」，認爲不本乎《禮》將「空無所依」，而游談無根也正是顧炎武批判宋學，另建立清學以直探聖人本心的理由，可見此說實是建立在清初諸大儒的思想基礎再加以充份發展而成的。

所以凌廷堪指出：

> 道無跡也，必緣禮而著見；……德無象，必藉禮爲依歸。……禮也者，不獨大經大法，悉本天命民彝而出之，即一器數之微，一儀節之細，莫不各有精義彌綸於其間，所謂物有本末事有終始是也。格物者，格此也。〔註181〕

可見雖然凌廷堪等人也認爲：「聖人之道，一禮而已」〔註182〕、「理足以啓爭，而禮足以止息也」，〔註183〕然而那是就漢學家對知識的立場、判斷聖人之本心即存在典章制度之中，目的是爲建立一「文本義理」；然而曾國藩的「一秉乎禮」，則是以宋學宗仰者的身份，將禮回歸到人倫日用的實用價值，做爲一踐履的工夫。因此儘管曾國藩非常稱美凌廷堪的〈復禮論〉，說是：「有以窺先王之大原。」，實則二者的主張不論根基、致用，都已截然不同：凌廷堪是清儒、曾國藩仍是宋儒，凌廷堪是學問家、曾國藩是實行家。故曾國藩的理學思想雖有得於凌廷堪等主張崇禮思想學者的啓發，但內容可說是完全逆轉了。

2. 曾國藩「以禮調和漢宋」的主張

凌廷堪「以禮代理」的主張當時蔚然成風。漢學在此貫注了「禮」的成分後，似乎有了跳脫補苴掇拾風氣的可能，從而回歸清初「通經以致用」的途徑，以完成清代義理的概貌，對傳統學術進行重整。但是他卻藉此否定宋

〔註181〕凌廷堪：《校禮堂文集》卷四〈復禮中〉（北京：中華書局，1998 年 2 月）頁 30。

〔註182〕凌廷堪：《校禮堂文集》卷四〈復禮上〉（北京：中華書局，1998 年 2 月）頁 27。

〔註183〕焦循：《雕菰集》卷十〈理說〉（臺北：鼎文書局，1977 年 9 月）頁 151。

學，讓「禮」與「理」成了漢宋之爭的另一議題，也使學術的演進一時失焦。
如今曾國藩重提「重禮」的主張，卻反而成為調和漢宋的工具！

　　曾國藩重提此道，是因其以為治禮必復於古籍，研讀古籍則必得通故訓，
是以治禮可通漢學；同時，禮復為修己治人的工夫，正可通宋學精神，〔註184〕
故而曾國藩迺提倡治禮以兼采漢宋、對二學進行功利化的調和。在〈覆夏弢甫〉
一文中他便針對漢宋之爭進行他個人的觀察，並自此正式提出他的解決之道：

> 乾嘉以來，士大夫為訓詁之學者，薄宋儒為空疏；為性理之學者，
> 又薄漢儒為支離。鄙意由博乃能返約，格物乃能正心，必從事於禮
> 經，考覈於三千三百之詳，博稽乎一名一物之細，然後本末兼賅，
> 源流畢貫。雖極軍旅戰爭食貨凌雜，皆禮家所應討論之事。故嘗謂
> 江氏《禮書綱目》，秦氏《五禮通考》，可以通漢宋二家之結，而息
> 頓漸諸説之爭。〔註185〕

「由博乃能返約」「格物乃能正心」的主張正見出曾國藩的思想雖是以宋儒為
依歸，但研究法門則以為必須建立在漢學的基礎上，這便體現了他漢宋兼采
的學術背景；至於通之以禮，一來是因湘學自有特重禮學的時務傳統，〔註186〕
二則有得於乾嘉末年流行的「以禮代理」的主張，〔註187〕然而當中最關鍵的，
卻是肇因自曾國藩個人風格所形成的抉擇。

> 先王之制禮也，人人納於軌範之中。自其弱齒，已立制防。灑掃沃盥
> 有常議，羹食肴馔有定位，綏纓紳佩有恆度。既長則教之以冠禮，以
> 責成人之道；教之以婚禮，以明厚別之義；教之以喪禮，以篤終而報
> 本。其出而應世，則有士相見以講讓、朝覲以勸忠；其在職，則有三
> 物以興賢、八政以防淫。其深遠者，則教之以樂舞……教之以大學……
> 教之以中庸……人無不出於學，學無不衷於禮也。〔註188〕

上文中，我們看見曾國藩雖自矜是「一宗宋學」，〔註189〕實則就其思想主張看

〔註184〕見陸寶千：《清代思想史》〈晚清理學〉（臺北：廣文出版社，1983 年 9 月出
　　　　版）頁 424～426。
〔註185〕曾國藩：〈覆夏弢甫〉，見《曾文正公全集》〈書牘〉（臺北：東方書店，1963
　　　　年 12 月再版），頁 231。
〔註186〕參見本論文第三章第三節：〈湘學的基本特質〉。
〔註187〕參見本論本章上文：〈漢宋之爭〉一段。
〔註188〕曾國藩：〈江甯府學記〉，見《曾文正公全集》〈文集〉（臺北東方書店，1963
　　　　年 12 月再版），頁 358。
〔註189〕〈覆潁州府夏教授書〉，收於：《清儒學案》卷一百七十七〈湘鄉學案上〉。

來，更傾向於漢學。因為就理學家的理論而言，仁、義、禮、智四端是萌之於心，屬於與生俱來的義理之性，而絕非來自外爍；然曾國藩卻視禮要由學受而得，並把禮視為是「制防」，目的在將「人人納於軌範之中」，這種制約人性的思想絕非主張道德天性的理學所有，反而更近於性偽說的荀子、或是性無善惡論的告子，只有性被視為是氣質性、粗惡不美的情況下，才有制軌範以防微杜漸的必要。更何況接下來曾國藩所臚列的禮制，幾乎是俱細靡遺，由幼及長，軌範都各自不同，每一階段的禮復都強調務須「以學衷之」，也就是各須完成「考覈於三千三百之詳，博稽乎一名一物之細，然後本末兼賅，源流畢貫」的工作，如此一來，又將學禮與考據的法門視為一途，與當時漢宋並峙、互爭立異於彼的情形又大不相同。可見雖然曾國藩自認是「一宗宋學」，實則在有清一代的學術沖刷下，他的思想無甯是更傾向漢學了。

曾國藩本人就是自律嚴謹的學者，他曾在家書上寫著自己每天都得完成的日課包括了：「主敬、靜坐、早起、讀書不二、讀史十頁、用端楷寫日記、記茶餘偶談一則、每月作詩文數首、謹言、養氣、保身、作字、夜不出門」，〔註190〕那年是他剛上京的時候，少年得志，最是氣盛。但據他在家書中表示，這樣的日課已持續了兩個月了。而就是這種自律的性格，推己及人的結果，自然以「人人納於軌範之中」為必然。譬諸他在家書中提及日課，為的是要諸弟們也一併奉行；而面對太平天國的破壞傳統，忍無可忍起身抗衡的義行，又何嘗不是這種「人人納於軌範之中」的想法導致？軍營之中仍不忘互以正學砥礪，其實也是同一個道理。因此身為「一宗宋學」的思想家，也許也相信仁、義、禮、智四端可反求諸己，但那種自律嚴苛的性格，卻使他也絕對信仰「制防」的必要性。縱有菩薩心腸，還須霹靂手段，盛傳他在鎮壓太平天國時有近乎屠城的舉措，民間還稱他叫「曾剃頭」，這與他自律、重禮的思想，大概不無關係，也看得出他必欲「人人納於軌範之中」的重禮主張，實是貫串他一生言行思想的主軸。

咸豐九年（西元 1859 年），曾國藩在軍營中完成《聖哲畫像記》一文，內容不但再一次提點他對禮的重視，而且凡是能紹述禮義之人，他也認為「在聖門則文學之科也」，足堪與子游、子夏傳經之功相埒：

> 先王之道，所謂修己治人、經緯萬彙者，何歸乎？亦曰禮而已矣。……

〔註190〕曾國藩：〈家書·道光二十二年十二月二十日〉見《曾文正公全集》（臺北東方書店，1963 年 12 月再版），頁 45。

我朝學者以顧亭林爲宗，國史儒林傳褒然冠首。吾讀其書，言及禮
俗教化，則毅然有守先待後、舍我其誰之志，何其壯也！……而秦
尚書蕙田遂纂《五禮通考》，舉天下古今幽明萬事，而一經之以禮，
可謂體大思精矣。吾圖畫國朝先正遺像，首顧先生、次秦文恭公，
亦豈無微旨哉？桐城姚鼐姬傳、高郵王念孫懷祖，其學皆不純以禮，
然姚先生持論閎通……王氏父子集小學訓詁之大成，奐乎不可幾
已，故以殿焉。〔註191〕（〈聖哲畫像記〉）

清代被曾國藩贊像者，僅：顧炎武、秦蕙田、姚鼐、王念孫父子，這五人被
列入文學科，高下則以禮判之，這又再一次說明他對禮學思想的重視，同時
也證明，他其實已認定考據學應被視爲清代學術的特色，是以五人中僅姚鼐
因私淑而以程朱理學的信仰者躋身其間。

我們已知曾國藩之主張「以禮調和漢宋」，是因其以爲治禮必復於古籍，
研讀古籍則必得通故訓，是以治禮可通漢學；同時，禮復爲修己治人的工夫，
正可通宋學精神，〔註192〕故而曾國藩迺提倡治禮以兼采漢宋、對二學進行調
和。但誠如張麗珠女士所指出的，欲「通漢宋二家之結」並非易事：

清儒所建立的義理新說，和宋明理學以及清儒中之宋學派，在學術
重心上實有著經驗領域與形上領域迥異的方向與進路。這是學說理
論核心價值觀的根本差異、思想領域之不同，決不是用「調和漢宋」
或「折衷漢宋」所能解決的歧見問題。〔註193〕

所以充其量，曾國藩的調和漢宋也只適用於他自己，因爲他本身就是不純然
的學問家，我們看他雖自矜是「一宗宋學」，學界的判斷卻不如此：

曾相國、郭侍郎治三禮，時復參以宋儒，家法未純。〔註194〕

這是支偉成的議論，主張他與郭嵩燾〔註195〕應算是漢學考據家，宋學不過是

〔註191〕曾國藩：〈聖哲畫像記〉，見《曾文正公全集》〈文集〉（臺北東方書店，1963
年12月再版），頁348。

〔註192〕見陸寶千：《清代思想史・晚清理學》（臺北：廣文書局，1983年9月出版）
頁424～426。

〔註193〕張麗珠：《清代新義理學》，（臺北：里仁書局，2003年1月），頁151。

〔註194〕支偉成：〈湖南派古今文兼采經學家列傳第八・敘目〉，收於《清代樸學大師
列傳》，頁259。

〔註195〕《清儒學案》卷一百八十二〈養知學案・敘錄〉：「養知始宗晦庵，後致力於
考據訓詁，其治學先玩本文、采漢宋諸說、以求義之可通，博學慎思，歸至
於當初，不囿於一家之言。故能溫故而知新、明體而達用。」

其治學之旁支。

> （曾國藩）窮極程朱性道之蘊，博考名物，熟讀禮典。以爲經世宰
> 物、綱維萬事，無它，禮而已矣。澆風可使之醇、敝俗可使之興，
> 而其精微者具存于古聖賢人之文章。故其爲學，因文以證道。常言：
> 載道者身也，而致遠者文。〔註196〕

這是和他相知甚深的郭嵩燾的評論，認爲他「因文以證道」，長足之處還是在
文辭上頭。可見他雜糅義理、考據、文辭、經世於一家的結果，雖可通過「禮」
學的致用而一歸結之，但除了外在彪炳的戰功外，卻很難明確說出他的學術
建樹何在。

（二）「以禮調和漢宋」說的定位

1.「以禮調和漢宋」說的錯誤

中國學術在歷經朱陸學說爭持三朝的情形下，這種各憑己意抒論的學問
已無法說服彼此，只能自是己見。於是才有窮究文本，以抽繹聖人本心，通
制作之原的清學的出現。在清代學術界歷經一百年的努力下，終於自考據法
門中發抉了「義例」的存在。藉由義例的貫串匯通，將可使龐大的經書條理
化，從而呈現出一「文本義理」來。這個文本義理的呈現一來可回歸學術史
中，以助朱陸異同的定位，二來則將使傳統學術有機會透過文本義理的指導
而落實當代運用的可能。因此清學非但不是中國學術的尾聲，反而應是中國
學術與時俱進的契機。

而曾國藩「以禮調和漢宋」的思想，是以禮的修身自持做爲宋學的踐履
功夫，復以禮的知識研究做爲漢學考證的運用領域，可見二者都將因此功利
思想而徒具其實用的價值，但能修飭一身、獲致瑣屑的知識，談不上通原得
道的實現。因此這一調和主張對中國學術需求一「有憑有據」的「文本義理」
之內在理路而言，完全是不必要的。當時學界的當務之急，實只在順此內在
理路建立清學的範疇——也就是儘快進入「通原→得道」的階段，屆時抽繹
得致的「清代義理學」才能爲傳統學術再造新高峰。而且漢學與宋學、或是
宋學與清學，它們之間事實上都是學術自身內在理路所逼出的傳承關係，容
許被不斷地思辨、質疑，但完全沒有調和的必要性。就像是親子關係，可以
發展、紹述、衝突、爭執，卻只能是獨立的個體。所以曾國藩的「以禮調和

〔註196〕郭嵩燾：〈曾文正公墓志銘〉，見《曾國藩年譜附錄》

漢宋」的思考方向，根本就是錯誤的。

　　是以很明顯地，淩廷堪是走偏了，沒有擴大清學的學術空間，卻掀起了學術對立；但曾國藩卻連根基都錯了。按他的理論，漢學仍是餖飣治學的工具，只不過對象由諸經更縮小至禮學；宋學則仍然是虛妄自修的教義，但為修飭一身，世道已無暇與聞。故而曾國藩的調和漢宋，不僅沒有為儒學開出新生命，更將之逼向了絕境，在這種只重功利性質的調和下，漢宋勢必都成了不切時務的玄學，傳統學術反而因此走入了死胡同。最明顯的例證，就是本來可用以建立清代新義理學的崇禮學風內容也因而變調。崇禮學風本是為以考據學建立新義理而衍生，藉由「義例」的抉發來直抵聖人之本心，獲致「文本義理」、取代形上義理，是以迺有淩廷堪「以禮代理」說的出現。但是當曾國藩的「以禮調和漢宋」說將學術功利化之後，純粹的禮學考證篇章反而減少了，更多的卻是探討現實風俗問題的評論性文章。

　　我們可以用《皇朝經世文編》（道光六年，西元 1827 年）系列為例來考察。《皇朝經世文編》是由賀長齡刊刻、魏源董其事的叢書，書成後「求經濟者無不奉此書梟簴，幾於家有其書」，〔註 197〕續補者也不下十數種。〔註 198〕然而如果將賀版《文編》的〈禮部卷〉內容與他版相較，則可更明顯見出〈禮部卷〉的內容確實在無形中變得功利化、實務化，而鮮少攸關學術性質的討論了。就以葛士濬編《皇朝經世文續編》光緒十四年（西元 1888 年）及盛康編《皇朝經世文編續編》（光緒二十三年西元 1897 年）來說〔註 199〕：在婚禮方面的論著中，

〔註 197〕俞樾：〈皇朝經世文續編敘〉，收於葛士濬：《皇朝經世文續編》。

〔註 198〕以今日可見，清代續作者計有：道光六年（1827）；饒玉成《皇朝經世文續編》，光緒六年（1880）；葛士濬《皇朝經世文續編》，光緒十四年（1888）；盛康《皇朝經世文編續編》，光緒二十三年（1897）；麥仲華《皇朝經世文新編》，光緒二十四年（1898）；邵之棠《皇朝經世文統編》，光緒二十四年（1898）；陳忠倚《皇朝經世文三編》，光緒二十四年（1898）；何良棟《皇朝經世文四編》，光緒二十八年（1902）；楊鳳藻《皇朝經世文新編續集》，光緒二十八年（1902）；金匱闕鑄補齋《皇朝新政文編》，光緒二十八年（1902）；求是齋《皇朝經世文五編》，光緒二十八年（1902）。共 9 種。尚有存目而不見者。

〔註 199〕盛版是戊戌政變前後所編，內容頗有反對戊戌新政之意，因而選擇上有其維護傳統的限制；葛版則是在賀版與盛版間成書，內容完備，頗補益了盛版的不足處。就時間上而言，盛版成書於賀版 70 年後，而葛版雖然成書時間較早，卻也相距了近一甲子，這段時間恰恰是湘學因太平天國之亂而影響力發揮極致的時期，因此以此二版和賀版相較，作為湘學對七十年間崇禮思想轉變影響之考察，相信是可信的。（在二版前尚有饒玉成版，雖有中研院提供以電子文獻，然原本筆者未見，又見中研院電子書，內容與葛、盛二版重複近八成，

賀版的十五篇中有十一篇是攸關學術考證的著作，只有四篇〔註200〕是爲實事需求而作的評論；但是葛版和盛版共三十三篇文章〔註201〕中，則幾乎全繞在「貞女」的議題上，議論著未婚女子爲已死的未婚夫守貞或殉情應視爲「禮」，〔註202〕考論禮制的篇章則幾乎已付之闕如。喪禮論著亦然，賀版論喪禮之篇章共六十三篇，數目龐大，故分上下二卷，上卷多論禮制，下卷雜議時俗；而葛版與盛版共四十三篇〔註203〕中，考訂議禮的篇幅已僅有十分之一微，喪禮風俗之議則遍及停喪、火葬、道員辭官奔喪，〔註204〕甚至連墳塋禁步〔註205〕、風水習俗等問題亦在論列。婚禮和喪禮可說是最沒有時空限制問題的禮制，不像大典會面臨改朝換代的禁忌，然而在「以禮調和漢宋」說的影響下，明顯可見相關研究內容及研究風氣都有了變化，從徵實的考證禮學轉變成了批判性的輿情評論，這種轉變，自然更是嚴重打擊了清代義理學的建立。

然而經過湘軍的流播，此一完全功利化的調和思想更深入湘地士庶的心中。

曾國藩的可怕在於，他的社會地位太高。他既是平定亂事、恢復漢人地位的英雄，又是文壇大老。雖然他相當服膺姚鼐不偏廢義理、考據、辭章的意見，但就只是「不偏廢」而已，私淑桐城的曾國藩，爲了兼賅漢學，而欲「以戴、錢、段、王之訓詁，發爲班、張、左、郭之文章。」，可見他畢竟只是個博學的文章家而已，強合漢宋，也只是種緩頰的舉動，並非基於學術內

故棄而不取。）詳見附錄（二）。

〔註200〕〈貞女辨〉、〈陳貞女林氏子合葬議〉、〈四貞女傳後論〉是感時或事而發，〈答昏禮問〉亦是針對實事——與客論辨是非可否，而非考訂源流之作。

〔註201〕〈昏禮卷〉葛版有12篇，盛版有27篇，然而當中有6篇是重複收錄，故實爲33篇。

〔註202〕有關貞女的議題，也曾在乾嘉學者間引發討論，林慶彰教授的〈清乾嘉考據學者對婦女問題的關懷〉（收於氏編：《乾嘉學者的義理學·上冊》，頁213～234）曾對此議題多所著墨，基本上乾嘉學者以反對室女守貞居多。但賀版《皇朝經世文編》對乾嘉學者的開明論點全然不提，反而只收錄了三篇肯定貞女的文章。可見其觀點在賀長齡、魏源二位湘人的主導下，是採取純以經世、有助風化做爲主軸的。然而賀版只蒐得三篇，葛版及盛版卻得以收錄大量肯定貞女的文章，這也可見乾嘉學界重人欲的觀念，到了中晚期已因功利思想的「以禮調和漢宋」說而變化，反而又向道學主張靠攏了。

〔註203〕〈喪禮卷〉葛版有14篇，盛版有33篇，然而當中有4篇是重複收錄，故實爲43篇。

〔註204〕此主要在針對曾國藩二次因親喪回籍，卻又在制中出任重員所發的議論。議論中有人以「金革無辟」力勸曾國藩承接要務，也有人以爲這是「奪情」之舉，不合倫常。

〔註205〕指中央對墳地大小的規定，以避免侵葬的問題。

部的需求。然而他名聲太大，弟子從游又多，把一群知識份子全限在他的框框裡。本來自從魏源觀察到時局的迫切後，便跳脫內部爭論的格局，直接以學術結合時務，並提出「師夷長技以制夷」的主張；這個思想若能藉著當時坐擁實權的洋務學家擴大它的影響力，使學界對焦到中西調和的問題，順利振衰起弊，並非不可能的事。然而曾國藩雖也吸收了魏源的主張，但那卻是基於戰事的功利需求，治學上卻仍墨守成規。一番調和漢宋的主張，反而使不分漢、宋、經濟的知識份子又回頭在故紙堆間打轉。當局勢日漸惡化，清王朝的國祚一斷，連帶地賠上的，更是士庶百姓對中國文化的認同與自尊，對歷史而言，這個學術路徑逆轉所付出的付價，委實是太昂貴了。

2. 「以禮調和漢宋」說對湘學的影響

我們在第二章對清學的觀察中就已發現，清代除了進行一「文本義理」的建樹外，由學術研究的專業化導向所延伸得致的，則是人材的分流。當時的知識份子雖仍以舉業為中心，但更多不能順利中式的學者，則大多游於幕府，或從事專門的纂述編輯事業、或為主公的事業能更上一層樓而提出時務的計劃，因此科舉往往只是自我證明的途徑罷了，許多中式的知識份子一旦丁憂返鄉就自此絕意於仕途，更可見舉業的功名對清代士子而言並不那麼具吸引力。這當然還有許多的可能，比方說科舉內容的僵化致使清代一流的學術人材往往不具功名〔註206〕、雍正對書院的提倡使學者另有安頓生計的可能〔註207〕、以及清代前期對漢人仕進的限制等等——總之，清代在中葉以前就已確立人材分流的可能性，而且隨著教育和印刷事業的普及，知識份子愈來愈多，無法擠入窄門的只有另謀高就，人材分流的現象就更徹底了。

然而這個現象到了太平天國亂後卻出現了轉變。前文已述及，「以禮調和漢宋」說的出現，對漢宋學術的調和非惟沒有必要，而且還是失敗的。但是在曾國藩的名氣太大，社會地位又太高的情形下，影響就更深遠了。首當其衝的，就是人材分流的速度似乎有減緩的趨勢。一則是因漢人仕進之途忽然變寬了，〔註208〕於是人材回流重新鑽營仕途，另一個原因，便是受到「以禮

〔註206〕如戴震、王念孫、龔自珍、魏源、凌廷堪都曾不第，有很長期的時間不具功名的身份，就連戴震、魏源後來的功名，都還是在屢試不第下，勉強獲得的「同進士出身」。
〔註207〕參見本論文第三章第三節：〈湘學的基本特質〉。
〔註208〕根據劉廣京〈督撫旗漢任用比較表（1860～1900）〉的研究，太平天國亂後，漢人在封疆大吏的領用比例上高達百分之八十一。參見李志茗：《晚清四大幕

調和漢宋」說的影響。

曾國藩的「以禮調和漢宋」說中，最大的特點，就是用《禮》學研究來「通漢宋之結」，而且此一《禮》學研究的法門，還務在「考覈於三千三百之詳，博稽乎一名一物之細」。而受到曾國藩號召的影響，許多湘鄉仕子在退出湘軍後全轉向名物訓詁的治學途徑，如張啓鵬：

> 張啓鵬，字蔗泉。……曾國藩審其賢，將委以軍事，……辭之。前後主安陸、洣江、澧陽、石鼓諸書院，論學一要諸實踐而期於適用。
> 〔註209〕

王闓運：

> 王闓運，字壬秋，一字壬父，湖南湘潭人。……於學初由禮始，考三代之制度，詳品物之所用，然後達《春秋》微言，張公羊，申何學。〔註210〕

郭嵩燾：

> 養知始宗晦庵，後致力於考據訓詁，其治學先玩本文、采漢宋諸說、以求義之可通，博學慎思，歸至於當初，不囿於一家之言。故能溫故而知新、明體而達用。〔註211〕

劉蓉：

> 劉蓉，字霞仙，諸生。少時與同邑曾國藩、羅澤南砥礪學行，兼工詩古文辭……蓉生平講求正學，不肯隨時俯仰，歸田後足不入城市，日研周易、時爲詩歌以自適。〔註212〕

周壽昌：

> 周壽昌，字應甫，一字荇農……以論事切直，爲時所忌，……成《漢書注校補》五十六卷，又有《後漢書注補正》八卷、《三國志注證遺》四卷、《五代史注纂注補續》一卷。〔註213〕

王先謙：

府》（上海：上海人民出版社，2002年），頁160。
〔註209〕《湖南通志》卷一百七十五《人物志十六》。
〔註210〕支偉成：〈湖南派古今文兼采經學家・王闓運〉，收於《清代樸學大師列傳》，頁264。
〔註211〕《清儒學案》卷一百八十二〈養知學案・敘錄〉。
〔註212〕《湖南通志》卷一百八十一〈人物志二十二〉。
〔註213〕《清儒學案》卷一百七十八〈湘鄉學案下〉。

> 王先謙，字益吾，號葵園……乞假回籍、尋請開缺……其學循乾嘉
> 遺軌、趨重考證。……著有《尚書孔傳參正》……《荀子集解》。

皮錫瑞：

> 皮錫瑞，號鹿門……晚以病還湘卒，著有《經學歷史》、《經學通論》、
> 《王制箋》。

這些人退出湘軍後，雖然懷抱各自不同、仕途晦顯亦別，但最終卻都回流到著述訓詁的研究上，重新埋入故紙堆中。

而另一個影響，則更在有識於救時的學者身上，經過漢宋調和失敗後，他們在考據訓詁的研究中已看不見救時的可能，於是向魏源「師夷長技以制夷」的公羊學術師法，轉而投向西潮的懷抱，爲學界另闢蹊徑，如譚嗣同：

> 譚嗣同，字復生……舉凡各國政治、經濟以及聲光化電之學，無不
> 探討。〔註214〕

以及另一個「六君子」之一的唐才常，都是試圖轉向西學的門徑以尋覓救亡圖存的可能。

不論學子是埋首於詁訓、汲汲於仕途，或是選擇投入西學的懷抱，都可明顯見出「以禮調和漢宋」說不但是阻滯了清學的建立，甚至對時局而言，也明顯可見「以禮調和漢宋」說造成的焦點模糊現象，這對風雨飄搖的清末而言，幾乎是致命的一擊。

三、小　結

雖然王先明曾指出：

> 超越漢宋之爭，折衷漢宋，是自阮元晚年以來晚清學術文化發展的
> 重要趨向，也是道咸之際經世學風形成的學術前提。〔註215〕

然而筆者以爲，恰恰相反地，正是因爲曾國藩的「以禮調和漢宋」失敗了，才使得原本應當戮力應對迎向衝擊的學術界或是轉向詁訓，或是投入西學的懷抱，反而阻礙了中國學術應有的內部走向。

〔註214〕張舜徽：《清儒學記・湖南學記第七》。

〔註215〕王先明：《近代新學——中國傳統學術文化的嬗變與重構》，（北京：商務印書館，2000年3月1版），頁186。

第五章　湘學對晚清學術思潮的影響

　　晚清學術的重心，最主要在「因應整合」上。中國學術在歷經二千多年的流衍下，彼此對立的情況已嚴重影響到學術生態的進化：當漢、宋攻防愈演愈熾之時，西方的工業革命及政治革命，早已遠遠地拋下中國，而獨自演進到全新的局面。鴉片戰爭後，中、日同樣面臨了嚴重的調適問題，然而中國因為還有更嚴重的內在分裂存在，以致於當日本埋頭追趕之際，中國學術界還忙著整合自身的分歧，在差距尚小的時候沒有及時地因應，等到無法彌補之時，沮喪地丟棄自我卸甲投誠，斷送了民族的自尊，相較於日本明治維新成功後，不僅保住固有文化，也趕上世界脈動。同樣是因應整合的命題，結局卻判然兩樣，箇中關節，與清代湘學的關聯至深至遠。

第一節　在變古與復古間的取捨

　　中國從十一世紀便面臨了急迫的改革需求，王安石的熙寧變法便是在這個基礎上提出的，是故王安石雖以去職黯然下臺，但他的新法在宋代卻不只一次付諸實驗，〔註1〕這證明其變法是至少曾觸及了宋代內部缺陷的改善，才會有人想一再嘗試。王安石失敗後這個變法的壓力其實絲毫未減，高壓統治下或許人民噤語不敢坦言，一旦政防稍懈，民間的渴望就會形於言表。湘地

〔註1〕　甘鵬雲《經學源流考》〈歷代周禮施用〉中便指出：「王安石相熙寧，緣附之，行青苗、均輸之法；呂嘉問踵之，害徧天下……又繼以蔡卞、蔡京託之，紹述安石，期盡行其制，而靖康之禍以亟」。可見以《周禮》變法在宋代自王安石以下至少有兩度仍被付諸實行。

的學風一直有務實的傳統，自然對這股變法的急切性更能深刻了解，因此在清代中期，湘地出身的官吏針對種種時事提出改革政策的例子不勝枚舉，而學者中也一樣有人能企圖走出古書的限制，切合在經世上。

一、湘學對變古思想的提倡

（一）古文經學的通經致用主張

嘉道年間，清朝雖經過一段盛世的滋養，但隨著富裕而來的，卻是龐大的人口負擔，種種弊病因量化而極致；面對此一局勢，有識者乃紛紛奮起，亟思改善之道，於是形成道咸年間一股龐大的經世風氣。在此經世風氣中，湘人實居要角，或在朝、或在野，皆有種種更生的措施或學說提出，如陶澍、嚴如煜〔註2〕、賀長齡、鄧顯鶴〔註3〕、湯鵬，〔註4〕以及魏源，都是此波經世風氣的中堅。其中賀長齡與陶澍因身居封疆要臣，權力在手，是以成就更大。賀長齡以詔議海運一事〔註5〕而興起編纂《皇朝經世文編》的念頭，於是請魏源董其事，成書後，遂使「求經濟者無不奉此書槼臬，幾於家有其書」。〔註6〕賀、魏二人都因此聲名大噪；陶澍則歷主清朝最爲繁重鹽、河、漕的三大政改革，儘管成果斐然，但因宵旰焦勞，雖有魏源、包世臣等幕賓襄助，最後仍鞠躬盡瘁、死於任上。

然除了大官能以權勢進行實政改革之外，當時經世學風其實也已普及於士庶之間，尤其是士人，更掀起通經致用的風潮。我們一般在論及經世學風總是從公羊派說起，實則在內聖外王的儒家理想下，「經世」的意識從沒有在中國思想史上完全消失過，它仍深藏在儒學的底層，即使在乾嘉考證學者也鮮有例外。清朝中葉，凌廷堪、阮元、焦循等清學學者在自覺地譴責「補苴掇拾」的考據學、企圖建立的通經致用的文本義理學時，目標仍是爲直探聖

〔註2〕《湖南通志》卷一百九十三〈人物志三十四〉：「嚴如煜，字樂園……究心經世學。」

〔註3〕《湖南通志》卷一百八十九〈人物志三十〉：「鄧顯鶴，字湘皋……以詩文動一時，其於湖南文獻，蒐討尤勤……撰《易述》、《毛詩表》、《校刊玉篇廣韻札記》。」

〔註4〕《清儒學案》卷一百六十一〈古微學案〉：「湯鵬，字海秋……爲《浮丘子》……大抵言軍國、利病、吏治爲最。」

〔註5〕見本論文第四章第二節：〈經世學風的復起〉。

〔註6〕俞樾：〈皇朝經世文續編敘〉，收於葛士濬：《皇朝經世文續編》。

人制作之本心達到致用於政事民生的功用。所以阮元便深信：「聖賢之道存于經，經非詁不明」〔註7〕、「蓋未有不稽古而能精於政事者也。」〔註8〕這便直接視經詁考據爲持政的基礎；而具有時務成就的陶澍一樣也相信通經致用的可能性：

> 蓋嘗論古之所謂經者，致治之理也，惟天下至誠，能經綸天下之大經。而凡爲天下國家者，不外九經之目，若典籍則所以發明此理者也。〔註9〕

典籍既被視爲可用來發明「致治之理」，足見企圖將經學結合政事，實非獨公羊家的專利而已。而魏源因先後幕於賀長齡、陶澍，才有機會直接參予政事實務，也才能完成諸多頗具實用價值的經世著作。卻屢屢爲文排擠古文經學、考據學風，並自覺地獨標公羊思想，迺使今、古對峙，而今文學因此竟與經世思想劃上等號，古文經學反倒被冠以守舊、不知通變的罪名。

（二）經世學風下提倡變古的湘地學者

然而魏源的文筆魅惑力甚強、頗能激動人心，對於經世學風的推波助瀾，實有卓絕的貢獻：

> 無一歲不虞河患，無一歲不籌河費，此前代所無也；夷煙蔓宇內，貨幣漏海外，漕輓以此日弊，官民以此日困，此前代所無也；士之窮而在下者，自科舉則以聲音訓詁相高，達而在上者，翰林則以書藝工敏、部曹則以胥吏案例爲才，舉天下人才盡出于無用之一途，此前代所無也；其他宗祿之繁、養兵之費力亦與前世相出入。〔註10〕

這是魏源在進行明清兩代比較時所寫下的，藉由親身的經歷，他發現，清世的許多問題實是曠古未有、無跡可循。既然無跡可循，也只能自作主張來應變時局了，因此他在學術與經世的結合上，最突出的一個思想，便是提出了「變古」的觀念，他認爲：

> 天下無數百年不弊之法，無窮極不變之法，無不除弊而能興利之法，

〔註7〕 阮元：〈西湖詁經精舍記〉，收於《揅經室二集》卷七（臺北：臺灣商務印書館，1967 年 3 月，頁 505。

〔註8〕 阮元：〈漢讀考周禮六卷序〉，收於《揅經室一集》卷十一（臺北：臺灣商務印書館，1967 年 3 月，頁 218。

〔註9〕 陶澍：〈沅江縣尊經閣記〉，收於《陶文毅公集》卷三十三。

〔註10〕 魏源：〈明代食兵二政錄敘〉，收於《魏源集》（臺北：鼎文書局，1977 年 9 月）頁 162。

無不易簡而能變通之法。〔註11〕

畢竟每個時代所面臨的課題不盡相同，若仍執著在古書古義的迷障中，看不清問題的真相，未免有削足適履之嫌。所以魏源主張「上古之風必不可復」，甚至認為「變古愈盡，便民愈甚」：

> 天下事，人情所不便者，變可復；人情所群便者，變則不可復。江河百源，一趨於海，反江河之水而復歸之山，得乎？履不必同，期於適足；治不必同，期於利民。〔註12〕

在此，魏源把他的變古思想的關鍵繫在「利民」、「便民」上，因此凡「人情所不便者，變可復；人情所群便者，變則不可復」，此說實別具見地。古法之變若只是為了便於治理、鞏固王權，變法反而更陷人民於水深火熱之中，考諸王安石變法中青苗法失敗的關鍵，便在對於民瘼的漠視，〔註13〕因此這個「便民」、「利民」的提出，實是魏源此一「變古」思想中最有價值之處，完全延伸儒家一直以來以民為本的民胞物與的精神。而且不但在變古思想中，他將儒家民胞物與的精神，約化為「便民」、「利民」的變法準繩，甚至推而廣之，魏源也把民胞物與的實行視作王道、霸道之幾：

> 自古有不王道之富強，無不富強之王道。……後儒特因孟子義利、王伯之辨，遂以兵、食歸之五伯，諱而不言，曾亦思足民、治賦皆聖門之事，農桑、樹畜即孟子之言乎？……王道至纖至悉，井牧、徭役、兵賦，皆性命之精微流行其閒。使其口心性，躬禮義，動言萬物一體，而民瘼之不求，吏治之不習，國計邊防之不問；一旦與人家國，上不足制國用，外不足靖疆圉，下不足蘇民困，舉平日胞與民物之空談，至此無一事可效諸民物，天下亦安用此無用之王道哉？詩曰：「監觀四方，求民之莫。」〔註14〕

〔註11〕 魏源：〈籌鹺篇〉，收於《魏源集》（臺北：鼎文書局，1977 年 9 月）頁 432。

〔註12〕 魏源：〈默觚下・治篇五〉，收於《魏源集》（臺北：鼎文書局，1977 年 9 月）頁 48。

〔註13〕 王安石青苗均輸法失敗，「論者謂其計利太卑、誅求太甚，故其禍甚於劉歆。」（甘鵬雲：《經學源流考》〈歷代周禮施用〉，頁 125），「計利太卑、誅求太甚」便是針對王安石此法給人民的感受，而引發的謗言，然而王安石完全忽略民心向背，只求能收速效，因此這番緣附《周禮》的變法被認為是「其禍甚於劉歆」。

〔註14〕 魏源：〈默觚下・治篇一〉，收於《魏源集》（臺北：鼎文書局，1977 年 9 月）頁 35。

歷來中國認為帝王的道德心性可收致「風行草偃」、「上行下效」的政績，因此王霸之分但以仁心作切割。然魏源卻以「民瘼」的改善與否作為王霸之基準，否則縱有仁心義行而「無一事可效諸民物」，「天下亦安用此無用之王道哉？」，這個轉變實是儒家民本精神的充份發展。只可惜這兩大特色卻完全被夷器改革等實效問題給掩蓋了。

魏源「王伯之辨」一議，雖由實效議題所逼出，實則仍有所承。胡宏曾以「良心之苗裔」說「齊王易牛」一事，當時朱熹曾針對胡宏語病提出疑義，雖經呂祖謙以「欲人因苗裔而識根本」來緩頰，然朱熹仍然堅持「夫必欲因苗裔而識根本，孰若培其根本而聽其枝葉之自茂邪？」。〔註15〕魏源的「王伯之辨」，與胡宏的「良心之苗裔」在本質上是一致的，就如「因苗裔而識根本」一樣，順藤摸瓜，實是以外在言行來判斷內在本質，這可說是在湘學特重形下義理、時務傳統的特質下所形成的議論。一如王夫之亦承此湘學特有的形下學風而指：

> 因理而體其所以然，知以天也；事物至而以所聞所見者證之，知以
> 人也。通學識之知於德性之所喻而體用一源，則其明自誠而明也。
> 〔註16〕

「通學識之知於德性之所喻而體用一源」比起「因苗裔而識根本」，在本體上說法雖是高明許多，但方法論則一致是以外在言行來判斷內在本質。由此可見魏源的變古之議，與湘學特重形下義理的時務傳統，實是密不可分的。

同樣地，變古思想之所以完全被時務夷器議題所淹沒，也是肇因自魏源所鼓動的承繼者中，迺以湘人為最的緣故。魏源的變古主張本就是由時事觀察中逼出的結論，而湘人本重形下義理，又因時局急切而更迫求實效，才導致變古議題在湘人手上，竟還只停留在講求眼前實效的階段，正如曾國藩的變古之議：

> 皆以本朝為主，而歷溯前代之沿革本末，衷之以仁義，歸之以易
> 簡，前世所襲誤者，可以自我更之；前世所未及者，可以自我創
> 之。〔註17〕

雖主張可自我更革、自我創新，但只是為因應變局，沒有一套完整的規劃。是以魏源雖由變古精神推衍而出「以夷攻夷」、「以夷款夷」、「師夷長技以制

〔註15〕詳見本文第三章第二節：〈南學與理學·理學與湖湘學派〉。
〔註16〕王夫之：《正蒙注》卷三下。
〔註17〕曾國藩：〈日記·辛亥七月〉，見《曾文正公全集》（臺北：東方書店，1963年12月再版），頁262～267。

夷」〔註18〕三說，但流傳最廣，影響最大者，仍在「師夷長技以制夷」上。
尤其是「師夷長技以制夷」的主張，更因被曾國藩承繼下來，在太平天國之
戰中求得初步的勝利，並發而爲洋務運動的軸心，更強化了此說對晚清政局
的影響性。

　　魏源這個「變古」的思想，對於向來致力於「法古」、「求古」的學術界，
倒不啻是當頭棒喝。一直以來，學者被經書的權威所束縛，不敢輕議古學。自
此除了經書之外，凡有益於時務者都能作爲研究的對象了。如此一來也擴展了
治學及經世者的觸手，將之從經籍上轉向史部、子部、集部，甚或是異域學術
的領域中。晚清的學術界在變古議題的倡導下逐漸鬆綁，學者們的走向因而更
多元化了，像是諸子學這類原先被視爲異端的學術便有復興的跡象，白話小說
著作這種「小道」也可以風行爲文人的職業。魏源本身更是個絕佳的例子，身
爲公羊學家的魏源既曾以常州公羊學發闡古書精義，又曾致力於考史以鑑古知
今，更在《海國圖志》與《四洲志》進行知己知彼的努力，而這些都被有容乃
大的湘儒們承繼了下來。其後，周壽昌致力於考史鑑今的功夫，王先謙亦有《五
洲地理志略》承繼魏氏的雄心，可見湘儒的學術已不再侷限於漢、宋兩途上了。
同時，也正因爲有魏源「變古」、「師夷長技以制夷」的開風氣之先，推而廣之，
才有康梁「維新」的議論、以及張之洞的「中體西用」的出現。

二、湘學對復古思想的執著

（一）從內在理路看復古精神

　　然而魏源在政治上，雖然是強調著「變古」的精神，但是在學術上，卻
又企圖以「復古」來達到「革今」的目的，而且這種自相矛盾的情形，竟然
還出現在同一本書內。當《默觚・治篇五》中提出了「變古愈盡，便民愈甚」
的主張時，《默觚・學篇九》中卻在大肆提倡：

> 能以《周易》決疑，以《洪範》占變，以《春秋》斷事，以《禮》、
> 《樂》服制興教化，以《周官》致太平，以《禹貢》行河，以《三
> 百五篇》當諫書，以出使專對，謂之以經術爲治術。曾有以通經致
> 用爲詬厲者乎？

這又把治學的根據都往上推到戰國、春秋，甚至三代以上去了。這種復古主

〔註18〕魏源：〈海國圖志敍〉，收於《魏源集》（臺北：鼎文書局，1977 年 9 月）頁
　　　　207。

張對魏源個人的學術實是個極嚴重的矛盾,魏源也深知此一爭議,故而在同書中便曾加以解釋道:

> 執古以繩今,是謂誣今;執今以律古,是謂誣古。誣今不可以爲治,
> 誣古不可以語學。〔註19〕

然而學術誠然要尊重古學的眞諦,但引爲「決疑」、「占變」、「行河」的根據,卻便是「執古以繩今」了。

就連政治改革上,魏源也一樣無法擺脫這矛盾,時而有復古之議出現。如他雖有「變古愈盡,便民愈甚」的主張,強調「君子之爲治也,無三代以上之心則必俗,不知三代以下之情勢則必迂」,但何謂「三代以上之心」呢?

> 三代以上之天下,禮樂而已矣。……禮樂勝則純乎道德,如春風之
> 長萬物而不知。〔註20〕

如此一來,又將時務的指導原則推回禮樂制度上。雖然這些禮樂制度內都可指涉聖人制作之本源,但抽繹此本源卻務須考證的工夫,於是我們看到魏源一方面將聲音訓詁等學術視作「舉天下人才盡出于無用之一途」,另一方面,魏源又強調考據典章制度的重要性:

> 蓋欲識濟時要務,須通當代之典章;欲通當代之典章,必考屢朝之
> 方策。……必有眞儒,徵斯實用。〔註21〕

這其實是個很有趣的現象,焦循、阮元、凌廷堪等提出「以禮代理」之說的清學者,大約是早魏源一個世代而已,〔註22〕然魏源在面對自己要求「考屢朝之方策」和批評考證是「舉天下人才盡出于無用之一途」這前後不一的言行時卻毫無矛盾的自覺,而且還把能「考屢朝之方策」並「徵斯實用」的人,如魏源自己,以「眞儒」自居。很顯然地凌廷堪等人企圖把自己和乾嘉漢學切割、自立一新義理學的努力,到了魏源時仍是毫無進展的;但以今文家自詡的魏源也提出和古文經學者焦、凌、阮一樣的主張,足見這藉考《禮》以得致聖人本心的主張其實是中國學術的內在理路,是應該被必然逼出的,然

〔註19〕 魏源:〈默觚下・治篇五〉,收於《魏源集》(臺北:鼎文書局,1977 年 9 月)頁 48。

〔註20〕 魏源:〈默觚下・治篇三〉,收於《魏源集》(臺北:鼎文書局,1977 年 9 月)頁 42。

〔註21〕 魏源:〈皇朝經世文編五例〉,收於《魏源集》(臺北:鼎文書局,1977 年 9 月)頁 158。

〔註22〕 凌廷堪、焦循在嘉慶末年間過世,而道光五年阮元始刻《皇清經解》的隔年,魏源也主事《經世文編》,可見活動時間相去不遠。

而古文經學者提此說被漢宋爭論模糊了焦點，今文學者魏源提出此說又因兵荒馬亂的時局而被奉行者置棄專務時政，以至文本義理迄今竟尚未能建立。

（二）提倡復古的湘地學者

無論如何，學者們都注意到傳統學術與時俱進的契機便在此處，因而出現許多處處提倡務變法的學者卻選擇向古人取經，如在《浮丘子》中激烈批判時勢、銳意改革的湯鵬：

> 是故君子讀書必則古，以握宰世服物之本。考之《詩》，然後知性情；知性情，然後能款萬物。考之《書》，然後知政事；知政事，然後能著萬物。考之《易》，然後知陰陽；知陰陽，然後能妙萬物。考之《禮》，然後知典則；知典則，然後能衷萬物。考之《樂》，然後知聲音；知聲音，然後能和萬物。考之《春秋》，然後知名分；知名分，然後能戒萬物。考之《論語》、《孝經》，然後知言行；知言行，然後能體萬物。考之《大學》、《中庸》，然後知體用；知體，然後能總萬物。〔註23〕

他直率地指出「讀書必則古」的理由，便是相信六經都可被致用以「握宰世服物之本」，可見這種以復古爲經世之方策的心態，在湘地的學者中是相當普遍的。

而早年「一宗宋儒」，後來在洋務運動中引進夷器制作、製造輪船、甚至派遣幼童出國留學，「一雪理學迂腐之誚」〔註24〕的曾國藩，一樣也主張要進行經典考證的工夫才能「明先王之道」：

> 故國藩竊謂今日欲明先王之道。不得不以精研文字爲要務。……即書籍而言道，則道猶人心所載之理也，文字猶人身之血氣也，血氣誠不可以名理矣，然舍血氣則性情亦胡以附麗乎？〔註25〕

〔註23〕湯鵬：《浮丘子》。轉引自錢基博：《近百年湖南學風》（北京：中國人民大學出版社，2004年），頁10。

〔註24〕語見梁啓超：〈近代學風之地理的分布〉一文，當中對湘軍的描述是「道咸之間，湘鄉羅羅山與其友劉霞仙共講程朱學，以教授於鄉曲……及大亂起，羅山提一旅衛桑梓……霞仙贊軍幕……自是一雪理學迂腐之誚，而湘學之名隨湘軍而大振。」，收錄於《飲冰室專集・第九冊》（臺北：臺灣中華書局，1978年），頁30。

〔註25〕曾國藩：〈致劉孟蓉〉，見《曾文正公全集》（臺北：東方書店，1963年12月再版），頁322。

不但在修身上要藉精研書籍文字來「明先王之道」，就連時務變法也一樣，雖
能自更、自創，但更須回歸經典上去尋繹：

> 天下之大事宜考究者凡十四宗：曰官制、曰財用、曰鹽政、曰漕務、
> 曰錢法、曰冠禮、曰婚禮、曰喪禮、曰祭禮、曰兵制、曰兵法、曰
> 刑律、曰地輿、曰河渠。皆以本朝爲主，而歷溯前代之沿革本末，
> 衷之以仁義，歸之以易簡，前世所襲誤者，可以自我更之；前世所
> 未及者，可以自我創之〔註26〕

甚至在面對日益膠著的漢宋學派爭隙時，曾國藩也選擇以考據爲法門，來「通
漢宋二家之結」：

> 乾嘉以來，士大夫爲訓詁之學者，薄宋儒爲空疏；爲性理之學者，
> 又薄漢儒爲支離。鄙意由博乃能返約，格物乃能正心，必從事於禮
> 經，考覈於三千三百之詳，博稽乎一名一物之細，然後本末兼賅，
> 源流畢貫。雖極軍旅戰爭食貨凌雜，皆禮家所應討論之事。故嘗謂
> 江氏《禮書綱目》，秦氏《五禮通考》，可以通漢宋二家之結，而息
> 頓漸諸說之爭。〔註27〕

可見身爲宋學家的曾國藩卻在修身、治學、經濟上都選擇以考據經典——特
別是《禮》書——做爲法門。事實上曾國藩對於《禮》書的訓詁研究本來就
非常重視，他甚至曾爲秦蕙田（曾國藩將之列入「三十二子」，還有像贊。）
〔註28〕的《五禮通考》增補卷帙，而有「善以禮運」的美譽：

> 其論學兼綜漢宋，以謂先王治世之道，經緯萬端，一貫之以禮。惜
> 秦蕙田《五禮通考》缺食貨，乃輯補鹽課、海運、錢法、河堤爲六
> 卷，又慨古禮殘闕無軍禮，……論者謂國藩所訂營制、營規，其於
> 軍禮庶幾近之。……論曰：國藩事功本於學問，善以禮運。〔註29〕
>
> 蓋禮莫重於祭，祭莫大於郊廟……而疏漏不完。……軍禮居五禮之
> 一，……今十七篇獨無軍禮……因其所值之時，所居之俗，而創立

〔註26〕曾國藩：〈日記·辛亥七月〉，見《曾文正公全集》（臺北：東方書店，1963
　　　　年12月再版），頁262～267。

〔註27〕曾國藩：〈覆夏弢甫〉，見《曾文正公全集》（臺北：東方書店，1963年12月
　　　　再版），頁231。

〔註28〕曾國藩：〈聖哲畫像記〉，見《曾文正公全集》（臺北：東方書店，1963年12
　　　　月再版），頁348。

〔註29〕《清史稿》卷四百五〈列傳一百九十二〉。

規制，化通裁變，使不失乎三代制禮之意。……所謂苟協於中，何
必古人是也。〔註30〕

會特別輯補六卷與食貨相關的內容，雖然與他一直特重經濟之學是息息相
關，但也可足見出他對古籍經典浸潤之深，才能有賡續的功力。

曾國藩的同鄉學友羅澤南甚至曾以〈大學〉、《左傳》來論兵法：

澤南所著有《小學韻語》、《西銘講義》、《周易附說》、《人極衍義》、
《姚江學辨》、《方輿要覽》諸書。體用兼備，一宗程朱，學者稱「羅
山先生」。嘗論兵略，曰〈大學〉首章「知止」數語盡之，《左傳》
「再衰」、「三竭」之言，其注腳也。〔註31〕

大致是認爲行軍要能「定、靜、安、慮、得」後再一鼓作氣，謀定而後動，
不能自亂陣腳。連操兵作戰都可有得於經書，可見在「通經致用」的風氣下，
從古書上找靈感幾乎是清代學者的習性。

清代學者的復古議題也並不限制是兵制。戊戌年間因變法而廢科舉，當
時與康梁對立的王先謙卻頗爲贊成，而且提出自己的建言：

用四書之題目，易策論之體裁，如宋王安石創始之作，雖廢猶不廢
也。充之子史，以博其趣；推之時務，以觀其通。試不一題，本末
賅貫，使上下議論，而求才之道備焉。〔註32〕

此議雖是變古（科舉）之議，實則仍於復古（王安石制藝）中尋覓方針，甚
至在戊戌變法失敗後，王先謙還爲文對恢復科舉表示惋惜之意，足見清代湘
學中，變古者亦是復古者的弔詭特性，不論是改革派、洋務派、或是守舊派
卻都是一致的。

有關湘地學者其變古復古特質竟匯通於同一人身上的現象，其實仍與湘地
重視形下致用的風氣是切身相關的。對於大膽提倡變古，魏源其實有一套解釋：

醫之活人，方也；殺人，亦方也。人君治天下，法也；害天下，亦
法也。不難于得方而難得用方之醫，不難于立法而難得行法之人。
青苗之法，韓琦、程伯子所部必不至厲民；周家徹法，陽貨、榮夷
公行之斷無不爲暴……買公田省餉之策，出于葉適，而賈似道行之，

〔註30〕曾國藩：《復劉孟蓉書》，見《曾文正公全集》〈書牘〉〈（臺北：東方書店，1963
　　　年12月再版），頁325。
〔註31〕《清史稿》卷四百七〈列傳一百九十四〉。
〔註32〕王先謙：〈科舉論・上〉，收錄於《虛受堂文集》卷一。

遂以亡國。是以郡縣、生員二論，顧亭林之少作，日知錄成而刪之；
限田三篇，魏叔子三年而後成，友朋詰難而卒毀之。君子不輕為變
法之議，而惟去法外之弊，弊去而法仍復其初矣。不汲汲求立法，
而惟求用法之人，得其人自能立法矣。詩曰：「不失其馳，舍矢如破。」
〔註33〕

「弊去而法仍復其初矣」，正見出魏源的變法之議，仍是由實效逼出，所以一
旦收效了，便可「復其初」。魏源在文中並舉出諸多史證，證明「君子不輕為
變法之議」，這也是在剖明心跡，變法並非為非議祖宗家法，而是為「去法外
之弊」，在這種完全功利主義的主張下，變法只為求眼下的實效，而不為長久
之圖畫，且戰且打、得過且過，變法能有多少效果，怕是可想而知；而由湘
軍的「師夷長技」延伸而出的洋務運動，最後為何以失敗收場，與主其事的
湘鄉學子只務實效不為長遠計的功利心態，也不無關聯。

三、對清學的影響

魏源在學術界之變法，是為發明經書中古聖賢之微旨以明道救世，故而
以乾嘉得力於古文學的漢學為「偽漢學」，而視西漢今文經學為「真漢學」：

夫西漢經師，承七十子微言大義。《易》則施、孟、梁、丘，皆能以
占變知來；《書》則大小夏侯、歐陽、倪寬，皆能以《洪範》匡世主；
《詩》則申公、轅固生、韓嬰、王吉、韋孟、匡衡皆以三百五篇當
諫書；《春秋》則董仲舒、雋不疑之決獄；《禮》則魯諸生、賈誼、
韋玄成之議制度，而蕭望之等皆以《孝經》、《論語》保傅輔道，求
之東京，未有或聞焉。其文章述作，則陸賈《新語》以《詩》、《書》
說高祖，賈誼《新書》為漢定制作，《春秋繁露》、《尚書大傳》、《韓
詩外傳》、劉向《五行》、揚雄《太玄》皆以其自得之學範陰陽、矩
聖學、規皇極，斐然與三代同風，而東京亦未有聞焉。〔註34〕

在他心中，公羊經學足以占變決獄、匡救時事，而這種時務精神在古文經學
的漢學家或宋學家身上都是看不到的，他對漢宋腐儒無法切應時事感到失

〔註33〕 魏源：〈默觚下·治篇四〉，收於《魏源集》（臺北：鼎文書局，1977 年 9 月）
頁 46。
〔註34〕 魏源：〈兩漢經師今古文家法考·敘〉，收於《魏源集》（臺北：鼎文書局，1977
年 9 月）頁 151。

望，覺得他們既無益於學術、亦無益於政事：

> 工騷墨之士，以農桑爲俗務，而不知俗學之病人更甚于俗吏；托玄
> 虛之理，以政事爲粗才，而不知腐儒之無用亦同於異端，彼錢谷簿
> 書不可言學問矣，浮藻餖飣可爲聖學乎？釋、老不可治天下國家矣，
> 心性迂談可治天下國家乎？〔註35〕

然而漢宋學術眞的無力應對亂局嗎？姑不論在太平天國之役中，最先起身抗
衡的，如羅澤南、曾國藩、劉蓉等都是程朱學的信奉者；就連古文經學家其
實也早就企圖積極面對時局、接受新知，如凌廷堪，他畢生發皇禮學，但對
西學卻不是就一昧地抗拒，在他寫給孫星衍的回信中，凌廷堪便反對孫星衍
排斥西方天文曆算的觀點：

> 夫西人算法與天文，相爲表裡。……苟不信其地圓之說，則八線、
> 弧三角亦無由施其用矣。西人言天，皆得諸實測，猶漢儒注經，必
> 本諸目驗。若棄實測而舉陳言以駁之，則去鄉壁虛造者幾希。〔註36〕

由這句「西人言天，皆得諸實測，猶漢儒注經，必本諸目驗。」中我們可察
知凌廷堪將西方算學天文視同於「實學」的學術心態，因此他對西學是傾向
於接納的態度，而「苟不信其地圓之說，則八線、弧三角亦無由施其用矣」，
更可見他並非爲反駁立異於孫星衍才出此言，而是已具備相當程度的了解，
甚至可能加以引用了。再更早之前的乾嘉年間學人一樣並非只埋首於故紙堆
中，而是以通經致用自爲期許的：

> 錢大昕序明代袁袠所著的一部經世作品曰：「夫儒者之學在乎明體以
> 致用，詩書藝禮皆經世之言也。」……此外如章學誠本「史學經世」
> 而發禮貴當時之說；洪亮吉「意言」切論當世積弊，汪中撰「哀鹽
> 船文」反應鹽民的痛苦，都是經史考證學者具有經世意識的顯證。
> 〔註37〕

正如前文所指出的，「內聖外王」一直都在傳統儒家教育下內化成爲學者的終
極目標，所以正如馬斯洛（Abraham Harold Maslow）曾就人類心理需求提出

〔註35〕魏源：〈默觚下·治篇一〉，收於《魏源集》（臺北：鼎文書局，1977 年 9 月）
頁 37。

〔註36〕凌廷堪：〈復孫淵如觀察書〉，收於《校禮堂文集》卷二十四（北京：中華書
局，1998 年 2 月）頁 219。

〔註37〕余英時：《中國思想傳統的現代詮釋》（臺北：聯經出版事業公司，1990 年 4
月四刷），頁 430。

一「需求層次理論」（need-hierarchy theory），其中，他認為最高層次當為「追求自我實現」（self-actualization needs），同樣地，經世思想在中國文人心中也是一個永不被放棄的夢想。故而公羊學是否是晚清唯一具有經世思想的救時良方呢？恐不其然。

魏源本是為了要使學術界脫離考據學的陰影，才灌入通經致用的思想，故而企圖用公羊家學來取代，但同時也擺脫不了公羊學泥古太甚的牽絆。魏源與龔自珍受學於劉逢祿時，劉逢祿還在用「科學的歸納研究法」〔註38〕發皇何休的「釋例」，可見即使公羊學是所謂經世致用的學問，但畢竟仍是一門古代的學說，在發揮的過程中，便很難不去觸及訓詁，錢穆因而批評今文學家是：

> 晚清今文一派，大抵菲薄考據，而仍以考據成業。然心已粗，氣已浮，猶不如一心尊尚考據者所得猶較踏實。其先特為考據之反動，其終匯於考據之頹流，魏龔皆其著例也。〔註39〕

此後，清末的公羊學者也幾無一人能甩脫「復古」與「變古」間巨大的衝突。魏源因並未把學術與時務加以緊密掛勾，故而尚能避開此一危機，到了康梁變法之時，雖引進了西學以變古維新，但是拘泥在「三世說」、「通三統」、強調「託古改制」的康門弟子，卻很難不去處理這個問題，於是原本很單純的「變法」，在附和公羊學後，添上神祕的誣妄的色彩，以致受到不少詬病，影響到「變法」原本開明進步的形象，同樣地，公羊學也在康門的「託古改制」下遭到扭曲，幾乎是兩敗俱傷的結局。

四、小　結

湘學擺盪在變古與復古之間的思想特質，影響到清末清識份子對傳統學術一樣產生了又愛又恨的情結。湘地這些位高權重的主事者一方面以開明的形象領導洋務的運作，卻往往在關鍵時刻逼於功利又假借維護傳統而選擇了退縮。這或許可說是迫於現實的無奈，但無可否認的，這擺搖不定的態度將使得一心改革的學者視傳統為最大的障礙；益以清代學術的進程復受到「以禮調和漢宋說」的扭曲，本有的學術活力因而阻滯——傳統學術在風雨飄搖

〔註38〕梁啓超：《清代學術概論》，頁122。
〔註39〕語見錢穆：《中國近三百年學術史·第十一章龔定菴》（臺北：臺灣商務印書館，1990年10月臺十版），頁532。

間忽然成了有心改革者後見之明下的眾矢之的，實也是意料中之事。

第二節　在西學引進與排斥間取捨

　　當中國學術內部已無力救亡圖存時，仿造日本維新之法，引進西方文物，幾乎成了全民的共識。雖然隨著時局敗壞，變法圖強實已不得不然，但真的要全盤西化嗎？還是選擇性接受？如何選擇？自然成為一待決的難題，而這個難題在湘學內部引發的爭議，甚至成為學界分裂性的對抗，對清學而言，正是最後一致命的一擊。至此中學節節敗退，直逮民國國粹派的出現，才終於有復甦的跡象。

一、湘學對實效可行的西學之引進

　　魏源由變古的思想推出「師夷長技以制夷」的理論，可說是水到渠成的一種轉化。既要變古適今，那麼在素質明顯低落於西學的技藝層次，為了要迎頭趕上，直接吸取他人長學，的確是最速效的方法。在他看來，夷之長技有三：「一、戰艦，二、火器，三、養兵練兵之法」，但在同時，他也提出發展民族工業的主張。他曾經親身去勘察過港澳地區的繁華與自由，〔註40〕深切體會到工業科技所帶來的便利及財富，是以在《海國圖志》中，也主張民生工業的開辦，可見他的「師夷長技以制夷」的觀念，並不像一般學術史上所陳述的，只設限在兵工業的方面，而是舉凡「有益民用」的工業，都要加以倡行。

（一）西學在晚清的流布情形

　　一般說來，隨著這類器物所引進的西方工藝學術，在中國其實並未遇到太大的抵抗。因為這類學問雖是西法，但在魏源及洋務學者普遍以實效講求的情形下，既然能便民，也算是能經世致用，大抵來說，幾乎是被接受的。所以曾國藩在同治年間的洋務雖集中在制炮、造船等軍事用途，但是光緒初年所進行的洋務運動中則不乏紡織、火柴等民生工業的引進。而實際上不僅是洋務學者，大部份學者在面對西學時也往往有選擇性接受的現象。就以凌廷堪為例，他雖然溺於治禮，但從他的〈與焦里堂論弧三角書〉及〈復孫淵

〔註40〕見張舜徽：《清儒學記》〈湖南學記第七〉（濟南：齊魯書社，1991 年 11 月一版一刷），頁 326。

如觀察書〉，可看出他對西方算學、天文學都有一定的認識，如他在〈與焦里堂論弧三角書〉中比較西方算學和戴震《勾股割圜記》，他直言批評戴震除了少許創見之外，其餘全都是採用「西洋成法，但易以新名耳」，而且還引用錯誤：「於西人古法初無所加，轉足以疑誤後學」，〔註41〕證明他沒有必以中學為是的看法。在另一封他和孫星衍有關天文算法討論書信的內容，就更值得我們細細推敲：

> 歲差〔註42〕自是古法，西法但以恆星東移推明其故耳，不可以漢儒
> 所未言，遂並斥之也。再審來札所云：「天文與算法，截然兩途。」
> 則似足下取西人之算法者。夫西人算法與天文，相為表裡。……苟
> 不信其地圓之說，則八線、弧三角亦無由施其用矣。西人言天，皆
> 得諸實測，猶漢儒注經，必本諸目驗。若棄實測而舉陳言以駁之，
> 則去鄉壁虛造者幾希。〔註43〕

文章中我們看到他不但接受西方可以用不同的方式推算歲差，而且連地圓之說都都已採納了。其中「西人言天，皆得諸實測，漢儒注經，必本諸目驗」一句，可審知凌廷堪心中實目「西學」，尤其是天文學，都同清代的「實學」一般，是有憑有據的學問，徵實可信，自沒有排拒的必要。而當時多數接受西學的學者態度大抵如此。也因此後世《經世文編》的諸本續作，在刊列有關西學的聲、光、電、化等篇章時也都是逕置入「學術部」中，而算學更被冠以「格致」之名，甚而得以獨標一門。〔註44〕「格致」就是「格物以致知」的意思。

　　至於少數反對西學的學者，也並非是反對西學本身，如孫星衍之反西方天文學，是因有學者據以批鄭玄《禮》注，動搖了古文經學的地位；〔註45〕再如倭仁，他被近代視為是冥頑不靈的守舊派份子，但我們看他與奕訢爭設算學館一事，他的爭執重心也實非是為算學本身的合理性：

〔註41〕凌廷堪：〈復孫淵如觀察書〉，收於《校禮堂文集》卷二十四（北京：中華書局，1998年2月）頁219。

〔註42〕赤道與黃道之交點，即春分、秋分二點。每年略有變化，每年沿黃道向西退行約五十點二角秒，約二萬五千八百年迴轉一周。此現象稱為「歲差」。

〔註43〕同註528。

〔註44〕如陳忠倚《皇朝經世文三編》、何良棟《皇朝經世文四編》便立以格致的名目，葛士濬《皇朝經世文續編》則只混入文學類中，參見附錄（一）。

〔註45〕見凌廷堪：〈復孫淵如觀察書〉，內指：「來札云：近時為漢學者，又好攻擊康成，甚以為非……又，來札云：康成注《禮》，分夏、殷、周、魯禮，則《周官》、《禮記》無不合符」。可見持西學攻擊鄭玄應是集中在《禮》注上。

　　倭仁，字艮峰，烏齊格里氏，蒙古正紅旗人，河南駐防。……文宗
　　即位，應詔陳言，略曰：「行政莫先於用人，用人莫先於君子小人之
　　辨」……六年，同文館議考選正途五品以下京外官入館肄習天文算
　　學，聘西人為教習，倭仁謂根本之圖，在人心不在技藝，尤以西人
　　教習為不可，且謂必習天文算學，應求中國能精其法者。〔註46〕

有關同文館增設算學一事，論者常認為這是一次中西學術的衝突，但今日就
內容來看，爭議並不在此。王先明先生曾針對這一次的爭議雙方論點進行歸
納，得致倭仁的觀點是：

1. 天文、算學等西學……屬於一藝之末，可從工匠中選取從學人員，不
　　應令科甲正途之士從此末藝。……「若令正途科甲人員習為機巧之事，
　　又借升途、銀兩以誘之，是重名利而輕節氣。」

2. 「立國之道，尚禮義不尚權謀；根本之圖，在人心不在技藝。今求之
　　一藝之末，而又奉夷人為師……天下之大，不患無人……必有精其術
　　者，何必夷人？何必師事夷人？」

而奕訢等人的觀點是：

1. 天文、算學本為儒者所當知，不得目為機巧……借西法以印證中法，
　　並非舍聖道而入岐途。

2. 「欲圖自強」並籌思「長久之策」，當講求製造機器、槍炮之法，而「制
　　造巧法，必由算學入手」。所以「西學之不可不急為肄習也。」

3. 「忠信為甲冑，禮義為干櫓」是道義空談，僅「取譽天下」。〔註47〕

　　「根本之圖，在人心不在技藝」，這是非常典型的程朱思想。倭仁本為程
朱理學的宗仰者，時與「曾國藩、李棠階、吳廷棟、何桂珍、寶鋆講求宋儒
之學」，〔註48〕會有此議論並不令人意外。然而由上述分析，可見倭仁並不否
定算學，只是將之視為「技藝」；而且奕訢「考選正途五品以下京外官入館肄
習天文算學」的舉動，由今思之，也實是荒謬的建議，教育要由基層紮根做
起，令官吏修習成效太有限了；更重要的是，同文館開設算學館，將成為另
一種晉升的門道，排擠正統仕途出身的升遷，這才是倭仁等大臣抗拒的原因，

〔註46〕《清史稿》卷三百九十一〈列傳一百七十八〉。
〔註47〕王先明：《近代新學——中國傳統學術文化的嬗變與重構》，（北京：商務印
　　　　書館，2000年3月1版），頁88～89。
〔註48〕《清史稿》卷三百九十一〈列傳一百七十八〉。

不是不可習、不必習，而是不應誘以利祿。事實上孫星衍接觸過西方算學、倭仁見識過船堅炮利，在此情形下，面對西方這類學問應絕不至於全面抗黜，卻仍有「不可行」的議論出現，可見重點不在西學西法可不可行，重點在出現了危及了學者一貫的信仰及生活方式的可能。晚清像這類隨著器物而引進的西方科學、算學在中國所受到的排斥，其實往往並非出自內容本身，而在有心人力利益間的角力。若只論及內容的話，反倒是地方學者、地方官吏甚至都曾主動刊刻加以散布呢！

（二）湘地對西學的採納

魏源「師夷長技以制夷」的說法，在曾國藩對抗太平天國時，起了很大的功效，湘軍在洋槍洋砲甚至洋軍隊的助威下，平定了太平天國的亂事，原本有反西方思想的清廷，也因此對西學的態度略有改觀，這場戰爭的另一個得利者是湘軍、淮軍的領袖們，他們因捍衛清室而提升了漢人在朝廷中的地位，滿清皇朝的大權也因此旁落，這使他們對夷器的威力有近乎迷信的崇拜，日後清廷延聘入朝時，朝官中如丁日昌、李鴻章、郭嵩燾等平亂功臣，無不持此議以救時弊，從而有洋務運動的興起，而且愈形擴張，從原本只開辦兵工廠和造船廠，到後來派小留學生出國學習，甚至在本國境內開設同文館，同時也引進了鐵路及一些基礎的民生工業，規模愈大的結果，民間也開始有投資民生工業的現象，連士儒也不乏投資者，清末陳寶箴擔任湘撫，與當地鄉紳合作開設火柴工業、機器制造公司時，許多學者如張雨珊及後來被視為是「頑劣保守」的王先謙也都加以投資，只是後來因虧損或改為官辦、或由他省富商接管。不過王先謙並未受挫，後來更投資「扁辮機」，營收則很不錯。〔註49〕

夷器的引進也帶動了西學的需求。為了學習如何使用和製造，相關的翻譯書籍開始流入世面，間接地也傳播了西方重要的基礎思想，使學課的內容不得不因應變化。1895 年譚嗣同在瀏陽鄉紳的支助下創立了瀏陽算學社，1897年 7 月嶽麓書院最後一任山長王先謙率先宣佈修改《嶽麓書院學規》，其中最要者有三：

> 一、算學額定五十名、譯學額定四十名，均以三年為一班，查照校
> 經堂學會之例。

〔註49〕 見王繼平：《晚清湖南史》（長沙：湖南人民出版社，2004 年 5 月），頁 281～283。

二、算、譯兩學，不拘資格，准令童生報名附學。

三、算、譯兩學……由院長面試時文詩論不拘……文理不通者，无
庸投考。〔註50〕

這便將測算、翻譯都列入書院的正規課程。影響所及，各地書院也紛紛
修改學規。到了 10 月，王先謙、譚嗣同、唐才常、熊希齡等人創立時務學堂，
請來梁啓超擔任教習，各地講堂也隨之如雨後春筍般建立。

而康梁辦時務報時，更是堂而皇之地鼓吹起西方的代議政治和民主觀
念，湘學報當時也在唐才常的主導下由原本的學術轉而議論時政，這些對啓
迪民智有相當大的幫助。在內亂時便曾見識過夷器威力的湘人，又因為通商
口岸開放帶動西方文化的傳播，許多湘地的年輕知識份子早已清楚地認知清
廷的腐敗和借鏡西方的必然，故而當康梁在思賢講舍傳授變法的觀念時，湘
地知識份子附和之聲竟倡動全國的激昂反應，實是其來有自的。

二、湘學對雜糅西教的中學之排斥

湘地基於西學在救民富國上的成效，對西學的採納雖是不落人後，但是
對於西方傳教士，以及西方政制卻是絕無好感。這與太平天國亂事，湖南受
創最深、湖南學子起身抗衡死傷慘烈的歷史有深刻的關聯。因此一直到十八
世紀末湘地幾乎仍未有傳教士能成功進入傳教，更遑論是提倡西學；也因為
民風閉塞，年輕人更渴望著一次徹底的變化。就是在這種世代間強大的差距
下，使年輕的知識份子在康、梁等人的倡動下雖然是激動附和，然而更多在
太平天國之役中死傷的百姓遺族卻無法容忍西方反傳統的思想，因而在湘
地，對於康梁等人揉和了西方學術的今文新學的態度，出現了嚴重的分岐。

（一）湘地對新學態度的分裂

在前面章節中，筆者已一再述及，清中葉的崇禮風氣，標識的是屬於清
代文本義理學的建立。因此就學術的內在理路而言，它應該被充份發展、致
用，並擴及群經，才能在「句讀→識義→通原→得道」的方法論的指導下，
將清代學術帶入一個新高峰，然而崇禮思想甫出，學界便因凌廷堪「以禮代
理」說的影響而受困在漢宋爭論間，曾國藩以中興功臣之姿「以禮調和漢宋」

〔註50〕 朱漢民主編：《千年講壇──嶽麓書院歷代大師講學錄》（長沙：湖南大學出
版社，2003 年 4 月），頁 301。

的結果，反而將學者不分漢、宋、經濟，又都困入「考覈於三千三百之詳，博稽乎一名一物之細」的噩夢之中，繞了二百年，中國學術竟因此而原地打轉，而受曾國藩影響最深的湘學，或受其感召，也或許是大亂遽定，亟思生息調養的緣故，不論是公羊學派的王闓運、程朱學的劉蓉、郭嵩燾、史學家的周壽昌，文學家李元度〔註51〕、桐城餘緒吳敏樹，〔註52〕全都回歸著述訓詁的治學途徑，而且終身不輟。

這種埋首書堆侷限名物的治學方法，無法滿足年輕士子的求知求變的渴望。在當時湘撫陳寶箴的幫助下，年輕的唐才常得以主事《湘學報》，梁啓超、譚嗣同得主持《時務報》。康梁等人的學術一到湖南就完全征服企圖掙脫束縛的年輕學子，唐才常、譚嗣同很快地宗仰起《公羊》家「三世」、「三統」之說；但個性溫和、傾向清代實學的其他年輕學子就無法忍受這些無君無父的言論，於是葉德輝、蘇輿等人起身抗衡，並要求曾爲國子祭酒的王先謙主事，形成王先謙與實學派學子及陳寶箴與《公羊》派學子的對抗。

（二）湘學內部對立的原因

葉德輝、蘇輿等人之所以特別反抗康梁學術，實不在算、譯西學或時務精神，而在康梁假借《公羊》家思想企圖對傳統學術進行變革的部份。身處在艱困的時局中，湘鄉學子當然也了解到非變不可的氣氛，就如起身抗衡康梁的王先謙，自己都投入了不少西方工廠的投資，後人稱他是頑冥份子未免言過其實。而且，主持時務報出刊的王先謙對於時務報引述西學或西方文教其實也心裡有數，他曾編過《五洲地理志》，酌引魏源《海國圖志》，當中對西方文化的美化其實也略有涉獵，所以宣傳西教對他來說，並非嚴重之事。何以卻在暮年起身反對康梁呢？箇中原因，以其過目並頗爲嘉許的《翼教叢編》一書來看，其主因有四：

1. 孔子紀年問題……1892年12月出版的《強學報》……發表了《孔子紀年說》，以康有爲的孔子改制倡言變法。

2. 春秋公羊學問題……學術門戶上的不同……葉德輝痛心疾首的

〔註51〕《清儒學案》卷一百七十八〈湘鄉學案下〉：「李元度，字次青……著有《國朝先正事略》、《國朝先正文略》、《南岳志》」。

〔註52〕《清儒學案》卷一百七十八〈湘鄉學案下〉：「吳敏樹，字本深，號南屏……能爲古文之名日盛，而雅不敢宗派之說……著有《柈湖文集》、《柈湖詩錄》、《柈湖詩話》。」

聲言：「公羊之學以之治經尚多流弊，以之比附時事，是更啓人悖逆之萌。」

3. 以中學比附西學的問題……「害道亂眞，莫此爲甚。」

4. 孔子改制問題……「康之《孔子改制考》、《新學僞經考》在于僞六籍、滅聖經也；託改制、亂成憲也，是害道亂眞之邪學」〔註53〕

　　根據上文王先明先生的分析，可見王先謙、葉德輝等人反對康有爲、梁啓超變法，並不在引用西學上，更大的成份卻在對中學的內容有所岐見。正因爲其中實有「正學」的學術門派之爭，爲了維護清學的純正性，王先謙才在半退休的狀況下又出來捍衛正學。

　　康、梁至湘以前，也到處推廣公羊學，並未收到大成效，在上海因強學會遭到全力封殺時，也未能有足夠抗衡的力量，可與當地的反對意見產生對立現象。何以到了湘地康梁的實力竟已可與當地鄉紳抗衡，而且這種對抗竟特別出現在湘學內部、他地皆無呢？一則康梁借著湘地本身極爲興盛的講學基礎，才得以湘學內部快速擴展門庭，而爲別省所罕見。另一個主因是龔自珍、魏源、王闓運、康有爲、梁啓超等人所主張的《公羊》學說，本就屢受學術界的質疑。

　　早在南宋胡安國作《春秋傳》旨在發揮「天下爲公」思想，以古鑑今、康濟時艱時，便已導致朱熹在《朱子語類》中，儘管仍讓弟子傳習此書，卻每每批評內容「穿鑿」、「太巧」、「太過」；〔註54〕而呂祖謙儘管尊敬他的學問德性，卻也提出質疑：

呂東萊《與朱侍講書》曰：「胡文定《春秋傳》，多拈出《禮》『天下爲公』意思。蜡賓之歎，〔註55〕自昔前輩共疑之，以爲非孔子語，

〔註53〕見王先明：《近代新學——中國傳統學術文化的嬗變與重構》的分析，（北京：商務印書館，2000年3月1版），頁31～32。

〔註54〕見《朱子語類》卷五十五〈公都子問好辯章〉的記載，有學生問朱子有關春秋的問題，朱子因而指責：「近世說《春秋》者太巧，皆失聖人之意。又立爲凡例，加某字，其例爲如何；去某字，其例爲如何，盡是胡說！」當學生再問起胡安國《春秋傳》時，更坦言是：「說得太深。」，可見所謂「太巧」、「失聖人之意」，應就是針對胡安國《春秋傳》而發。《朱子語類・卷八十三・春秋・綱領》也記載他與學生討論如何學《春秋》的一段文字：「孔子作《春秋》，當時亦須與門人講說，所以公穀左氏得一箇源流，只是漸漸訛舛。當初若是全無傳授，如何鑿空撰得？」問：「今欲看《春秋》，且將胡文定說爲正，如何？」曰：「便是他亦有太過處。」凡此皆可見出他對胡安國《春秋傳》實有不盡滿意之處。

〔註55〕指《禮記》〈禮運〉所記：「昔者仲尼與於蜡賓，事畢，出遊於觀之上，喟然

> 蓋不獨親其親，子其子，而以堯、舜、禹、湯爲小康，眞是老聃、
> 墨子之論。胡氏乃屢言《春秋》有意于『天下爲公』之世，此乃綱
> 領本原，不容有差。〔註56〕

可見不只朱熹、呂祖謙對《公羊》家思想存疑，這份質疑還是「自昔前輩共疑之」，均認爲絕非孔子儒家學說，是雜糅諸子的結果，當然更不信公羊以「三世」、「三統」解經的內容；故一直以來，《公羊》學都是湮沒不傳的。迄於清代雖有二莊及劉、宋的好尚，也從沒能擴大過公羊學的版圖。清中葉雖有龔、魏二人大倡於前，頗能引人注目，然魏源論事側重時務、治學趨向考證，於《公羊》家思想並未過度強調；龔自珍又以批判漢宋太厲、自命狂人遭所側目，治學復時攪讖緯。是以二人雖名聲振天下，但對推廣《公羊》學也是實效不大。爾後流傳各地，亦因各地自有學術風氣，也不致爲《公羊》學所改變。可說康梁等人在湖南以外都並無大影響力，純以「公車上書」事件，節行撼動全國，學術成就則並不受重視。

只有湘學，因深受曾國藩「以禮調和漢宋」說的影響，學術風氣封閉、汲汲埋首於經典研述。因此年輕學子若不願自陷於訓詁名物之中，便只能另謀明師。康梁的到來，正爲已僵死的湖南學術注入一股新鮮空氣，亟思變化的湘鄉士子一股腦地投誠膜拜，《公羊》學竟在湘地獲得前此未有的生力軍、甚至願意爲學說濺血。

湘地這場今古文對抗表面上是收束在戊戌變法失敗、六君子死亡，保守派學子大獲全勝的局面；其實則是六君子以血爲爲刀，割斷了滿清的命脈，也削弱了傳統漢、宋學術的勢力，只留下今文學派一枝獨秀。待今文學派因自身的誣妄而弊病叢現之後，無路可出的學子終於只能選擇徹底的西化，放棄傳統學術了。

三、對清學的影響

有關西學的引進，一般認爲是在鴉片戰爭後，然中國其實更早就開始了。雍正時期「寸板不許下水」，以及禁教的措施，在乾嘉末年政防稍懈的情形下形同鬆綁，民間早就與西方進行了接觸，學者中也不乏吸收西學之人。凌廷

> 而嘆。仲尼之嘆，蓋嘆魯也。言偃在側曰：『君子何嘆？』孔子曰：『大道之
> 行也，與三代之英，丘未之逮也，而有志焉。』」一事。
>
> 〔註56〕《宋元學案》卷三十四〈武夷學案〉。

堪精通算學，留下許多討論畢氏定理的書信；〔註 57〕阮元所輯的《疇人傳》
始著於乾隆六十年（西元 1795 年）、完成於嘉慶四年（西元 1799 年），其中
收錄有西洋算學家三十七人；東南沿海一帶更是對西方文化科技早有了解，
林則徐便是在撫粵時便已收集了有關西學及西方文化的大量刊物，才能有魏
源《海國圖志》的成書；而鴉片煙在中國各地的風行，也正代表西方文化科
技其實早就滲進了內陸較繁華的區域。可是上述的認識卻不能透過有效的方
法傳遞給中央，唯一一個做這工作的是郭嵩燾。他出任第一任大使到英國去，
回國後盛讚西方富強，主張向西方學習，結果不但丟官，連書都奉令燬版，
那時已經是光緒四年（西元 1878 年），圓明園都早被燒了，而郭嵩燾卻為此
連在故鄉都遭人唾棄。

　　既是早就有中西交流的現象，何以在變法圖強上的努力卻屢屢受挫？筆
者以為，這與洋務運動及維新運動都始發自湘地，絕對是不無關聯。

　　湘學的三大特質，一在重禮，一在務實，一在雜糅。務實的學風使湘學
順利接軌清代經世學術，重禮的學風使湘學在崇禮風氣中趁機崛起，雜糅的
的學術形態則使湘學百無禁忌地接納各種新說。湘學在清代舉足輕重的原因
實便在此。

　　然而這三大學風雖使湘學順利在清代蹟居要角，卻也成為湘學影響傳統
學術生機的主要因素。

　　湘學務實，故而在經世思潮中迺育蘊出一曾國藩，以學術的雜糅氣質，
竟將《禮》學轉化為形下致用的實踐門道。洋務運動既為曾氏及其率領之湘
軍集團所主張，於是洋務運動雖號稱是一思潮運動，實則除了補衲般的洋務
措施外，全然看不到當國者應有的藍圖。特別是李鴻章，由地方轉戰中央，
既然位居相國，主持不一，規摹宏圖更應該目光放遠。但李鴻章在總理大臣
的位子上規劃的仍是湘軍時期的措施，就算經費多了，廠機都擴建了，對於
國力總體提升卻是無助於事。李鴻章的南洋水師先敗於法國，北洋水師復敗
給日本，糜費公帑的主要因素，就是因為沒有完整的規劃。〔註58〕

　　湘學重禮的特質，也使湘學得以承接上清世的崇禮學風，然而湘地善於

〔註57〕如〈與焦里堂論弧三角書〉、〈答孫符如同年書〉、〈與孫淵如觀察書〉、〈復孫
　　　　淵如觀察書〉，都是對「勾股弦」的問題，即今之「畢氏定理」進行討論。
〔註58〕魏源早就認為，中國沒有造艦的必要，只要守住海口便行了，因為外國的遠
　　　　洋艦隊在外海我方不易取勝，但內陸則敵艦不易行進，也無法行進。較諸日
　　　　後屢次海戰的經驗，魏源的看法法委實是一針見血。

雜糅的特質，竟使禮學被轉化以調和漢宋，此已一誤；復因湘學重視形下義理的務實特質，使禮學對漢宋的調和被約化爲以修飾一身爲目標、以考據學術爲法門的功利用途，此又一誤。「以禮調和漢宋」出錯後，最大的影響便是使湘學學風逆轉、回歸名物詁訓，年輕的學子因無路可出，選擇依附新學，無形中坐大公羊學勢力，而光緒的支持，更使新學在湖南內部竟有抗衡舊學的實力，釀成了嚴重的分歧，漢、宋、公羊學三敗俱傷。學界經此擾攘，已無路可退，最終出現「全盤西化論」實是意料中事。

四、小 結

梁啟超曾感慨「晚清西洋思想之運動，最大不幸者一事焉，蓋西洋留學生殆全體未嘗參加於此運動」，〔註59〕其實這正因爲不論是洋務運動的中西之爭，或是維新運動的新舊之爭，其爭議的焦點實特爲中學內部茶壺風暴的緣故。中國學問向來擅長兼容並蓄，此次西方文化挾著船堅砲利強行叩關，雖然過程也有爭隙，但西方文物學術的移植遭遇的抵抗，還不及雜糅西學的中學造成的分裂更爲嚴重。

事實上，兩千年的文化總適時地浮現讓我們不自主地微調自己吸納西學的方向。正是有感於此一文化現象，胡適才會大膽地附和和全盤西化論：

> 現在的人說「折衷」，說「中國本位」都是空談。此時沒有別的路可走，只有努力全盤接受說個新世界的新文明。全盤接受了，舊文化的「惰性」自然會使他成爲一個折衷調和的中國本位新文化。……我們不妨拼命走極端，文化的惰性自然會把我們拖向折衷調和上去的。〔註60〕

學術是不能被折衷，被調和的，在新舊學之間，它必須被充份地思辨、質疑，整理出一徑內在理路來，才能釐清前進的方向。胡適的言論儘管大膽，以今思之，卻非是無的放矢。

〔註59〕 梁啟超：《清代學術概論》，與梁啟超：《中國近三百年學術史》合冊（臺北：里仁書局，1995 年），頁 83。

〔註60〕 胡適：〈我是完全贊成陳序經先生的全盤西化論〉，收於《獨立評論·第 142 號，編輯後記》。

第六章　結論——一條未竟之路

　　本論文的理論建構基礎，是在深信學術有一內在理路的發展下，檢驗晚清學術的變化所得致的結論，並蒐羅學術資料，以證明湘學與晚清學術內在理路脫軌之間的關聯。

　　許多前輩學者都已證明，清初四先生之所以以實效實行救濟晚明學術的游談無根，其實是基於學術自身內在理路的需求，欲以「回向原典」的方式回復一有憑有據的「實學」。此一由「回向原典」的需求下所衍生的學術進程：「句讀→識義→通原→得道」，最終應將逼致一截然不同於宋明「形上義理」的「文本義理」，產生一嶄新的清代義理學。然而乾嘉學者卻很明顯地只停留在「句讀→識義」的階段，而終有清一代，此一清代義理學也未曾建立。似乎一切只是空中樓閣。然而根據筆者研究卻發現，其實清代義理學是有可能出現的。淩廷堪、阮元等崇《禮》學者在治《禮》過程中所運用的「釋例」之法，正是使「通原→得道」的過程有實現可能的關鍵。

　　淩廷堪等人所發現的「釋例」一法，其重要性便在於它恰恰補足了清代義理學方法論「句讀→識義→通原→得道」中的空白。如果說「文字聲韻」是「句讀→識義」的方法，「訓詁」是「識義→通原」的方法，那麼抉發義例並加以詮釋的「釋例」則是「通原→得道」的方法。清代義理學的方法論要自此才算是正式建立。而此一從「句讀 ──文字── 識義 ──訓詁── 通原 ──釋例── 得道」的進程雖是在禮學領域發展成熟，最終應可致用於群書，進行典籍的全面釋例；典籍全面系統化後，預期將可拈出許多新議題的探索，從而跳脫宋明議題的設限。至此一迥異於「形上義理」的「文本義理」應能正式完成，建立屬於清

代義理學的新面貌，而不再只是「一部份道學之繼續發展」，〔註1〕同時也才能正式邁入余英時先生所謂的「近世儒學復興中的第三個階段」。〔註2〕

然而最終此一「文本義理」卻仍未能被完成，細究其因，實與清代湘學關聯至深。湘學一個地方學派何以對清代學術觀念的轉變，竟有舉足輕重的影響呢？分析結果，與湘學那獨特的兼賅特質實不無關聯。

清代湘學在廣納百家的情況下，其學術歷經凡三變：一是引進樸學，讓湘學特重形下義理的特質得以與清代學術的脈動接軌；二是經世學風的復興，與湘地特重時務的特質恰能相互呼應，而使湘學更加強了其學術內部的功利傾向；三是崇禮思想的輸入，正結合湘地重禮性格，並在湘地雜糅學術性格的影響下產生「以禮調和漢宋」的調和學說，影響一鄉學問趨向訓詁名物，學術發展因而凝滯。此三變化雖是湘學自身的轉變，然因湘人抗衡太平天國的緣故，在地化學術竟然一躍躋至時代的舞臺，引領一代之風騷。

正是那獨特兼賅的學風，在清中晚期衝擊巨大的學術界中，成了靈敏的風向球。因此，相較於仍自矜於各地學統的吳、皖、江、浙等地，湘學因沒有學閥的包袱，而更能迅速地感應外來的衝擊，是以在宋明六百年形上義理論戰中缺席的湘學，到了清末卻如影如響、一而再地捲入學術政治的風暴圈中。如：魏源雖人微言輕，但靠著他切身經歷得致的經驗，以及充滿魅惑力的文筆，所造成的影響卻極其深遠；曾國藩位高權重，其於洋務運動上的功利思想及「以禮調和漢宋」的主張更是直接衝擊了整個時局的變化及學術的轉易；康梁則利用湘地極盛的書院講學風氣傳播思想，催化了時勢變遷的腳步，變法雖然失敗，但是民國的成立，至此可說是呼之欲出了。整個晚清歷史上風起雲湧的變革，實與湘學有著至深至切的關係。

然而湘學兼賅的氣質雖使得湘學得以躍居清末學術的關鍵地位，但同時也潛伏了學術界日後尖銳對立的遠因，更嚴重阻滯了清代義理學的建立。

湘學的門庭寬闊，並不如吳皖等地專務考據，但考據法門實是整個清代儒者治學時的一大特色，湘人亦不能不習染，是以兼修漢宋的現象十分盛行，也使得調和兼采的學風成為清代湘儒治學的一大特點。只是這種折衷調和的主張卻往往只是基於現實問題的妥協，而非學術理論匯通的成果。就以魏源為例，他不僅兼修漢宋，更標榜公羊學，可說揉和了今古漢宋三種對立的學

〔註1〕 馮友蘭：《中國哲學史》（臺北：藍燈出版公司，1989），頁975。
〔註2〕 余英時：〈由宋明儒學的發展論清代思想史〉《歷史與思想》，頁105。

術，外表看來，魏源幾乎算是綜集三家大成了，但實際上，魏源卻不曾去處理三家內部的衝突，只是個別的習染，包容，但是不加消化地避開了這個問題，不過魏源的重心並不在學術本身，故而不致引起太大的爭議。曾國藩卻不然，他「以禮調和漢宋」的緩頰主張，立意雖佳，方法卻錯了，完全無法處理漢、宋學在本質方面的對立，只是在致用途徑上給了一個交集點，內在反而漸行漸遠了；而且清代崇禮風氣的興盛是建立清代義理學的關鍵，曾國藩卻將此一進步的議題轉化為只是漢宋間的潤滑劑，完全阻滯了清代義理學建立的步伐。事實上「以禮調和漢宋」的主張，就學術內在理路的走向上可說是全然不必要的，漢宋內部的爭端本就不是能自方法論上加以強合，順著他的主張發展下去，只是令使漢、宋學甚至是主張經濟的學者也一起被錮禁在考證的學術中。而求新求變卻無路可出的湘鄉學子也只得投入揉和西學的新學懷抱，反而釀成了學術界嚴重的新、舊學衝突。

其實曾國藩在湘軍中提倡此一調和議論，本是為學界休兵、一致抗外的功利實效而提出的。然而曾國藩的聲望太高、影響太大，餘波一直蕩漾的結果，使原本已經轉移重心的學術又重新回溯中學內部的議題，一旦戰役稍微平息，學界復又回歸漢宋議題彼此爭論不休，非但不能調和，反而導致了清末學術內部漢與宋、新與舊、今與古，都分峙對立的情形，而且迄清亡後亦絲毫不減，更休提清代義理學的建立了。要直到晚清章太炎等國粹派的紹述清學傳統，才使受到阻滯的學術又沿著內部需求緩慢前進。是以顧頡剛先生在回顧學術界的演變時才不禁感慨道：

> 我從前以為近三十年的中國學術思想是易舊為新時期，是用歐變華時期，但現在看來，實不盡然。
>
> 在三十年來，新有的東西固然是對於外國文化比較吸引而後成的，但在中國原有的學問上 ——「樸學」、「史學」、「經濟」、「今文派」—— 的趨勢看來，也是向這方面走去。〔註3〕

可見中國傳統學術卻在了繞了一大圈後，才終於把部份修正回原本的道路上。而造成這一趟冤枉的，除了西風東漸自外扭曲學術風向外，湘學調和風氣對學術內在理路的逆轉更是主要的關鍵。

〔註3〕　語見顧頡剛：〈中國近代學術思想變遷觀〉，轉引自王先明：《近代新學 —— 中國傳統學術文化的嬗變與重構》，（北京：商務印書館，2000年3月1版），頁85。

　　而今日，面對一條未竟之路，我們的態度又應是如何呢？梁啓超先生實早已在他的文章諄諄提點著我們：

> 社會日複雜，應治之學日多，學者斷不能如清儒之專研古典，而固有之遺產，又不可蔑棄，則將來必有一派學者焉，用最新的科學方法，將舊學分類整治、擷其粹，存其眞，續清儒未竟之緒，而益加以精嚴，使後之學者既節省精力，而亦不墜其先業。〔註4〕

這個「將舊學分類整治、擷其粹，存其眞」的治學方法，實便是阮元所主張的「義例」，義例的抉發，得繁複地蒐羅古籍資料，加以分類後，才能試圖析論其間的端倪，整體說來，前置步驟極為繁瑣。然而梁啓超的「用最新的科學方法」，恰無形中在點醒著我們：這不就是指電腦嗎？藉由電腦檢索，今日我們要完成「將舊學分類整治、擷其粹，存其眞」的工作，比以前確實是省事多了，若能於其中詳加探索，欲抉發義例、融會貫之亦非難事，如此一來「文本義理學」的充份建立，必然是指日可待。

〔註4〕 梁啓超：《清代學術概論》，頁91。

附　錄

附錄一：皇朝經世文編系列學術（文教）卷之比較

	賀版	饒版	葛版	盛版	麥版	邵版	陳版	何版	楊版	金版	求版
卷數	6	6	9	7	2	15	12	8	1	1	1
卷次	1-6	1-6	1-9	1-7	卷20上下	1-15	1-12	5-12	20	5	3
項目	1原學	1原學	1原學	1聖學	20上學術（算學音韻天文）	1學術	1原學上（學堂）	5原學法語	20學術（譯書史學課士）	5學術	3學術（西文婦學）
	2儒行	2儒行	2儒行	2原學	20下學術（科技地質醫理植物讖緯）	2經義	2原學下（西學辨）	6儒行師友書籍			
	3法語	3法語	3法語	3儒行		3史學	3法語	7譯著通論			
	4廣論	4廣論	4廣論	4法語		4諸子	4廣論上	8格致算學			
	5文學	5文學	5文學	5廣論		5字學	5廣論中	9測繪天學			
	6師友	6師友	6文學附算學（數學）	6文學		6譯著	6廣論下附醫理（格致醫理）	10地學聲學光學			

			7 文學附算學（天文重力）	7 師友		7 禮樂	7 測算上	11 電學化學重學			
			8 文學附算學（曆代算數）			8 學校	8 測算中（天文）	12 汽學身學醫學			
			9 師友			9 書院	9 測算下（天文）				
						10 藏書	10 格致上（論）				
						11 義學	11 格致下（論）				
						12 女學	12 化學（電學）				
						13 師友					
						14 教法					
						15 報館					

賀版：賀長齡《皇朝經世文編》，道光六年（1827）

饒版：饒玉成《皇朝經世文續編》，光緒六年（1880）

葛版：葛士濬《皇朝經世文續編》，光緒十四年（1888）

盛版：盛康《皇朝經世文編續編》，光緒二十三年（1897）

麥版：麥仲華《皇朝經世文新編》，光緒二十四年（1898）

邵版：邵之棠《皇朝經世文統編》，光緒二十四年（1898）

陳版：陳忠倚《皇朝經世文三編》，光緒二十四年（1898）

何版：何良棟《皇朝經世文四編》，光緒二十八年（1902）

楊版：楊鳳藻《皇朝經世文新編續集》，光緒二十八年（1902）

金版：金匱闕鑄補齋《皇朝新政文編》，光緒二十八年（1902）

求版：求是齋《皇朝經世文五編》，光緒二十八年（1902）

附錄二：賀版、葛版、盛版《經世文》禮學卷之比較

皇朝經世文編〔註1〕 賀長齡編 道光六年　1827		皇朝經世文續編〔註2〕 葛士濬編 光緒十四年　1888		皇朝經世文編續編〔註3〕 盛康編 光緒二十三年　1897	
禮政一	禮　論	禮政一	禮　論	禮政一	禮　論
復禮上　中	淩廷堪*	請崇儉疏	倭　仁	禮論	王效成
原治	張惠言	繹禮堂記	劉　蓉〔註4〕	禮論	楊紹文
行儉論	陳　斌	復曾相國書	劉　蓉*	禮理說	俞　樾*
叔孫通論	趙進美	復劉中丞蓉書	曾國藩*	崇儉編	馬福安
禮論	劉鴻翱	筆記一則	曾國藩	讀曲禮	程德馡*
請修禮書疏	陳紫芝	書儀禮釋宮後	曾國藩	讀內則	謝應芝
請釐定制度疏	胡　煦	禮理說	俞　樾*	讀曾子問	謝應芝
定制崇儉疏	陳廷敬	經義雜說二則	俞　樾	四禮從宜敘	龍啓瑞
請禁宴會疏	楊時化	燕寢考序	張文虎	繹禮堂記	劉　蓉*
請酌定家禮頒行疏	甘汝來	四禮權疑自考	顧廣譽	上曾相國書	劉　蓉*
定經制以節民用疏	孫宗溥			復劉霞仙中丞書	曾國藩*
杜奢疏	高　珩				
力行節儉疏	徐旭齡				
請頒禮制書疏	魏象樞				
儀禮鄭注句讀序	張爾岐				
儀禮鄭注句讀序	顧炎武				

〔註1〕　《皇朝經世文編》是道光五年（1825）江蘇布政使賀長齡（1785～1848）聘請魏源（1794～1857）入幕，代其編輯《皇朝經世文編》一書，並於道光六年（1826）出版。

〔註2〕　葛士濬（1845～1895），字子源，上海人。光緒十四年（1888）葛士濬所編之《皇朝經世文續編》首先打破《皇朝經世文編》成例，其中又以新增「洋務」類、附「算學」于學術類兩部份最富時代意義。

〔註3〕　盛康輯《皇朝經世續編》，光緒二十三年（1897）作。盛康時任浙江按察使與湖北道台等官，始編於光緒十七年（1891），歷時六年才大功告成。所蒐內容以道光至光緒間的奏議爲主，體例則全仿自賀長齡所編的《皇朝經世文編》，僅細目有些許不同。

〔註4〕　「*」符號代表葛版與盛版重複收錄的篇章：〈禮論〉有3篇，〈大典〉有5篇，〈學校〉有10篇，〈宗法〉有3篇，〈家教〉有2篇，〈昏禮〉有6篇，〈喪禮〉有3篇，〈服制〉有6篇，〈祭禮〉有4篇。〈正俗〉則二書並未重複收錄。

鄉飲禮儀序	衛既齊				
禮記手鈔序	黎士宏				
三禮議	韓 菼				
答顧復初司業論五禮通考書	秦蕙田				
家禮纂要序	葉 燮				
家禮非朱子書考序	王懋竑				
祠堂考誤四則	王懋竑				
冠禮考誤五則	王懋竑				
昏禮考誤五則	王懋竑				
禮政二	**大典上**	**禮政二**	**大典上**	**禮政二**	**大典上**
天地合祭辨	秦蕙田	歷朝郊祀分合考	姚文枏	讀宋史記禮志論郊配	葉裕仁
郊祀分合議	顧棟高	遵議大禮疏	曾國藩*	遵議大禮疏	曾國藩*
祭地祭社不同論	秦蕙田	謹獻升祔大禮議附片	張佩綸	敬陳從權守經疏	董元章
郊祀	閻若璩	續陳會奏未盡之意疏	鍾佩賢	政權操之自上疏	寶 楨
北郊配位議	徐乾學	遵旨覆議升祔典禮疏	李鴻章*	請親理大政疏	勝 保
地壇配位或問	徐乾學	以一死泣請懿旨豫定大統之歸疏	吳可讀*	遵議垂簾聽政事宜疏王大臣	
方澤壇左右辨	陳廷敬	闡明聖意疏	翁同龢 徐 桐 潘祖蔭	晉書賀循傳書後	沈 垚
北郊配位尊西向議	毛奇齡	遵旨妥議疏附片	寶 廷*	宋明兩大疑案論	李祖陶
請立雩壇疏	徐以升	遵旨謹陳管見疏附片	張之洞*	明大禮說	朱 琦
請舉秋報大典疏	龔學海			讀段集明世宗非禮論	黃式三
北嶽辨	顧炎武			繼統論 上 下	方宗誠
論北嶽中嶽	閻若璩			請預定大統遺疏	吳可讀*
北海祀典或問	徐乾學			遵議預定大統疏王大臣	
原社	全祖望			遵議預定大統疏	徐 桐
水旱變置社稷論	全祖望			另議預定大統疏	張之洞*

城隍考	秦蕙田			另議預定大統疏	寶廷*
論祭天	陸世儀			遵議升祔典禮疏	李鴻章*
禘祭議	張玉書			答吳摯甫論祔祧書	方宗誠
升祔大禮議	汪由敦			預杜妄論疏醇親王	
唐宋毀廟詮	汪師韓			遵議醇親王飾終典禮疏王大臣	
考祀典正禮俗疏	陶正靖			國恤私議	楊象濟
請酌定先師祀典疏	王士禛			書宋志眞宗永定陵事後	俞正燮
陪拜文廟議	張永銓				
與佟太守書	朱彝尊				
祀契議	藍千秋				
三老五更議	張廷玉				
聖廟五王昭穆位次議	金門詔				
議都察院請增孔林祀典狀	陳兆倫				
駁請祀啓聖王元配施氏議	齊召南				
前漢經師從祀議	全祖望				
禁原蠱說	全祖望				
禮政三	大典下	禮政三	大典下	禮政三	大典下
停止封禪等議	張玉書	奏定文廟祀典記	俞　樾	鬼神論	潘德輿
昭代樂章恭祀	張玉書	文廟祀典私議	俞　樾	論明太祖三	潘德輿
請編次樂律算數疏	張玉書	孔忠移祀崇聖祠議	俞　樾	祀典雜議	龔鞏祚
律呂正義四庫全書提要		請將漢儒許慎從祀疏	汪鳴鑾	擬州縣請立靈星祠議	洪頤煊
論鐘律疏	張　照	請升先儒韓愈祀位疏	鈕玉庚	增祀章水神議	王泉之
論樂律及權量疏	張　照	遵議先儒從祀請旨准行疏	潘祖蔭	丁灣社碑	徐時棟
論樂	陸世儀	稟撫部院	薛福成		
滿漢字音論	魯之裕	續修會典事例請飭妥議開館章程疏	延　煦		
遼金元三史國語解四庫全書提要					
擬上今方言表	龔自珍				

蒙古聲類表序	龔自珍
蒙古字類表序	龔自珍
蒙古冊降表序	龔自珍
皇朝通典四庫全書提要	
皇朝文獻通考四庫全書要	
內府藏書記	徐秉義
議諡明季殉難諸臣疏	舒赫儀
國朝諡法考自序	王士禎
論諡諱	閻若璩
鹵簿名物記	陸　燿
商周銅器說	阮　元
商周兵器權量說	阮　元

禮政四	學校	禮政四	學校上	禮政四	學校上
取士篇	黃宗羲	說士上　下	管同*	學校祀倉頡議	俞　樾
古學校考	程晉芳	重儒官議	馮桂芬*	學校應增祀先聖周公議	魏　源
教冑子論	呂星垣	戒諭學官	李棠階	孔忠移祀崇聖祠議	俞　樾
書院議	袁　枚	江甯府學記	曾國藩*	擬復漢儒賈誼從祀議	陸心源
重學校	侯方域	舉行鄉課議	劉汝璆	擬顧炎武從祀議	陸心源
制科舉上　下	魏　禧	勸置學田說	張之洞*	遵議先儒黃宗羲顧炎武從祀疏	潘祖蔭
制科策	黃中堅	請定鄉試考官校閱章程並防士子剿竊諸弊議	林則徐*	瀏陽學祭議	吳敏樹
科場	顧炎武	請陝甘鄉試分闈並分設學政疏	左忠棠*	南匯縣槀尊經閣崇祀經師批	蔣日豫
科舉	黃宗羲	奏設味經書院疏	許振禕*	江甯府學記	曾國藩*
經學家法論	陳廷敬	請整頓宗學疏	王榕吉*	永康縣學碑記	孫衣言
經書取士議	朱彝尊			擬請郡縣廣行鄉飲酒禮議	陳壽祺
三禮取士議	郭起元				
正學論四	程晉芳				
送張少淵赴省試序	張海珊				

		禮政五	學校下	禮政五	學校下
制科取士之法考	劉子莊				
唐摭言後序	程晉芳				
議時文取士疏乾隆三年禮部議覆					
請分試以廣眞才疏	姚祖頊				
請博舉孝弟疏	胡　煦				
請定教職調補之法	勵宗萬				
新疆設學疏	溫　福				
讀墨小序	任源祥				
湖南試卷序	錢　澧				
北卷	顧炎武				
書張佩璁事	張士元				
考試點名除弊法	徐文弼				
徵滇士入書院教	鄂爾泰				
再請改建南闈疏	李發甲				
		會籌整頓咸安宮官學章程疏	寶昌	學校篇　上　中　下	湯成烈
		請國學增設舉監疏	王先謙*	因時論五論士	吳鋌
		請恩准職官入監片	王先謙	士論	亢樹滋
		請停武闈片	沈葆禎*	史記儒林傳論	楊紹文
		臚陳站丁不准考試可疑可憫情形疏	王家璧	重儒官議	馮桂芬*
		請飭酌加海門廳學廩增各額片	黃體芳	學官論	王寶仁
		請添設張獨多三廳學額疏	李鴻章	采風箚記各卷小序	李聯琇
		續陳苗民改裝暨整頓義學情形片	林肇元	送張小軒督學安徽序	凌堃
		口外七廳取進學額請援案辦理疏	奎　斌　呂鳳歧	送江小帆視學湖北序	曾國藩
		請造冊送考疏	文　緒	送錢調甫之任贛榆教諭序	葉裕仁
		新設縣治請立學校疏	慶　裕	書寶應訓導張君遺像後	包世臣
		改建船山書院片	彭玉麟	冷齋勘書圖記	錢泰吉

				請整頓宗學疏	王榕吉*
				請增設舉監疏	王先謙*
				會議廣敷教化疏	賀長齡
				請購刊經史疏	鮑源深
				奏設味經書院疏	許振禕*
				勸置學田說	張之洞*
				安康縣興賢學倉志序	路　德
				桐鄉書院四議	戴鈞衡
				河北精舍學規	陳寶箴
				講書議	陳　澧
				鄉塾讀書法序	李兆洛
				金山張堰鎮義塾記	張文虎
				禮政六	**貢　舉**
				因時論四科舉	吳鋌
				論治二	孫鼎臣
				說士上　下	管同*
				取士	楊紹文
				學校貢舉論	吳德旋
				擬朱子學校貢舉議一二	王寶仁
				育才說軍機說帖	李棠階
				科場議一二三	陳　澧
				變科舉議	馮桂芬
				請定鄉試校閱章程並防剿襲諸弊疏	林則徐*
				上曾節相議江南不可分闈書	方宗誠
				請陝甘鄉試分闈並分設學政疏	左宗棠*
				請推廣文武科試疏	祁（土貢）
				請停止武闈片	沈葆禎*
				上大府請武場添試火器箋	徐　鼐
				條陳請禁楷字以挽頹風疏	桂文燦

				上戴大司寇書	包世臣
				與魯通甫書	潘德輿
				上羅椒生先生書	戴鈞衡
				停廣額議	金文榜
				請變通廣額章程片	張之洞
				推廣拔貢議	陳　澧
				請擢用優貢疏	官　文
				請慎重名器疏	朱　嶟
				請停推廣捐例疏	季芝昌
				請停推廣捐納軍功舉人坿生疏	俞長贊
禮政五	**宗法上**	**禮政六**	**宗　法**	**禮政七**	**宗　法**
聚民論	張海珊	爲人後者後大宗說	吳　定	宗法議	成　毅
宗法論　一、二、三、四、五	紀大奎	與子敦論宗子不必有爵書	張　履*	復宗法議	馮桂芬*
農宗	龔自珍	上湯尙書論兼祧服制書	張　履	農宗問答	龔鞏祚
萊州任氏族譜序	顧炎武	答陳仲虎爲小宗殤後宜還服本生書	張　履	與沈子敦論宗子不必有爵書	張　履*
華陰王氏宗祠記	汪　琬	再答陳仲虎書	張　履	答陳仲虎論喪主書	張　履
補定大宗議	許三禮	復宗法論	馮桂芬*	繼嗣義例問答	吳昆田
原姓	顧炎武	宋濮議論	張錫恭	答人問爲後書	彭泰來
通譜	顧炎武	濂溪大宗支裔零陵青山周氏譜序	宗稷辰	兼祧說	顧廣譽
駁曾子固公族議	徐乾學	郭氏族譜序	楊彝珍	兼祧之禮合乎古義說	劉毓崧
陸氏義莊記	錢大昕	南邑唐氏續修族譜序	葛學禮	族譜序	方東樹
廬江章氏義莊記	魏　源	書賈丈湖山展墓圖記後	葛學禮	復小宗論	瞿家鏊
論宗祭	陸世儀	咨湖南撫院	胡林翼	義田說	王　鎣
選舉族正族約檄	陳宏謀	提督出後異姓疏	曾國藩*	甬東吳氏義莊碑記	徐時棟
請禁祠宇流弊疏	輔　德	據情代奏疏	靈　桂	陳氏義田記	王宗炎
寄楊樸園景素書	陳宏謀	已故大員亡無嗣請準令擇立賢愛疏	慶　裕	勸酌提祠產周濟貧族示	張之洞
石井劉氏族譜序	陶必銓			提督出後異姓片	曾國藩*
姓氏溯源序	彭維新			與友人論姪嗣姑後書	鄧　瑤

景城紀氏家譜序例	紀　昀				
族譜解惑	朱　軾				
與族人書	朱　軾				
敘次宗譜例言	法坤宏				
禮政六	宗法下				
置後解	汪　琬				
辨小宗不立後	秦蕙田				
爲人後	惠士奇				
繼嗣說	蔡　新				
爲殤立後議	杭世駿				
論鈍翁立後書	閻若璩				
異姓爲後	方　苞				
請定繼嗣條規疏	胡季堂				
與嚴氏親族書	張海珊				
示邑民爭繼祀讞語	張甄陶				
二子析產序	魏　禮				
別籍異財議	李　紱				
分居	顧炎武				
睦宗族	張履祥				
禮政七	家　教	**禮政七**	家　教	**禮政八**	家　教
六朝論	楊繩武	訓子瑣言	牛作麟*	倫紀篇	湯成烈
備孝	唐　甄	送子弟之江甯序	莊慶椿	宗約	孫希朱
明悌	唐　甄	桐城麻溪姚氏登科記	姚　瑩	譜訓八則	陳世鎔
同母兄弟	顧炎武	筆記十二則	曾國藩	治家瑣言	牛作麟
內倫	唐　甄	與王叶庭書	曾國藩	訓子瑣言	牛作麟*
與弟論家人離必起於婦人書	劉紹攽	與瑟庵從弟書	劉　蓉*	與瑟庵從弟書	劉蓉*
婦學三則	章學誠	與培基培垕	劉　蓉	治生	楊彝珍
聽訓齋語	張　英	家書一則	吳廷棟	示儉	舒化民
戒子孫	季光地	遺訓八則錄二	張兆熙	誌大父應準公家訓	黃淳熙
甲辰示道希兄弟	方　苞	與子書	賈履上	郭巨論	馬國翰
家訓	王命岳	甘節婦傳	管　同	憂日堂記	孫衣言
訓子王略	田蘭芳	書楊氏婢	梅曾亮	兄弟異居義	王　紳

與弟文韶書	盧文弨			方氏記李默齋實行書後	陸繼輅
書尹氏三戒	任啓運			書任彥昇奏彈劉整文後	鄧　瑤
崇明老人記	陸隴其			書秀水沈孺人家傳後	姚　椿
書張孺人孝行三則	儲大文			與黃生論妻黨書	鄧　瑤
刲股對	魏　源			收養親戚	俞正燮
書陳靜恪先生傳後	蔡世遠				
蕭小翩五十序	魏　禧				
僮僕	顧炎武				
岬臧獲議	邱嘉穗				
甲辰示道希兄弟	方　苞				
論僕役	張履祥				
儉論	鄭　梁				
窖金論	李繼聖				
禮政八	**昏禮**	**禮政八**	**昏禮**	**禮政九**	**昏禮**
女教經傳通纂序	任啓運	與張鐵甫論昏禮書	張士元	昏禮攝視議	俞正燮
讀士昏禮	岳震川	周官媒氏說	黃式三	昏禮樂賀	俞正燮
答昏禮問	劉　榛	昏問	錢儀吉*	士庶昏禮遵制正俗議	李德騫
答蔣信夫論喪娶書	袁　枚	昏問	林柏桐*	禁止溫州座筵記	戴　槃
貞女辨	焦　循	親病納婦論	鄧　瑤*	親病納婦論	鄧　瑤*
陳貞女林氏子合葬議	陳祖范	再答陳秀才書	鄧　瑤	禁遷葬者與嫁殤者考	陳　立
四貞女傳後論	羅有高	霍勒霍屯氏守議論	李　惺	周禮嫁殤說	胡培翬
禮經答問二條	錢大昕	歸葬於女氏之黨議	袁　翼	節婦說	俞正燮
嫁娶	丁　杰	書劉貞女紀略後	方東樹	烈婦議	王寶仁
昏禮有故說	陳祖范	書歸震川貞女論後	王廷植*	與黃蔚雲論裴烈婦祠事書	潘德輿
三月廟見解	吳　定	書清芬集後	張文虎*	遵議已故節婦未符年限分別核准請旌疏禮部	
昏禮主人說	毛奇齡	書應觀察所記張貞女事後	俞　樾*	貞女議	何秋濤
昏禮廟見說	毛奇齡			續貞女論上　下	方宗誠

讀昏禮述	陳祖范			駁室女不宜守志議	胡承珙
昏說	夏之蓉			辨貞	朱琦
				闡貞集序	胡承珙
				書歸震川貞女論後	王廷植*
				書清芬集後	張文虎*
				書應敏齋觀察所記張貞女事後	俞樾*
				貞女議	王效成
				貞女說	俞正燮
				遵議旌表貞女按照節婦年限酌量變通疏禮部	
				補昏義說	楊彞珍
				嫁議	周濟
				寡婦改適義	王紳
				昏問	錢儀吉*
				昏問	林伯桐*
禮政九	**喪禮上**	**禮政九**	**喪禮**	**禮政十**	**喪禮**
古人喪服之學	顧炎武	淵亭日錄一則	李文炤	讀喪服小記	程德賚
與陸翼王書	閻若璩	喪禮論上 下	雷士俊	讀雜記	程德賚
後篤終論上 下	張爾歧	雨不克葬論	張士元	讀喪大記	程德賚
表微	方苞	貽某縣令書	全祖望	讀閒傳	程德賚
釋言	藍千秋	卑幼初喪不當受賀議	雷士俊	禮服會通說序	吳嘉賓
丁憂交代	顧炎武	喪歸宜入家論	鄧瑤*	答人問讀禮書	鄧瑤
期功喪去官	顧炎武	請禁停喪稟	舒化民	士庶喪禮遵制正俗議	李德騫
武官丁憂	顧炎武	東安禁金罐示	翁普恩	喪禮正俗	潘德輿
喪棚迂解	高珩	復曾滌生侍郎書	鄧瑤	治喪陋俗宜革論	鄧瑤
答尹亨中書	鐘晼	壙塋禁步應遵定制疏	駱秉章*	喪歸宜入家論	鄧瑤*
喪禮經傳約	吳卓信	丁憂定制疏	吳元炳	釋哭*	湯金釗
喪服	陸燿	請旨仍飭丁憂道員回籍守制片	周瑞清	哭為禮儀說	俞正燮
上馮師問喪儀書	陸燿	請嚴禁火葬積習疏	錢寶廉	題主說	李棠階
喪禮兩條	顧炎武	釋哭補錄	湯金釗*	答人問婦喪歸期書	鄧瑤
已亥示道希兄弟	方苞			仁言	易佩紳

跋方望谿先生教忠祠禁	汪師韓			請禁止奪情疏	汪朝棨
齋期	全祖望			為曾侍郎論金革無辟	吳敏樹
厚終論	陳祖范			自書金革無辟論後	吳敏樹
弔說	陳祖范			答曾侍郎書	吳敏樹
論弔喪	毛奇齡			答友人論奪情書	許宗衡
謝孝說	徐乾學			葬議	周　濟
喪刺答問	何　發			勸葬說	凌　堃
喪父有繼母訃不稱哀議	柴紹炳			讀葬書雜說	姚　瑩
論庶子後生服制書	沈大成			宅經寶鑑序	李兆洛
喪服三條	許三禮			選擇寶鑑序	李兆洛
答喪禮問	劉　榛			答某問合葬書	王運樞
禫說	柴紹炳			復賀柘農侍御師論速葬書	鄧　瑤
禫月考	邱維屏			守廬記	陸繼輅
閏月	汪　琬			答人求墓志書	龔鞏祚
居喪釋服解義	汪　中			勸速葬示	黃彭年
				墳塋禁步應遵定制疏	駱秉章*
				請嚴禁火葬積習疏	錢寶廉*
				宣化府義冢記	查　揆
禮政十	喪禮下				
親喪不葬	徐乾學				
停喪不葬	朱　軾				
招魂喪服說	許三禮				
停喪	顧炎武				
火葬	顧炎武				
秦始皇厚葬論	姜宸英				
與崔子玉論歸葬書	錢維城				
論禮二則	陳祖范				
與友人論葬服書	汪　琬				
改葬服議	韓夢周				
遷葬論	楊暉吉				

柩不入門辨	張生洲				
改葬總論	法坤宏				
書昌黎改葬論後	徐乾學				
與懷庭論改葬	韓夢周				
族葬考	徐乾學				
讀葬書問對	黃宗羲				
喪葬解惑	蔡世遠				
贈吳君佩之序	陸燿				
示道希兄弟	方苞				
宅經葬經先後論	全祖望				
毛稼軒地理書序	錢大昕				
地理考原跋	程晉芳				
虎口餘生錄書後	梅文鼎				
原孝上	錢大昕				
答孔正叔論誌文	魏禧				
與顧肇聲論墓銘諸例書	沈彤				
與錢巽齋論行述書	陸燿				
與人論墓誌銘篆書	汪琬				
書歷城周君私諡益都李叔子議後	羅有高				
禮政十一	**服制上**	**禮政十**	**服制**	**禮政十一**	**服制上**
古今五服考異序	汪琬	父在爲母斬衰三年說	張錫恭	服說	楊紹文
禮部頒喪服之制大清會典		爲人後者爲所生服議上下	沈垚*	喪服正等篇	吳嘉賓
答孟遠問喪服書	馮景	爲人後者爲本生祖父母服辨	馬樹華	喪服改制篇	吳嘉賓
喪服或問	閻若璩	爲人後者爲本生祖父母服議	張履*	喪服私論	俞樾
降服辨	王錫闡	獨子兼承兩祧孫爲祖父母服議	王人定*	三年之喪二十五月而畢辨	方東樹
父在不降母服說	毛奇齡	獨子兼承兩祧服制議	俞樾	請旗漢一律終喪起復疏	包世臣
與友人論父在爲母齊衰期書	顧炎武	論爲眾子婦之服	俞樾	父爲長子三年辨	沈欽韓

與友人論服制書	顧炎武	爲人後者爲出婦姊妹服期議	張湘任	答朝鮮李醇溪論服義書	吳嘉賓
心喪釋	杭世駿	服問	錢儀吉*	適孫攝重議	錢泰吉
喪所生母雜議	沈　彤	服問	林桐伯	適孫爲祖父母持服議	劉逢祿
喪服繼母如母解	汪　琬	服問	李能定	喪服足徵記書後	沈　垚
駁張仲嘉次子主喪議	萬斯大	妾服或問	沈曰富*	答祁春圃論承重孫婦姑在當服何服書	程恩澤
父未殯而祖亡承重議	沈　彤	再醮不得爲繼妻論	王廷植	書楊氏服制議後	劉文淇
父卒未殯適孫爲祖服辨	汪　琬	殤不立後議	沈　垚*	妻爲夫之兄弟服議	沈欽韓
承重孫說	王應奎	與張生辛木書	顧廣譽	讀喪服記書後	李聯琇
承重說	萬斯大			妾服或問	沈曰富*
爲父生母不承重辨	張篤慶			期喪在任行禮持服議答孫淵如先生	洪頤煊
庶孫不爲生祖母承重說	柴紹炳			答涂朗軒孝廉問期功服制書	吳廷棟
庶孫父卒不爲所生祖母服三年論	馮　浩				
答庶孫爲所生祖母服	陳祖范				
書適孫葬祖父母承重辨後	顧棟高				
請考正承重服制議	全祖望				
適孫有諸叔而承重始服考	陳祖范				
論曾孫不當稱功服書	萬斯大				
本生父母降服說	田蘭芳				
爲人後者爲其曾祖父母祖父母服考	汪　中				
禮政十二	**服制下**			**禮政十二**	**服制下**
答友人問二適相爲服書	馮　景			爲人後者爲所生服議上下二篇	沈　垚*
三父八母服制存疑書	劉　彬			答盛小迂論持本生服制義	亢樹滋

慈母服議	吳任臣			爲人後者爲本生祖父母服議	張 履*
妾母祔祭議	朱 軾			出後之子爲本生祖父母服議	沈欽韓
繼母改嫁無服說	邵長蘅			答湯者孫論本生祖服書	胡培翬
再醮不得爲繼妻議	曹續祖			殤不當立後議	沈 垚*
祖父母在妻喪用杖議	徐乾學			答除仲虎爲小宗殤後宜還服本生書	張 履
論尊在爲妻喪用杖否書	盧文弨			持重大宗雖殤後不當服本生再答書	張 履
婦爲舅姑服說	華學泉			獨子兼挑兩房服制論	王人定*
與友人論無服之殤書	盧文弨			上湯尚書論兼挑服制書	張 履
答金理函論殤服書	吳 定			獨子兼承兩挑孫爲祖父母服議	張 履
嫂叔無服說	萬斯同			答張南昌問能否歸宗議	包世臣
叔嫂當服大功說	邵長蘅			陳情得請編序	包世臣
嫂叔無服議	毛嶽生			陳情得請兼挑持服辨	曾興仁
父妾無子服制議	劉 榛			河南余氏服議	胡培翬
妾服議	陳祖范			跋胡農部河南休余服議後	陳 立
答山王史書	顧炎武			答陳庶常立論三挑服制書	包世臣
師服議	萬斯同			出母嫁母服議	沈欽韓
師服制議	杭世駿			與費耕亭論繼父服書	胡培翬
				服問	錢儀吉*
				服問	馬福安
				養母不宜服斬衰三年議	胡培翬
禮政十三	祭禮上	禮政十一	祭 禮	禮政十三	祭 禮
論神論鬼	錢維城	家廟記	謝濟世	宗挑說	孫希朱
五祀禮略	李光地	祠堂記	馬樹華	並配義	俞正燮
唐宋卿大夫廟制考	汪師韓	答汪孟慈書	沈 垚	論俗節祭禮儀	王運樞

品官家祭之禮會典		與張淵甫書二	王人定	重刊呂氏四禮翼敘	劉　淳
家廟祭享禮略	李光地	答祭外祖父母問	王人定*	烏程趙氏家廟碑記	劉逢祿
小宗家祭禮略	李光地	答陳仲虎雜論祭禮書	張　履*	家廟碑	李元度
宗子主祭議	李紱	答陳仲虎論殤祭書	張　履*	華亭南蕩張氏支祠記	張文虎*
答沈毓彪論家祠書	楊椿	題主說	李棠階	與朱恕齋方伯論饗堂書	沈維鐈
辨定祭禮通俗譜四庫全書提要		齊必變食說	顧廣譽	忌日不祭議答孫淵如先生	洪頤煊
家廟記	楊名時	華亭南蕩張氏支祠祀	張文虎*	答陳仲虎雜論祭禮書	張　履*
先祠記	張永銓			答陳仲虎論殤祭書	張　履*
家堂	張履祥			與陸篠坡書	顧廣譽
教忠祠規序	方苞			答祭外祖父母問	王人定*
始祖先祖之祭	秦蕙田				
家禁	陸燿				
祠堂示長子	陸燿				
祠堂再示長子	陸燿				
答王惺齋論家祭書	陸燿				
再答王惺齋論家祭書	陸燿				
書陸朗夫先生祠堂論後	王元啓				
與祭朗夫論祭祀書	王元啓				
禮政十四	祭禮下				
祔廟說	邵長蘅				
論祔祭	孔繼汾				
傳經堂祠說可矹	單作哲				
論昭穆	孔繼汾				
兄弟異昭穆論	張生洲				
廟主考	吳定				
論祧室龕	王元啓				
婦人無主答問	汪中				
答袁簡齋書	盧文弨				

禮政十五	正俗上	禮政十二	正俗	禮政十四	正俗
妾母不世祭說	邵長蘅				
與張伸嘉論畫像書	萬斯大				
墓祭	徐乾學				
與盧某書	顧炎武				
風俗策	陸隴其	文昌宮碑陰錄	惲敬	風俗篇一至四	湯成烈
風俗條約	陳宏謀	鬼神篇上　下	周元鼎	擬釐正五事書	龔鞏祚
鄉賢祠議	李良年	衛武公殺共伯辨	汪能肅	導俗	王柏心
與邵子昆學史論鄉賢名宦從祀書	宋犖	士庶昏喪遵制正俗議	李德驤	刺奢	湯鵬
鄉賢議	王訓	與友人書	鄧瑤	儉解	陸心源
通譜說	王懋竑	與計二田書	顧廣譽	請崇儉禁奢疏	羅惇衍
正友	王友亮	請飭學政整飭士習疏	黃德濂	請飭議簡嚴條教以敦儉約疏	賀壽慈
孫虹橋六十生辰詩序	王昶	訪舉隱逸疏	胡林翼	議奏頒發昏喪冠服典禮規條禮部	
名稱	唐甄	金山張堰墳義塾記代作	張文虎	書賀柘農侍御師八簋約後	鄧瑤
字說	周篆	送王季年學博之任崇明序	張文虎	正俗論	馬福安
以姓取名	顧炎武	請飭屬延師訓課回族各塾片	劉錦堂	禁鐙公呈	左輔
誌狀之濫	顧炎武	救時芻言一則	張煥綸	答某友論俗習書	熊少牧
與劉按察使論速葬之法書	林枝春			上海果育堂記	馮桂芬
禱祠	陸燿			輕諾辨	陸繼輅
瀆祀	顧炎武			杠密劉勝論	鄧瑤
巫咸河伯	顧炎武			上朱小雲觀察書	顧廣譽
毀五嶽寢廟議	武億			復王西（水閒）論易俗書	許宗衡
像設	顧炎武			推廣救溺女說	彭崧毓
毀淫祠疏	湯斌			書李寅菴大令育嬰局捐冊後	鄧瑤
與熊中丞論志書書	錢維城			四禁告示	李宗羲
與邵二雲論史事書	法式善			佛教格言	俞正燮

上明鑑綱目館總裁書	楊　椿			戒殺文	姚　瑩
再上明鑑綱目館總裁書	楊　椿			仁言	易佩紳
書宋名臣言行錄	魏　源			與人論祝壽書	陳　澧
再書宋名臣言行錄	魏　源			勸惜穀說	陸慶頤
與袁子才先輩論小倉山房文集書	彭紹升			禁游民議	金文榜
西安府儒學碑目序	顧炎武			汰僧道議	楊象濟
方音	顧炎武			裁嚴郡九姓漁課並令改賤爲良記	戴　煃
書鄉飲酒禮	朱　軾			纗陳密查邪匪誑毒情形片	李星沅
履說	周拱辰				
正俗	錢大昕				
訂音律	邱嘉穗				
禁邪說示	湯斌				
禁刊邪書疏	劉楷				
禮政十六	正俗下				
二氏論	蔣士銓				
跋藏經	姚　瑩				
游瀨鄉記	朱　書				
廣戒殺牛文	張爾歧				
食鱓蠃說	汪　琬				
放生說	余懋杞				
文昌祠說	陸　燿				
饒陽縣新建文昌閣記	錢大昕				
書眞西山文集後	張海珊				
天主教	趙　翼				
改天主教爲天后宮碑記	李　衛				
上慧方伯書	喬光烈				
天主教論	邱嘉穗				
西學四庫全書提要					

讀通典職官	沈大成			
論回民啓	陸　燿			
傳聞少實	紀　昀			
左傳春秋釋疑	汪　中			
原緯	全祖望			
伎術	陸　燿			
駁陰陽家言	馮　景			
選擇正宗序	姚　鼐			
送董君序	姜宸英			
原命	全祖望			
六壬大全四庫全書總要				
遁甲演義四庫全書提要				
太乙金鏡四庫全書提要				
星歷考原四庫全書提要				
協紀辨方書四庫全書提要				
書漢志	紀大奎			
分野考	張瓚昭			
占驗	顧炎武			
論占天	陸世儀			
占法之多	顧炎武			
天文圖讖	顧炎武			

主要參考書目

依書刊名筆劃數、作者名筆劃數依序排列

一、古籍文獻資料

1. 《二十二史劄記》上下，趙翼，臺北：世界書局，1988 年 4 月十版。
2. 《今世說・新世說》，周駿富，臺北：明文書局，1985 年。
3. 《戊戌人物變法傳稿》，周駿富，臺北：明文書局，1985 年。
4. 《天岳山館文鈔》，李元度，臺北：文海出版社，1969 年。
5. 《中國學術流變上下》，馮天瑜，上海：華東師範大學出版社，2003 年 2 月。
6. 《世說新語》，劉義慶，臺北：華正出版社，1989 年。
7. 《五禮通考》，秦蕙田，桃園：聖環圖書公司，1994 年。
8. 《朱子語類》，黎靖德，臺北：正中書局，1962 年。
9. 《全上古三代秦漢三國六朝文》，嚴可均，臺北：世界書局，1961 年。
10. 《存學編》，顏元，臺北：臺灣商務印書館，1966 年。
11. 《宋元學案》，黃宗羲，北京：中國書店，1990 年 12 月。
12. 《孟子字義疏證》，戴震，臺北：臺灣中華書局，1998 年。
13. 《近世人物志・同光風雲錄》，周駿富，臺北：明文書局，1985 年。
14. 《東塾讀書記》，陳澧，臺北：臺灣商務印書館，1997 年 6 月臺二版。
15. 《明儒學案》，黃宗羲，北京：中國書店，1990 年 12 月。
16. 《南雷文定》，黃宗羲，臺北：臺灣商務印書館，1965 年。
17. 《思辨錄輯要》，陸世儀，臺北：臺灣商務印書館，1973 年。
18. 《校禮堂文集》，凌廷堪，北京：中華書局，1998 年 2 月。
19. 《船山全書》，王夫之，長沙：嶽麓書社，1996 年。

20. 《清文彙》，祝秀俠等編，臺北：臺灣中華書局，1960 年。

21. 《陶文毅公集》，陶澍，臺北：文海出版社，1968 年。

22. 《清史列傳》，臺北：臺灣中華書局，1962 年。

23. 《清史稿》，趙爾巽北京：中華書局，1998 年。

24. 《清代樸學大師列傳》，支偉成臺北：明文書局，1985 年。

25. 《晚清文選》，鄭振鐸北京：中國社會科學出版社，2002 年 9 月。

26. 《清學案小識》，唐鑒臺北：臺灣商務印書館，1975 年 8 月臺二版。。

27. 《章學誠遺書》，章學誠北京：文物出版社，1985 年 8 月。

28. 《清儒學案》，徐世昌北京：新華書店，1990 年 9 月。

29. 《清儒學案小傳》，周駿富輯臺北：明文書局，1985 年。

30. 《清儒學案新編》，楊向奎濟南：齊魯書社，1985～1994 年。

31. 《黃氏日抄》，黃震京都：中文出版社，1979 年 5 月。

32. 《曾文正公全集》，曾國藩臺北：臺灣東方書店，1963 年 12 月。

33. 《虛受堂文集》，王先謙臺北：文海出版社，1971 年。

34. 《湖南通志》，曾國荃臺北：京華書局，1967 年 12 月。

35. 《湘綺樓文集》，王闓運臺北：文海出版社，1970 年。

36. 《新譯顧亭林文集》，顧炎武臺北：三民書局，2000 年 5 月。

37. 《嘉定錢大昕全集》，錢大昕南京：江蘇古籍出版社，1997 年 12 月。

38. 《揅經室集》，阮元臺北：臺灣商務印書館，1967 年 3 月。

39. 《雕菰集》，焦循臺北：鼎文書局，1977 年。

40. 《養晦齋文集・詩集》，上、下，劉蓉臺北：文海出版社，1969 年。

41. 《漢學商兌》，方東樹臺北：臺灣商務印書館，1978 年 6 月。

42. 《漢學師承記》，江藩臺北：臺灣商務印書館，1977 年 11 月臺二版。

43. 《魏源集》，魏源臺北：鼎文書局，1978 年 11 月。

44. 《戴震全書》，戴震合肥：黃山書社，1994 年 9 月。

45. 《顏習齋先生言行錄》，顏元臺北：臺灣商務印書館，1966 年。

46. 《譚瀏陽全集》，譚嗣同臺北：文海出版社，1962 年 11 月。

47. 《覺迷要錄》，葉德輝臺北：文海出版社，1987 年。

48. 《龔自珍全集》，龔自珍臺北：河洛圖書出版社，1975 年 9 月。

二、相關研究著作

1. 《十八世紀禮學考證的思想活力》，張壽安，臺北：中央研究院近代史研究所專刊（86），2001 年 12 月。

2. 《古史辨運動的興起》，王汎森，臺北：允晨文化公司，1993 年 8 月初版二刷。

3. 《王先謙《荀子集解》研究究》，黃聖旻，臺南：成功大學碩士論文，1997年 1 月。

4. 《千年講壇──岳麓書院歷代大師講學錄》，朱漢民，長沙：湖南大學出版社，2003 年 4 月。

5. 《中國古代哲學問題發展史》，方立天，臺北：洪業文化事業有限公司，1995 年。

6. 《中國古代哲學發展史》，方立天，臺北：臺灣中華書局，1990 年。

7. 《中國古代思想史論》，李澤厚，臺北：風雲時代出版公司，1990 年。

8. 《中國近三百年學術史》，梁啓超，臺北：里仁書局，1995 年 2 月。

9. 《中國近三百年學術史》，錢穆，臺北：臺灣商務印書館，1990 年 1 月。

10. 《中國近代思想史論》，王爾敏，臺北：臺灣商務印書館，1996 年。

11. 《中國近代思想史論》，李澤厚，臺北：風雲時代出版公司，1990 年。

12. 《中國近代思想與學術的系譜》，王汎森，臺北市：聯經出版公司，2003年 6 月。

13. 《中國近代啓蒙思潮》，丁守和，北京：社會科學文獻出版社，1999 年 11月。

14. 《中國近代新學的展開》，張立文，臺北：東大圖書公司，1991 年 12 月。

15. 《中國思想通史》，侯外廬，北京：人民出版社，1957 年。

16. 《中國思想傳統的現代詮釋》，余英時，臺北：聯經出版公司，1990 年 4月初版四刷。

17. 《中國哲學十九講》，牟宗三，臺北：臺灣學生書局，1991 年 12 月初版四刷。

18. 《中國哲學史》，馮友蘭，臺北：藍燈出版公司，1989 年。

19. 《中國哲學原論—原性篇》，唐君毅，臺北：臺灣學生書局，1989 年。

20. 《中國哲學原論—原道篇》，唐君毅，臺北：臺灣學生書局，1986 年。

21. 《中國哲學原論—導論篇》，唐君毅，臺北：臺灣學生書局，1980 年 5 月。

22. 《中國學術思想變遷之大勢》，梁啓超，臺北：華正書局，1981 年。

23. 《中國書院史》，樊克政，臺北：文津出版社，1995 年 9 月。

24. 《中國儒學》，謝祥皓、劉宗賢，臺北：水牛出版社，1995 年 1 月。

25. 《心體與性體》，牟宗三，臺北：正中書局，1968 年。

26. 《先秦兩漢經史稿》，李劍農，臺北：華世出版社，1981 年。

27. 《以禮代理—淩廷堪與清中葉儒學思想之轉變》，張壽安，臺北：中央研

究院近代史研究所專刊（72），1994 年 5 月。

28. 《宋明以來儒家經世思想試釋》，張灝，臺北：中央研究院近代史研究所編《近世中國經世思想研討會論文集》，1984 年。

29. 《明末清初學術思想研究》，何冠彪，臺北：臺灣學生書局，1991 年 2 月。

30. 《明末清初儒學之發展》，李紀祥，臺北：文津出版社，1992 年 12 月。

31. 《近百年湖南學風》，錢基博，北京：中國人民大學出版社，2004 年。

32. 《近代新學──中國傳統學術文化的嬗變與重構》，王先明，北京：商務印書館，2000 年 3 月。

33. 《迎來近代劇變的經世學人──魏源與馮桂芬》，李少軍，武漢：湖北教育出版社，1999 年。

34. 《明清之際儒家思想的變遷與發展》，林聰舜，臺北：臺灣學生書局，1990 年 1 月。

35. 《明清史》，陳捷先，臺北：三民書局，1990 年。

36. 《訄書》，章太炎，臺北：世界書局，1963 年。

37. 《要籍解題及其讀法》，梁啓超，臺北：華正書局，1974 年。

38. 《康章合論》，汪榮祖，臺北：聯經出版事業公司，1988 年。

39. 《章太炎的思想》，王汎森，臺北：時報文化出版公司，1985 年。

40. 《清代考據學研究》，郭康松，武漢：崇文書局，2001 年 8 月。

41. 《清末的公羊思想》，孫春在，臺北：臺灣商務印書館，1985 年初版二刷。

42. 《清代思想史》，陸寶千，臺北：廣文書局，1983 年 9 月。

43. 《清代新義理學》，張麗珠，臺北：里仁書局，37636。

44. 《清代學術概論》，梁啓超，臺北：水牛出版社，1981 年 6 月。

45. 《清代義理學新貌》，張麗珠，臺北：里仁書局，2002 年 3 月 15 日初版二刷。

46. 《現代儒學的回顧與展望》，余英時，北京：生活‧讀書‧新知三聯書店，2004 年 12 月。

47. 《清代《儀禮》文獻研究》，鄧聲國，上海：上海古籍出版社，2006 年 4 月。

48. 《清初學術思辨錄》，陳祖武，北京：中國社會科學出版社，1992 年。

49. 《清季的洋務新政》，樊百川，上海：上海書店，2003 年 4 月。

50. 《晚明清初思想十論》，王汎森，上海：復旦大學出版社，2004 年 12 月。

51. 《國故論衡》，章太炎，臺北：廣文書局，1977 年。

52. 《晚清四大幕府》，李志茗，上海：上海人民出版社，2002 年。

53. 《晚清的經世史學》，彭明輝，臺北：麥田出版公司，2002 年 7 月。

54. 《晚清民國的國學研究》，桑兵，上海：上海古籍出版社，2001 年 1 月。

55. 《晚清湖南史》，王繼平，長沙：湖南人民出版社，2004 年 5 月。

56. 《晚清湖南學術思想史稿》，王繼平，長沙：湖南人民出版社，2004 年 12 月。

57. 《晚清新學史論》，陳國慶，西安：三秦出版社，2003 年 11 月。

58. 《晚清傳統與西化的論爭》，孫廣德，臺北：臺灣商務印書館，1994 年 5 月。

59. 《國學與漢學》，桑兵，杭州：浙江人民出版社，1999 年 11 月。

60. 《清儒學記》，張舜徽，濟南：齊魯書社，1991 年 11 月。

61. 《乾嘉學者的義理學》，林慶彰、張壽安，臺北：中央研究中國文哲研究所經學研究叢刊（6），2003 年。

62. 《乾嘉學派研究》，陳祖武、朱彤窗，石家莊：河北人民出版社，2005 年 1 月。

63. 《乾嘉學術編年》，陳祖武、朱彤窗，石家莊：河北人民出版社，2005 年 1 月。

64. 《飲冰室文集類編》，梁啟超，臺北：華正書局，1974 年。

65. 《湖南紳士與晚清政治變遷》，許順富，長沙：湖南人民出版社，2004 年 5 月。

66. 《飲冰室專集》，梁啟超，臺北：臺灣中華書局，1987 年 12 月臺三版。

67. 《湘軍集團與晚清湖南》，王繼平，北京：中國社會科學出版社，2002 年 3 月。

68. 《湖湘學派史論》，朱漢民，長沙：湖南大學出版社，2004 年 2 月。

69. 《湘學原道錄》，朱漢民，北京：中國社會科學出版社，2002 年 1 月。

70. 《開創時期的湖湘學派》，王立新，長沙：岳麓書社，2003 年 4 月。

71. 《經學源流考》，甘鵬雲，臺北：廣文書局，1977 年 1 月。

72. 《經學歷史》，皮錫瑞，北京：漢京文化事業有限公司，1983 年 9 月。

73. 《劍橋中國晚清史》，費正清，北京：中國社會科學出版社，1993 年 9 月。

74. 《維新運動與兩湖教育》，曹運耕，武漢：湖北教育出版社，2001 年。

75. 《劉申叔遺書》，劉師培，南京：江蘇古籍出版社，1997 年。

76. 《歷史與思想》，余英時，臺北：聯經出版公司，1992 年 4 月初版十七刷。

77. 《儒家哲學》，梁啟超，臺北：臺灣中華書局，1980 年。

78. 《儒家倫理與秩序情結》，張德勝，臺北：巨流出版公司，1989 年。

79. 《儒家傳統與現代轉化》，杜維明，北京：北京廣播學院，1992 年。

80. 《魏源研究》，陳耀南，香港：乾惕書屋，1982 年 11 月再版。

81. 《魏源評傳》，陳其泰、劉蘭肖，南京：南京大學出版社，2004 年 9 月。

82. 《魏源與西學東漸》，彭大成、韓秀珍，長沙：湖南師範大學出版社，2005 年 1 月。

83. 《儒學地域化的近代形態——三大知識群體動的比較研究》，楊念群，北京：生活、讀書、新知三聯書店，1997 年 6 月。

84. 《樸學與清代社會》，黃愛平，石家莊：河北人民出版社，2003 年 1 月。

85. 《論戴震與章學誠》，余英時，臺北：華世出版社，1977 年 9 月。